"十四五"职业教育国家规划教材

应用型物流管理"十三五"系列规划教材

运输作业实务

第二版

李如姣　主编

冼碧霞　石文明　副主编

化学工业出版社

北京

内 容 简 介

《运输作业实务》（第二版）以物流运输业常见的运输方式——公路运输、航空运输、水路运输和铁路运输的组织形式形成模块内容，每一个模块内以企业的主要"职业活动"为主线，形成典型工作任务（认知运输方式、业务受理、计算运费、单证处理、配装货物和在途跟踪）；每一个工作任务采取"获取任务、体验探究、展示分享、评价感悟和拓展升华"这一教学过程，让学生经历体验这类职业活动，不断地感知、感悟，从而唤醒心灵深处自我向上的意识，为学生将来踏入社会从事这类职业做好职业储备，培养学生自我提升的职业发展素养，并为学生升学打下良好的专业基础，让每一个学生都有出彩的机会。每一次职业活动中厚植社会主义核心价值观，"用社会主义核心价值观铸魂育人"。注重立德树人，融入大量的课程思政元素，践行党的二十大报告提出的"完善思想政治工作体系，推进大中小学思想政治教育一体化建设"。

《运输作业实务》（第二版）可作为应用型学校物流专业、货运代理专业和电子商务专业及其他相关专业的教材，也可作为物流行业相关人员培训学习的参考用书。

图书在版编目（CIP）数据

运输作业实务/李如姣主编. —2 版. —北京：化学工业出版社，2021.4（2025.1重印）

应用型物流管理"十三五"系列规划教材

ISBN 978-7-122-38427-0

Ⅰ.①运… Ⅱ.①李… Ⅲ.①物流-货物运输-中等专业学校-教材 Ⅳ.①F252

中国版本图书馆 CIP 数据核字（2021）第 017180 号

责任编辑：王淑燕 宋湘玲　　　　　　　　　　　装帧设计：张　辉
责任校对：李　爽

出版发行：化学工业出版社（北京市东城区青年湖南街 13 号　邮政编码 100011）
印　　刷：北京云浩印刷有限责任公司
装　　订：三河市振勇印装有限公司
787mm×1092mm　1/16　印张 18¼　字数 474 千字　　　2025 年 1 月北京第 2 版第 6 次印刷

购书咨询：010-64518888　　　　　　　　　　　　售后服务：010-64518899
网　　址：http://www.cip.com.cn
凡购买本书，如有缺损质量问题，本社销售中心负责调换。

定　　价：59.00 元　　　　　　　　　　　　　　　　　版权所有　违者必究

前言

《国家物流枢纽网络建设实施方案（2019—2020年）》，标志着国家物流枢纽布局和建设工作全面展开。围绕"一带一路"建设、京津冀协同发展、长江经济带发展、粤港澳大湾区建设、长三角一体化发展等，依据国土空间规划，在国家物流骨干网络的关键节点，选择部分基础条件成熟的城市作为试点。2019年启动了第一批15个左右国家物流枢纽布局建设，培育形成一批资源整合能力强、运营模式先进的枢纽运营企业，促进区域内和跨区域物流活动组织化、规模化、网络化运行。随着"物流枢纽网络"的空前发展，"运输"作为物流业的重要组成部分也得到了前所未有的发展。

"运输作业实务"是应用型学校物流专业的核心课程。本书是为了适应现代物流加速发展的需要而进行的探索与研究。本书第一版在编写体例上充分展示了广州市财经商贸职业学校获得国家级教学成果奖二等奖"PIPA"教学模式的精髓。经过将近十年的教学实践，教师不断改革创新，在"PIPA"教学模式的基础上进一步完善，以"学生为本"，更加注重学生的"内心活动"和"职业活动"的结合，注重学生在学习过程中的"渐悟或顿悟"，提出了"体验、分享、感悟、升华"这一"心路历程"式的商贸教学模式，本书全面应用了该教学模式。本书主要体现如下特点。

1. 模块化设计更符合教学特点

教材以物流运输业常见的运输方式（公路运输、航空运输、水路运输和铁路运输）的组织形式形成模块内容，每一个模块以企业的主要"职业活动"为主线，形成典型工作任务，包括认知运输方式、业务受理、计算运费、单证处理、配装货物和在途跟踪。在每一个工作任务中融入相应的课程思政，春风化雨中落实了党的二十大报告中提出的"用社会主义核心价值观铸魂育人"。

2. 采用五步设计教学过程

每一个工作任务采取"获取任务、体验探究、展示分享、评价感悟和拓展升华"这一教学过程，每一堂课完整地展示了"职业活动体验课型"，全面充分体现了"心路历程"式的商贸教学模式。

（1）"职业活动体验课型"的模型结构和教学思路

"职业活动体验课型"基于商贸业个性服务与标准服务相结合，实体服务与无形服务相交错这一行业特点及活动心理学原理和行动导向理论，通过让学生体验这类职业活动，不断感知、感悟，从而唤醒心灵深处自我向上的意识，采取学校综合评价、企业绩效评价、家长联系手册等多方参与的"素质＋技能"评价方式，为学生将来踏入社会从事这类职业做好职业储备和升学专业储备，培养学生自我提升的职业发展素养，让每一个学生都有出彩的机会。让广大青年"讲好中国故事、传播好中国声音，展现可信、可爱、可敬的中国形象"。

（2）"职业活动体验课型"操作步骤

第一步，获取任务：教师创设运输工作需要的职业情境，构建运输活动，下达具体的项目任务书。项目任务一般都是在校企合作的基础上利用真实的"企业项目"加入教育的元素在其中。

第二步，体验探究：学生以个人或团队合作的方式，利用拓展升华学习资料，体验接单、计算运费等工作，完成这些项目任务。教师在这个过程中主要起到专家和参谋的作用。

第三步，展示分享：学生在教师的带领下完成体验任务后，对教师设置的探究任务进行独立探究，并对自己体验和探究过程中的所获、所感、所思与同学和教师进行分享。

第四步，评价感悟：教师在这里起到规范流程的作用，学生在这个过程中不断地自我反思和相互学习，渐悟或顿悟出职业活动中解决问题的最佳方式。

第五步，拓展升华：完成各个任务后，教师通过总结点拨的形式，拨动学生心灵深处那根弦，发自内心地对知识点、技能点以及自己思维方式的澄明和透彻，从而实现能力的提升。

除上述五步教学过程外，教材还设置了任务巩固环节，在每一个任务后面布置了相应的练习题来达到巩固相应技能点和知识点的目的。

每个操作步骤都有时间控制，学生通过以上的心路历程和行动过程，在具体的职业岗位上获得时间管理和提升专注的能力，探索和分析问题的能力，团队合作的精神，学会分享和独立思考的能力，做事的流程意识，自我反思和正确评价他人的能力。

（3）围绕着"体验—分享—感悟—升华"这一"心路历程"式的商贸教学模式展开教学

通过这个过程点燃学生生命中理想和希望的火炬，不仅让学生掌握知识和技能，更重要的是让学生为将来踏入社会从事各种职业做好准备，让学生主动地创造性地调动自身的一切能量和智慧，学会自我教育、自我学习、自我选择和自我发展，从而成长为有利于社会发展的人，乃至在某个领域找到属于自己的成功。引导"广大青年要坚定不移听党话、跟党走，怀抱梦想又脚踏实地，敢想敢为又善作善成，立志做有理想、敢担当、能吃苦、肯奋斗的新时代好青年，让青春在全面建设社会主义现代化国家的火热实践中绽放绚丽之花"。

3. 教材各个模块内容自成体系

各个任务集中解决了某一工作岗位的知识点和技能点，是相对独立的。教师可根据本学校物流专业的培养方向、区域经济的特点和学生的具体情况，自行选择某一个或多个模块进行教学。在某一模块内也可根据具体情况对任务进行取舍，有些任务可让学生自学。为方便教师教学和学生自学，教材的"探究任务"和"任务巩固"都附有参考答案，并配有教学设计、微课和教学课件，如有需要请登录化学工业出版社化工教育网（www.cipedu.com.cn）下载。

本课程建议学时为76，学时分配如下：

内容	讲授学时	实操学时	机动学时
模块1 认识运输	2	4	—
模块2 公路运输作业实务	8	8	—
模块3 航空运输作业实务	10	10	—
模块4 水路运输作业实务	10	12	—
模块5 铁路运输作业实务	4	4	—
合计	34	38	4
总计		76	

本书由广州市财经商贸职业学校李如姣担任主编，广州市财经商贸职业学校冼碧霞和广州港技工学校石文明任副主编。

具体编写工作分工如下：模块1由广州市财经商贸职业学校李如姣和广州智森信息科技有限公司总经理李少全编写；模块2由广州市番禺区职业技术学校谢燕青和易君丽编写；模块3由广州市财经商贸职业学校冼碧霞、周峰、黄国菲和深圳市第二职业技术学校肖伟编写；模块4由广州市财经商贸职业学校李如姣、邓兰和广州港技工学校石文明及惠州市惠阳区职业技术学校陈景、钟晓青编写；模块5由深圳市宝安职业技术学校李华东和龙雨编写。

物流技术日新月异，运输在高速发展，教学模式也在不断探索中，由于笔者水平有限，书中难免有不足之处，敬请各位专家读者提出宝贵的意见和修改建议，以便今后进一步修订与完善。

编者

目录

模块 5　铁路运输作业实务　　228

模块 1

认识运输

 【案例导入】

我国由交通大国迈向交通强国——十年来我国交通运输业取得历史性成就

技能训练任务 1　走进运输

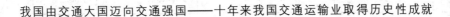

【任务目标】

运输是物流的基本活动之一，运输一般有客运和货运两种。物流中强调的运输是指货运，货物运输的方式根据不同的标准可划分为不同的类型。本书主要探讨按运输工具分类的各种运输方式的货运组织形式。通过本任务的学习，让我们走进运输，对基础运输有一个较为系统和全面的认识，从而能够达成以下目标。

(1) 掌握物流运输的内涵。

(2) 了解运输在物流中的重要地位和作用。

(3) 了解运输方式的分类。

(4) 组建一个运输分公司。

(5) 了解交通运输业的发展，增强学生的民族自豪感。

【任务准备】

1. 教师课前准备

(1) 多媒体教学系统（课件）。

（2）张贴板一块、板钉一批、水笔若干支、书写卡片（不同形状）若干。

（3）通过多种方式（网络、报刊、参考书等）查找相关理论知识。

（4）课前将学生分为5组，让每一组扮演一个运输分公司，规定每一个分公司只能拥有公路、铁路、航空、水路和管道这五种运输方式中的一种运输方式，不得重复。

2. 学生课前任务

（1）分组后选择一种运输方式作为自己公司的经营业务类型（例如选择铁路、水路，或者其他，先选先得，或者通过抽签确定）。

（2）通过网络、报刊、参考书等，了解各种运输方式的基本情况。

我们现拥有一个运输公司——必达迅雷运输有限公司，公司自1990年成立以来，全力打造全国范围内的物流运输服务网络，形成了以广州为中心，范围辐射全国各地，并在北京、天津、成都、重庆、昆明、贵阳、西安、南宁、上海、深圳、海口、长沙、青岛、宁波等20多个城市开设分公司或营业部，承接全国各大城市的往返业务，且均配套了一定规模的仓库，可采用多种运输方式为客户服务。

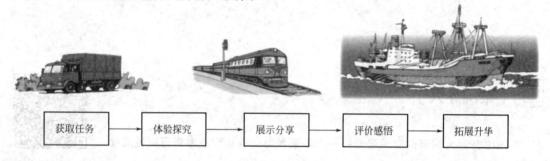

获取任务 → 体验探究 → 展示分享 → 评价感悟 → 拓展升华

📁 **【任务过程】**

一、获取任务

任务书

任务1：必达迅雷运输有限公司要成立五个分公司，分别承担不同的运输任务，请每一个运输分公司完成以下任务。

（1）公司命名：每一个分公司为自己的公司起一个有特色的名称。

（2）明确经营理念：每一个分公司为自己树立一个经营理念（例如：铁路通，让你的货物一路畅通），并说明理由。

（3）公司组织结构图：每一个分公司构架自己的组织结构图。

任务2：各分公司成立后，根据以上任务分配公司各成员承担的角色和任务（具体写出各岗位的职责）。

任务3：请各分公司从物流的角度分析2020年全世界在抗击新冠肺炎的过程中，分公司可从哪些方面做出自己的贡献以及具有什么样的优势。

二、体验探究

学生以个人或团队合作的方式，在教师的引导下利用"拓展升华"里的学习资料，完成这些任务书中的三个职业任务的体验探究。

（1）课前根据班上的实际人数和教师的要求进行分组。

（2）小组讨论要完成的任务，并将讨论的结果写在书写卡片上或制作PPT。

三、展示分享

小组成果展示，每一组派代表将小组讨论的结果向大家展示，对自己体验过程中的所获、所感、所思与同学们和教师进行分享。展示内容如下。

（1）将讨论的成果（书写卡片）张贴在张贴板上或利用PPT展示。

（2）对内容进行讲解和分析。

四、评价感悟

学生在这个过程中不断地自我反思和相互学习，渐悟或顿悟出职业活动中解决问题的最佳方式（表1-1）

表1-1 （   ）班任务训练技能（   ）评价表

被考评组别		被考评组别成员名单				
考评内容						
考评标准	项目	分值/分	小组自我评价（30%）	其他组别评价（平均）（40%）	教师评价（30%）	合计（100%）
	公司名称的特色性	10				
	经营理念的合理性和特色	30				
	组织结构图是否完成	15				
	岗位职责的专业性	15				
	展示分享中的分析情况	15				
	综合沟通和学习能力	15				
合计		100				

五、拓展升华

1. 运输的概念

（1）运输是指用车、船、飞机等交通工具把旅客、货物等从一个地方运到另一个地方。

（2）物流中的运输指的是利用现代物流设备和工具，将物品从一个地点向另一个地点运送的物流活动，其中包括集货、分配、搬运、中转、装入、卸下、分散等一系列操作。

2. 运输与物流

（1）运输是物流活动中的一个重要因素，运输创造了物流的空间效用，是物流的核心。

物流是超出运输范畴的系统化管理，物流不同于运输只注重实物的流动，它还同时关注着信息流和增值流的同步联动。信息流不仅通过电子或纸质媒介反映产品的运送、收取，更重要的是反映市场做出的物流质量的评价。

（2）运输也是"第三利润源泉"的主要源泉。

运输成本占据了物流成本的一大部分，企业要降低物流成本，就要从降低物流运输成本做起。因此要科学合理地组织运输，包括运输线路规划、运输工具和运输方式的选择等，就要用最少的运力、最少的费用支出、最快的速度进行运输，达到运输的合理化。

（3）运输可以创造"场所效用"，提高"物"的使用价值。

"场所效用"的内涵，同种"物"由于空间场所不同，其使用价值的实现程度则不同，其效益的实现也不同。同种"物"由于改变场所而发挥最大的使用价值，最大限度提高投入与产出之间的比率，这就为"场所效用"。

运输将"物"从一个地方运到其"场所效用"最高的地方，发挥"物"的潜能，实现资源的优化配置，从而提高"物"的使用价值。

（4）运输是社会物质生产的必要条件之一，运输是生产过程的延续，离开了它，就不能最终完成生产过程。

3. 运输的作用

运输过程中会产生费用、时间、距离以及人力、资源、能源、环境等一系列问题，因此运输在国民生产中具有非常重要的作用。运输的作用主要体现在创造社会效益和增加商品附加价值，缩短流通的距离、保护环境、商品保值、促进商品流通和节约成本方面。

4. 运输方式的分类

运输一般有客运和货运，货物运输的方式根据不同的标准可划分为不同的类型。按运输的作用可分为集货运输和配送运输；按运输的工具可分为公路运输、铁路运输、水路运输、航空运输和管道运输；按运输协作程度可分为一般运输和联合运输；按中途是否换载可分为直达运输和中转运输；按运输的范畴可分为干线运输、支线运输、二次运输和厂内运输。本书主要探讨按运输工具分类的各种运输方式的货运组织形式。

5. 运输中运用的主要信息技术

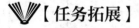【任务拓展】

一、填空题（将正确答案填在下面的括号里）

1. （   ）是指用车、船等交通工具把旅客、货物等从一个地方运到另一个地方。

2. 物流中的运输指的是利用现代物流（   ）和（   ），将物品从一个地点向另一个地点运送的物流活动，其中包括集货、分配、搬运、中转、装入、卸下、分散等一系列操作。

3. 运输也是（   ）的主要源泉。运输成本占据了物流成本的一大部分，企业要降低物流成本，就要从降低物流运输成本做起。

4. 运输一般有（   ）和（   ），物流中强调的运输是指（   ）。

5. 按运输的工具可分为（   ）运输、（   ）运输、（   ）运输、（   ）运输和管道运输。

二、简答题

1. 用案例具体说明运输在"物"中产生的"场所效用"。

2. 请分析运输与物流的关系。

3. 运输在国民生产中具有哪些重要的作用？

技能训练任务2 选择运输方式

⚡【任务目标】

有一批商品计23t，从甲地运往乙地，有公路和水路两种运输方式可供选择。汽车运输按每辆标重4t计，从公路走，甲乙两地相距180km，汽车运价不分整件、零件，吨公里运价均为1.5元，其他杂费（包装、装卸费）每吨2元（按汽车标重计算）。从水路走，甲乙两地相距320km，吨公里运价为0.5元，但乙地码头离仓库还有10km，仍需用汽车运输，其他杂费与公路运输相同。由于该商品中途要转运，需在码头停留一天，每天每吨堆存费1元、港务费0.3元。公路运输震动较大，但只有一次装卸，当天就能到达目的地，商品损耗每吨2元。水路运输应中转一次，比公路运输的损耗多，每吨损耗10元。究竟采用水路运输还是公路运输好？如何选择？这是本任务要讨论的问题。通过本任务的学习，学生将能够达成以下目标。

(1) 了解五种运输方式的优缺点。

(2) 了解选择运输方式需要考虑的因素和选择的原则。

(3) 掌握如何从总体上选择各种运输方式。

✏️【任务准备】

1. 教师课前准备

(1) 多媒体教学系统（课件）。

(2) 张贴板一块、板钉一批、水笔若干支、书写卡片（不同形状）若干。

(3) 各种运输方式的挂图，中国地图和世界地图。

(4) 保留上一堂课学生的分组。

2. 学生课前任务

(1) 通过多种方式（网络、报刊、参考书等）查找相关理论知识。

(2) 了解各种运输方式的优缺点和在现实中的运输情况。

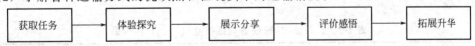

📁【任务过程】

一、获取任务

任务书

任务1：在上一堂课成立的分公司的基础上，各分公司完成以下任务。

(1) 各分公司所拥有的运输方式适用于运输哪些货物（列出具体货物名称，每个公司不少于三种）。

(2) 列出的货物中，哪些是自己的公司在市场竞争中具有绝对优势的，请具体列出。

任务2：某公司有以下运输业务，请根据分公司拥有的运输方式的特点，从中选择出适合自己分公司的业务，并说明理由。

(1) 有两箱急救药品和一批鲜花需要从广州运到北京。

(2) 有一批煤炭需要从大同运到秦皇岛。

(3) 有一批新鲜蔬菜需要从郊区运到市区。

(4) 有一批钢材需要从重庆运到武汉。

(5) 有15万吨石油需要从非洲运到我国的上海。

(6) 把我国西部大量的天然气运到以上海为主的东部地区。

二、体验探究

学生以个人或团队合作的方式，在教师的引导下利用"拓展升华"里的学习资料，完成这些任务书中的两个职业任务的体验探究。

(1) 课前根据班上的实际人数和教师的要求进行分组。

(2) 小组讨论完成以上任务，并将讨论的结果写在书写卡片上或制作PPT。

三、展示分享

小组成果展示，每一组派代表将小组讨论的结果向大家展示，对自己体验过程中的所获、所感、所思与同学们和教师进行分享。展示内容如下。

(1) 将讨论的成果（书写卡片）张贴在张贴板上或利用PPT展示。

(2) 对内容进行讲解和分析。

四、评价感悟

学生在这个过程中不断地自我反思和相互学习，渐悟或顿悟出职业活动中解决问题的最佳方式（表1-2）。

表1-2 （   ）班任务训练技能（   ）评价表

被考评组别		被考评组别成员名单			
考评内容					
考评标准	项目	分值/分	小组自我评价(30%)	其他组别评价(平均)(40%)	教师评价(30%)	合计(100%)
	货物选择是否正确	10				
	市场竞争优势分析是否合理	30				
	选择的运输方式是否合理	30				
	展示情况	15				
	综合沟通和学习能力	15				
	合计	100				

五、拓展升华

1. 各种运输方式的优缺点

货物运输中运输方式主要有航空运输、水路运输、公路运输、铁路运输和管道运输，这五种运输各具自己的优缺点，具体体现在表 1-3 中。

表 1-3　各种运输方式优缺点

运输方式	速度	运量	运价	适合货物的特点	优点	缺点
航空运输(飞机)	最快	少	最昂贵	贵重,急需,时间要求紧	速度快,包装简单	运费高,有重量限制
水路运输(轮船)	最慢	最多	最便宜	大宗货物,时间宽松	价格便宜	速度慢,受气候影响大
公路运输(汽车)	较慢	较少	较贵	灵活,量少,路程短	灵活,方便(门对门)	装载量小,不适合长途运输
铁路运输(火车)	较快	较多	较便宜	量大,时间较紧	安全,可靠	中转作业时间长
管道运输(管道)	连续	多	较便宜	主要为气体、液体,连续性强	货损货差少,连续运输	适用产品较少

2. 选择运输方式主要考虑的因素

（1）运输数量。一般而言，20t 以下的货物，采用公路运输；20t 以上的货物，采用铁路运输；数百吨以上的货物，应选择水路运输。

（2）运输价格。就运输的价格来说，航空运输最昂贵，公路运输较贵，水路运输最便宜，铁路和管道也较便宜。

（3）运输速度。一般来说，航空最快，达到 900～1000km/h；铁路 80～250km/h；公路 80～120km/h；水路中的河运 8～20km/h，海运 10～30n mile[❶]/h。同时在实际的运输中，由于受环境、经济等其他因素的影响，各种运输方式的服务速度低于运输载体的技术速度。

（4）货物性质。货物本身的性质对运输方式的选择也有一定的影响。

（5）运输距离。一般来说，300km 以内，采用公路运输；300～500km 的区域，采用铁路运输；500km 以上根据具体情况采用水路或航空运输。

（6）运输的特别要求。特定的环境和客户的特殊要求对运输方式的选择起重要的作用，可不受常规的限制。

3. 运输方式选择的原则

运输方式的选择要遵循一定的原则，见图 1-1。

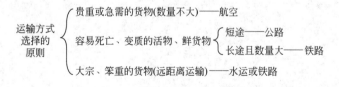

图 1-1　运输方式选择的原则

---

❶　1n mile≈1852m。

【任务拓展】

一、填空题（将正确答案填在下面的括号里）

1. 五种运输方式中，速度最快，但也最昂贵的运输方式是（   ），与之相对应的运输工具是（   ）。

2. 能实现"门到门"服务的运输方式是（   ），与之相对应的运输工具是（   ）。

3. 货损货差少，能实现连续运输的是（   ），主要运输（   ）和（   ）。

4. 一般来说价格比较便宜，运输速度慢，受气候影响大，时间要求比较宽松最好选择（   ），与之相对应的运输工具是（   ）。

5. 中转作业时间长，运量大，价格较便宜，安全可靠，速度较快的运输方式是（   ），与之相对应的运输工具是（   ）。

6. 选择运输方式主要考虑的因素有（   ）、（   ）、（   ）、（   ）和（   ）。

二、案例分析题

必达迅雷物流有限公司有两批货物需要运往异地，一批是少量的精密仪器，客户要求2天内由北京运往昆明；另一批货物是电风扇，由北京运往山东某缺乏河流且铁路线并不发达的山区。由于情况特殊，两批货物运输均不考虑节约运费，必达迅雷物流有限公司制订的运输方案为：

（1）精密仪器采用火车运输。

（2）电风扇采用汽车运输。

问题：请问必达迅雷物流有限公司的运输方案可行吗？并简单分析原因。

模块 2

公路运输作业实务

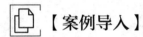【案例导入】

《国家公路网规划》公布

技能训练任务 1　认知汽运

【任务目标】

公路运输是现代运输的主要方式之一，它在整个运输领域中占有重要的地位，发挥着越来越大的作用。通过本任务的学习和训练，同学们能够达成以下目标。

（1）掌握公路运输货物的类型。

（2）掌握公路运输的基本设施设备并会选择合适的车辆类型。

（3）了解一些知名公路运输企业及其主要业务范围。

（4）了解我国高速公路发展史上的那些之"最"，增强学生的民族自信心。

【任务准备】

1. 教师课前准备

（1）教具：课件一个，普通货物表、贵重货物表、危险品表等，我国公路地图一张，各种车辆模型，张贴板一块、水笔若干支、板钉一批、书写卡片（不同形状）若干。

（2）安装学习通 APP。

（3）根据学生情况进行分组，也可要求学生独立完成。

2. 学生课前任务

（1）相关知识回顾：①汽运的特点。②货物类型。

（2）上网查找公路运输企业，对比其主要业务范围的不同点。

任务书

公司收到客户的托运要求，托运信息如下。

1. 运送一批方便面（纸箱包装）到韶关。

2. 运送一批砂石到珠海。

3. 运送一批水泥到清远。

假设你是公司的业务员，根据以上托运要求，完成以下任务。

任务1：辨别客户托运的货物按货物装卸条件分类属于哪种公路运输货物类型。

任务2：为客户托运的货物选择结构和功能合适的运输车辆。

任务3：为客户托运的货物找出合适的两家公路运输企业并说出其公司名称，上网查找资料，明确其主要业务范围并制作PPT。

（可小组讨论完成以上任务，也可独立完成，并将结果写在书写卡片上，制作PPT，便于下一步的展示。）

获取任务 → 体验探究 → 展示分享 → 评价感悟 → 拓展升华

📁【任务过程】

【技能1 公路运输货物】

一、获取任务

> 任务1：辨别客户托运的货物按货物装卸条件分类属于哪种公路运输货物类型。

二、体验探究

学生以个人或团队合作的方式，在教师的引导下利用"拓展升华"里的学习资料，辨别公路运输货物类型，完成这个职业任务的体验探究。

1. 体验

（1）确定分类方法：按货物装卸条件分类。

（2）确定公路运输货物类型。

① 方便面：件装货物。

② 砂石：散装货物。

③ 水泥：罐装货物。

2. 探究

> 探究任务1：镁粉按货物的运输条件分类属于哪种公路运输货物？
>
> 探究任务2：从广州托运一集装箱服装至东京，这批服装按货物的托运批量分类属于哪种公路运输货物？

三、展示分享

学生完成任务后，对自己体验过程中的所获、所感、所思与同学们和教师进行分享。

> 思考：（1）公路运输货物有哪些分类标准？
>
> （2）如何判断货物是否属于轻泡货物？

四、评价感悟

学生在这个过程中不断地自我反思和相互学习，渐悟或顿悟出职业活动中解决问题的最佳方式（表2-1）。

表2-1　（　　　）班任务训练技能（　　　）评价表

被考评组别		被考评组别成员名单					
考评内容							
考评标准	项目		分值/分	小组自我评价（30%）	其他组别评价(平均)（40%）	教师评价（30%）	合计（100%）
	货物分类方法确定是否准确		40				
	公路运输货物类型确定是否准确		40				
	综合沟通和学习能力		20				
	合计		100				

五、拓展升华

公路运输货物种类如下。

公路运输具备方便、快捷的特点。公路运输货物品种繁多，根据运输、装卸、批量等要求不同，一般有以下分类方法。

（1）按货物的运输条件分类。按照货物运输条件不同，可以将货物分为普通货物、特种货物和轻泡货物。

① 普通货物是指在运输、装卸、保管中对车辆结构和运输组织无特殊要求的货物。普通货物分为三等：一等普通货物主要是砂、石、土、渣及非金属矿石等；二等普通货物主要是日用百货；三等普通货物主要是蔬菜、农产品和水产品等。

② 特种货物是指货物在性质、形状、体积等方面比较特殊，在积载、运输、装卸、保管中需要采取特殊措施和使用特殊设备的各类货物。特种货物主要有危险货物、易腐货物、鲜活动植物货物、重大件货物、贵重货物等。

③ 轻泡货物是指体积大而自重轻的货物，每立方米体积质量不足333kg的货物，又称"轻货""泡货""轻浮货物"。

（2）按货物的装卸条件分类。按照货物的装卸条件不同，可以将货物分为件装货物、散装货物、罐装货物。

① 件装货物，也叫件杂货或杂货，是指可以用件计数的货物，每一件货物都有一定的质量、形状和体积，按件重或体积装运，一般批量较小、票数较多。

② 散装货物，也叫堆积货物，以质量承运，是指无标志、无包装、不易计算件数的货物，可采用输送、铲抓、倾卸等方法装卸，以散装方式进行运输。一般批量较大，种类较少，如煤炭、砂石、谷物类等。

③ 罐装货物，一般是指无包装的液体货物，随着装卸技术的发展，许多粉末和小颗粒状的货物，如水泥、粮食等也采用罐装运输。

（3）按货物的托运批量分类。按照货物的托运批量不同，可以将货物分为零担货物、整车货物和集装货物。

① 零担货物是指托运人一次托运的货物计费质量在3t及以下的货物，其中，单件体积一般不小于0.01m³，不大于1.5m³；单件质量不超过200kg，货物长、宽、高分别不超过3.5m、1.5m和1.3m。零担货物具有零星、批量小、批次多、品种繁多、流向分散的特点。

② 整车货物是指托运人托运的一批货物计费质量在3t以上，或虽然不足3t但其性质、体积、形状需要一辆及以上汽车运输的货物。

③ 集装货物是指以集装单元的形式组织装卸、搬运、储存和运输等物流活动的货物。集装单元的形式主要有集装箱、托盘、集装袋、集装捆绑。

【技能2 公路运输设施设备】

一、获取任务

> 任务2：为客户托运的货物选择结构和功能合适的运输车辆。

二、体验探究

学生以个人或团队合作的方式，在教师的引导下利用"拓展升华"里的学习资料，选择结构和功能合适的运输车辆，完成这个职业任务的体验探究。

1. 体验

（1）确定公路运输设施设备：公路运输线路、公路运输车辆、货运站。

（2）确定选择公路运输车辆应考虑的因素：运输货物、业务类型、车辆类型、车身类型。

（3）确定公路运输车辆分类方法：车辆的结构和功能。

（4）确定合适的公路运输车辆。

① 方便面使用普通货运车辆。

② 砂石使用普通货运车辆。

③ 水泥使用专用运输车辆。

2. 探究

> 探究任务：运送一批康师傅绿茶到湛江。纸箱包装，体积为 50cm×30cm×40cm，毛重为 10kg，共 600 箱，根据车辆的载质量不同，应该选择哪种类型的车辆？

三、展示分享

学生完成任务后，对自己体验过程中的所获、所感、所思与同学们和教师进行分享。

> **思考：**（1）公路运输车辆的分类标准有哪些？
>
> （2）选择公路运输车辆时应考虑的因素有哪些？

四、评价感悟

学生在这个过程中不断地自我反思和相互学习，渐悟或顿悟出职业活动中解决问题的最佳方式（表2-2）。

表 2-2 （   ）班任务训练技能（   ）评价表

被考评组别		被考评组别成员名单				
考评内容						
考评标准	项目	分值/分	小组自我评价（30%）	其他组别评价（平均）（40%）	教师评价（30%）	合计（100%）
	公路运输设施设备确定是否正确	30				
	选择公路运输车辆应考虑的因素是否准确	25				
	公路运输车辆分类方法确定是否准确	15				
	车辆选择是否准确	15				
	综合沟通和学习能力	15				
合计		100				

五、拓展升华

1. 公路运输线路

在我国，公路根据使用任务、功能和适应的交通量分为高速公路、一级公路、二级公路、三级公路、四级公路五个等级，如表2-3所示。

表 2-3 公路等级分级

公路等级	概念
高速公路	它指全部控制出入、专供汽车在分隔的车道上高速行驶的公路,主要用于连接政治、经济、文化上重要的城市和地区,是国家公路干线网中的骨架,能适应年平均昼夜汽车交通量在 2.5 万辆以上
一级公路	它指为供汽车分向、分车道行驶,并部分控制出入、部分立体交叉的公路,主要连接政治、经济中心,通往工矿区、港口、机场,能适应年平均昼夜汽车交通量为 1.5 万~3 万辆
二级公路	它指连接政治、经济中心或大工矿区等地的干线公路,或运输繁忙的城郊公路,一般能适应各种车辆行驶,能适应年平均昼夜汽车交通量为 3000~7500 辆
三级公路	它指连接县及县以上城镇的一般干线公路,通常能适应各种车辆行驶,能适应年平均昼夜交通量为 1000~4000 辆
四级公路	它指连接县、乡、村等的支线公路,通常能适应各种车辆行驶,能适应年平均昼夜交通量为双车道 1500 辆以下,单车道 200 辆以下

2. 公路运输车辆

公路运输车辆简称货车,又称卡车,是指用来运输货物的汽车,也指可以牵引其他车辆的汽车,属于商用车辆类别。公路运输车辆种类繁多,一般有以下几种常见的分类方式。

(1) 根据载货质量不同,可分为微型货车、轻型货车、中型货车和重型货车。

① 微型货车指外形尺寸小,车长不超过 3.5m,载质量不超过 750kg,总质量低于 1.8t 的汽车,其机动灵活,具有燃料消耗少、使用费用低、占地面积小、用途多、适用性广等特点,适合于轻便货物的运输。

② 轻型货车指车长不超过 6m,载质量不超过 4.5t,总质量为 1.8~6t 的汽车,具有灵活性,主要用于大量短距离零散货物的运输。

③ 中型货车指车长不超过 6m,载质量为 2.5~8t,总质量为 6~14t 的汽车,比微型、轻型货车运载量大,且运输成本较低,主要用于城市、乡村之间的运输。

④ 重型货车指外形尺寸大,车长超过 6m,载质量超过 8t,总质量高于 14t 的汽车,它是公路运输的主力军,具有油耗低、运输成本低、效益高等特点,主要用于中长距离笨重货物的运输。

(2) 根据车辆的结构和功能不同,可分为普通货运车辆、牵引运输车辆和专用运输车辆。

① 普通货运车辆。公路货物运输所承运的大多数为普通货物,如食品、饮料、电器、机械等,通常使用普通货运车辆来运输。根据车辆结构不同,普通货运车辆可分为平板货车、高栏货车和厢式货车 (图 2-1) 等。

② 牵引运输车辆是集装箱运输的主要工具,自身一般不具备载货平台,必须与挂车连接在一起使用。挂车本身没有发动机驱动,须通过拖挂装置,由牵引车或其他车辆牵引,组成汽车列车才能成为一个完整的运输工具。牵引运输车辆如图 2-2 所示。

③ 专用运输车辆。普通货物运输车辆对货物品种适用性强,但对于特殊货物,如鲜活货物、液体货物、粉粒状货物,以及易燃易爆、易腐蚀、有毒物品等只能用专用汽车运输,才能满足物流对运输服务质量的要求,保持货物的物理状态及质量安全,同时缩短装卸时间,降低人工劳动强度,提高劳动生产率和企业的经济效益。专用运输车辆主要包括液压罐运输车、粉罐运输车 (图 2-3)、冷藏车、自卸车、轿车专用运输车 (图 2-4) 等。

3. 公路运输货运站

公路运输货运站有时也称为汽车站或汽车场,主要任务是安全、方便、及时完成公路货物运输生产任务。其主要功能包括货物的组织与承运、中转货物的保管、货物的交付、货物

图 2-1　厢式货车

图 2-2　牵引运输车辆

图 2-3　粉罐运输车

图 2-4　轿车专用运输车

的装卸以及运输车辆的停放、维修等。货运站包括道路综合货运站（场）、零担货运站、集装箱道路中转站、道路货运交易市场、货运停车场、货运配载中心，以及货物装卸和货物储存、保管场所。

【技能 3　知名公路运输企业简介】

一、获取任务

> 任务 3：为客户托运的货物找出合适的两家公路运输企业并说出其公司名称，上网查找资料，明确其主要业务范围并制作 PPT。

二、体验探究

学生以个人或团队合作的方式，在教师的引导下利用"拓展升华"里的学习资料，上网找出完成这个职业任务的体验探究。

1. 体验

（1）找出两家合适的公路运输企业：德邦物流股份有限公司、天地华宇物流有限公司。

（2）上网查找资料，列出其业务范围。

① 德邦物流股份有限公司：是以大件快递为核心业务，涉及快运、整车、仓储与供应链等多元业务的综合性快递、物流供应商。

② 天地华宇物流有限公司：公路快运服务、快递/落地配服务、仓储/供应链服务。

2. 探究

> 探究任务：货拉拉属不属于公路运输企业，其业务范围有哪些？

三、展示分享

学生完成任务后，对自己体验过程中的所获、所感、所思与同学们和教师进行分享。

> 思考：（1）你还知道哪些知名的公路运输企业？
> （2）公路运输企业的共同点是什么？

四、评价感悟

学生在这个过程中不断地自我反思和相互学习，渐悟或顿悟出职业活动中解决问题的最佳方式（表2-4）。

表2-4 （　　　）班任务训练技能（　　　）评价表

被考评组别		被考评组别成员名单				
考评内容						
考评标准	项目	分值/分	小组自我评价（30%）	其他组别评价(平均)（40%）	教师评价（30%）	合计（100%）
	公路运输企业是否正确	30				
	业务范围是否正确	50				
	查找资料和学习能力	20				
合计		100				

五、拓展升华

1. 公路运输企业

公路运输企业是国民经济一个重要的物质生产部门，公路运输主要运输工具是汽车。我国公路运输企业主要有全民所有制、集体所有制和个体经营三大类。

从企业经营的业务来分，可分为专营货物运输企业、专营旅客运输企业、兼营货物与旅客运输企业；从企业营运范围来分，可分为城市汽车运输企业（主要在一个城市区域内经营货物、旅客运输业务）、公路汽车运输企业（主要在一定区域内的城市之间经营货物和旅客运输业务），还有一些汽车货物运输企业是根据社会需要，跨地区、跨省市经营运输业务的，没有固定的营运范围。

2. 德邦物流股份有限公司

德邦物流股份有限公司（以下简称德邦）主营国内公路零担运输业务，创始于1996年。近年来，德邦已在全国31个省级行政区开设直营网点1.5万余家，在全国24个经济中心城市设有大型的货物中转基地，服务网络遍及国内550多个城市和地区。公司业务范围覆盖全国90%以上的经济中心城市，在550多个城市和地区都能看到"德邦物流"统一字样的店面分布在繁华街道、批发市场、专业市场、工业园中。

德邦打造了零担快运业务新的战略增长点，推出"德邦e家"零担电子商务整体解决方案，通过构建高效、门对门的大件物流体系，提升电子商务企业的快速响应能力和服务竞争力，满足电子商务大件商品的购买、配送、安装一体化需求。

3. 天地华宇物流有限公司

天地华宇物流有限公司（以下简称天地华宇）在20世纪90年代就已经在我国开展公路运输业务。天地华宇始终致力于打造我国最强大、最快捷、最可靠的递送网络，拥有3000余台运输车辆，逾60万平方米仓储面积，在全国31个省级行政区开设56家一级公司1600余个营业网点，其1200条运输干线覆盖全国500多个城市。

天地华宇作为一家公路快运企业，拥有全国最大最全的公路运输网络，在全国500多个城市的1600多个网点提供取送货服务，为客户提供经济实用的全国性标准零担公路运输服务。天地华宇坚持以"客户为中心"的服务理念，坚持以"安全高效准确及时"为服务目标，逐步实施现代科学物流发展战略，业务配送以上海为中心，借助自身货运专线辐射全国，已为多家大型零售商、采购商和知名产品制造商提供最优质的物流服务。

💬【任务巩固】

一、填空题（将正确答案填在下面的括号里）

1. 公路运输货物按货物的运输条件分类，可分为（　　　）、（　　　）和（　　　）。

2. 公路运输车辆根据载货质量不同，可分为（　　　）、（　　　）、中型货车和（　　　）。

二、单选题（将正确答案填在下面的括号里）

1. 以下公路运输货物中，不属于普通货物的是（　　　）。

A. 蔬菜　　　　　　B. 新鲜荔枝　　　　C. 计算机主机　　　　D. 矿泉水

2. 从珠海运送一批海产品至广州，用下列哪种运输车辆最合适？（　　　）

A. 平板货车　　　　B. 自卸车　　　　　C. 冷藏车　　　　　　D. 粉罐运输车

三、判断题（下面说法对的打√，错的打×）

（　　　）1. 轻泡货物是指每立方米体积质量超过333kg的货物。

（　　　）2. 根据车辆结构不同，普通货运车辆可分为平板货车、中型货车和厢式货车等。

（　　　）3. 特种货物，如鲜活货物、液体货物、粉粒状货物，以及易燃易爆、易腐蚀、有毒物品等只能用专用汽车运输。

技能训练任务 2　业务受理

💡【任务目标】

公路运输的业务受理是业务双方合作的开始和确认，需要综合考虑的因素较多。通过本任务的学习和训练，同学们能够达成以下目标。

(1) 掌握公路运输订单货物分析的方法。

(2) 掌握公路运输订单线路分析的方法。

(3) 掌握公路货物运输合同签订的注意事项。

(4) 了解业务受理的定义与流程。

(5) 掌握业务受理的学习要点，培养学生的爱岗敬业精神。

✏️【任务准备】

1. 教师课前准备

(1) 教具：课件一个，普通货物表、贵重货物表、危险品表等，张贴板一块、水笔若干支、板钉一批、书写卡片（不同形状）若干。

(2) 制作腾讯在线文档，安装学习通 APP。

(3) 根据学生情况进行分组，也可要求学生独立完成。

2. 学生课前任务

(1) 相关知识回顾：公路运输货物的种类；公路运输设备。

(2) 分析下列业务，思考公路运输业务受理要分析的内容有哪些？

任务书

飞动物流有限公司法人代表是陈生生，公司地址是广州市番禺区平安 388 号，电话是020-83273779，该公司的主营业务是普通货物的运输。飞动物流有限公司于 2020 年 8 月 7日收到安康医疗卫生用品有限公司的三张运输订单，安康医疗卫生用品有限公司的法人代表是李美，公司地址是广州市白云区大金钟路 39 号，电话是 020-87727364。请你为公司分析这三张订单（表 2-5～表 2-7）及车辆信息表（表 2-8 和表 2-9），决定能否受理。

表 2-5　运输订单 1

托运单号	YD2340000005241		客户编号：BTHHC2401
托运人	安康医疗卫生用品有限公司(联系人是陈飞；联系电话是 13726334567,地址是广州市白云区大金钟路 39 号；邮编是 550014)		
包装方式	纸箱		
货物详情	①医用外科口罩。数量 30 箱；总质量 2500kg；总体积 5m³ ②一次性医用防护服。数量 50 箱；总质量 5000kg；总体积 5m³		
收货人	武汉市第一医院(联系人是李红；联系电话是 13928776524；地址是武汉市江北区怡北街 17 号；邮编是 430000)		

托运单号	YD2340000005241		客户编号:BTHHC2401
托运要求	①要求上门取货和送货,取货地联系信息与托运人联系信息相同,送货地联系信息与收货人联系信息相同 ②要求 2020 年 8 月 10 日 17 时之前送达目的地 ③凭客户签字的运单作为回执		

表 2-6　运输订单 2

托运单号	YD2340000005242		客户编号:BTHHC2402
托运人	安康医疗卫生用品有限公司(联系人是陈飞;联系电话是 13726334567,地址是广州市白云区大金钟路 39 号;邮编是 550014)		
包装方式	纸箱		
货物详情	①医用外科口罩。数量 60 箱;总质量 5000kg;总体积 10m³ ②一次性医用防护服。数量 25 箱;总质量 2500kg;总体积 2.5m³		
收货人	长沙市医科大学附属医院(联系人是张明;联系电话是 15928776354;地址是长沙市安凯乡安峰路 17 号;邮编是 410000)		
托运要求	①要求上门取货和送货,取货地联系信息与托运人联系信息相同,送货地联系信息与收货人联系信息相同 ②要求 2020 年 8 月 10 日 17 时之前送达目的地 ③凭客户签字的运单作为回执		

表 2-7　运输订单 3

托运单号	YD2340000005243		客户编号:BTHHC2403
托运人	安康医疗卫生用品有限公司(联系人是陈飞;联系电话是 13726334567,地址是广州市白云区大金钟路 39 号;邮编是 550014)		
包装方式	纸箱		
货物详情	75%医用酒精。数量 100 箱;总质量 8000kg;总体积 8m³		
收货人	长沙市医科大学附属医院(联系人是张明;联系电话是 15928776354;地址是长沙市安凯乡安峰路 17 号;邮编是 410000)		
托运要求	①要求上门取货和送货,取货地联系信息与托运人联系信息相同,送货地联系信息与收货人联系信息相同 ②要求 2020 年 8 月 10 日 17 时之前送达目的地 ③凭客户签字的运单作为回执		

表 2-8　车辆信息表

姓名	车牌号	联系方式	货厢尺寸 (长、宽、高)/m	车容 /m³	核载 /t	货厢类型
张飞	粤 A51021	13536670051	2.2×1.8×1.9	5	5	全厢
李林	粤 A60878	13766730031	5.2×2.15×2.3	16	21	全厢
吴达	粤 A70236	13631776524	4.2×1.8×1.9	23	24	全厢

表 2-9　车辆班线信息表

编号	车牌号	途经站	发车时间	状态	预计用时
1	粤 A51021	广州—武汉	21:00	11:05 进站	1.5 天
2	粤 A60878	广州—长沙—武汉	15:00	已停靠	2 天
3	粤 A70236	广州—长沙—武汉	14:00	13:00 进站	2 天

任务 1:分析三张订单的货物信息,完成订单货物分析表(表 2-10)的内容。

表 2-10　订单货物分析表 1

公司名称					
序号	分析项目	订单			是否受理及原因
1	货品属性				
2	货品数量				
3	货品质量				
4	货品体积				

任务 2：安康医疗卫生用品有限公司要求到厂取货，取货时间为 2020 年 8 月 8 日上午 11 时，货物装车的操作时间均为 1h，运回堆场后马上根据车辆班线信息选择合适的线路进行货物运输。

请分析三张订单的运输要求，完成任务书中表 2-11 线路分析表 1 的内容。

表 2-11　线路分析表 1

公司名称					
序号	分析项目	订单			是否受理及原因
1	路由				
2	取货时间				
3	可选车辆				
4	发车时间				
5	车辆靠站时间				
6	要求到货时间				

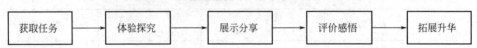

获取任务 → 体验探究 → 展示分享 → 评价感悟 → 拓展升华

【任务过程】

【技能 1　公路运输订单货物分析】

一、获取任务

任务 1：分析三张订单的货物信息，完成任务书中表 2-10 订单货物分析表 1 的内容。

二、体验探究

学生以个人或团队合作的方式，在教师的引导下利用"拓展升华"里的学习资料，填写订单货物分析表的内容，完成这个职业任务的体验探究。

1. 体验

(1) 明确托运公司名称：安康医疗卫生用品有限公司。

(2) 分析货品属性：根据三张订单的货品名称，对照货物分类表，查清货物属于何种类型，从表中可查出医用外科口罩与一次性医用防护服为普通货物，75%医用酒精属于危险货物。

(3) 确定货品数量：外包装/运输包装的数量，任务中每票订单货品总数量分别是80箱、85箱、100箱。

(4) 确定货品质量：每一票货物中货品的质量。任务中每票订单货品总质量分别是7500kg、7500kg、8000kg。

(5) 确定货品体积：每一票货物中货品的体积。任务中每票订单货品总体积分别是$10m^3$、$12.5m^3$、$8m^3$。

(6) 确定是否受理并分析原因：根据企业的主营业务类型决定是否受理订单。任务中订单3不受理，因为本公司只承运普通货物。

(7) 订单货物分析表的答案如表2-12所示。

表2-12　订单货物分析表2

公司名称		安康医疗卫生用品有限公司			是否受理及原因
序号	分析项目	订单			
		订单1	订单2	订单3	
1	货品属性	普通货物	普通货物	危险货物	订单3不受理，因为本公司只承运普通货物
2	货品数量	80箱	85箱	100箱	
3	货品质量	7500kg	7500kg	8000kg	
4	货品体积	$10m^3$	$12.5m^3$	$8m^3$	

2. 探究

> 探究任务：安康医疗卫生用品有限公司加了一票货，货物为医用消毒棉花，200箱，货品总质量为1000kg，总体积为$4.8m^3$，请填制任务书中表2-10订单货物分析表1。

三、展示分享

学生完成任务后，对自己体验过程中的所获、所感、所思与同学们和教师进行分享。

> 思考：(1) 进行公路运输订单货物分析的关键点是什么？
>
> (2) 通过前面的体验，你能否独立完成探究任务，并说明理由。

四、评价感悟

学生在这个过程中不断地自我反思和相互学习，渐悟或顿悟出职业活动中解决问题的最佳方式（表 2-13）。

表 2-13 （　　　）班任务训练技能（　　　）评价表

被考评组别		被考评组别成员名单				
考评内容						
考评标准	项目	分值/分	小组自我评价（30%）	其他组别评价(平均)（40%）	教师评价（30%）	合计（100%）
	货品属性是否正确	20				
	货品数量是否准确	15				
	货品质量是否准确	15				
	货品体积是否准确	15				
	是否受理及原因分析是否正确	20				
	自主解决问题的能力	15				
合计		100				

五、拓展升华

1. 货物运输条件

（1）普通货物运输条件。普通货物是指在运输、装卸、保管中对车辆结构和运输组织无特殊要求的货物。

（2）特种货物运输条件。

① 危险货物：具有燃烧、爆炸、腐蚀、毒害、放射等性质，在运输过程中容易引起人身伤害和财产毁损而需要特殊保护的物品。危险品的名称、包装、标志、运输限制、托运手续、装卸车要求，在《公路危险货物运输规则》中有具体规定。

② 易腐货物：易腐货物不能与非易腐货物同批运输，热状态不同的货物不得同批运输。使用冷藏车运输易腐货物时，货物运单须注明。

③ 鲜活动植物货物：如中途需要加水，托运人需派人押运，在货物运单上要注明上水站站名。

（3）轻泡货物运输条件。轻泡货物是指体积大而自重轻的货物，每立方米体积质量不足 333kg 的货物。

2. 查验货物内容

货物托运受理时，业务员查验货物的内容主要有货物性质、货物件数、货物质量和货物包装。

（1）货物性质。检查货物的性质，与企业主营业务进行核对，确定能否受理。

（2）货物件数。检查每批货物的件数，用来确定货物托运的类型属于整批托运、零担托运，还是包车托运。

（3）货物质量。检查每批货物的质量，用来确定货物托运的类型属于整批托运、零担托运，还是包车托运。

（4）货物包装。检查货物的包装是否符合国家和交通运输部门的规定和要求。对不符合包装标准和要求的货物，应由托运人调整包装。对不会造成运输设备及其他货物污染和货损的货物，如托运人坚持原包装，托运人要在特约事项注明自行承担由此造成的货损。

【技能 2　公路运输订单线路分析】

一、获取任务

> 任务 2：安康医疗卫生用品有限公司要求到厂取货，取货时间为 2020 年 8 月 8 日上午 11 时，货物装车的操作时间均为 1h，运回堆场后马上根据车辆班线信息选择合适的线路进行货物运输。
>
> 请分析三张订单的运输要求，完成任务书中表 2-11 线路分析表的内容。

二、体验探究

学生以个人或团队合作的方式，在教师的引导下利用"拓展升华"里的学习资料，填写订单线路分析表的内容，完成这个职业任务的体验探究。

1. 体验

（1）由技能 1 可知道订单 3 是危险品，与企业经营范围不符，因此不受理，现只需分析订单 1 与订单 2。

（2）明确托运公司名称：安康医疗卫生用品有限公司。

（3）确定路由：根据两张订单信息表的内容，确定路由。订单 1 的路由是广州—武汉，订单 2 的路由是广州—长沙，如取货时间与客户要求到货时间匹配，采用零担运输的方式，运输路由可以是广州—长沙—武汉，从而降低运输成本。

（4）确定取货时间：如果客户要求取货，要明确取货时间，任务中取货时间均为 2020 年 8 月 8 日 11 时。

（5）选择合适的车辆：订单 1 与订单 2 都是普通货物，可以拼车运输，两张订单的货物总质量是 15000kg，总体积是 22.5m³。根据表 2-8 车辆信息表得知可以选择的车辆是粤 A70236。

（6）确定发车时间：根据表 2-9 车辆班线信息表得知发车时间为 14:00。

（7）确定车辆靠站时间：根据表 2-9 车辆班线信息表得知车辆靠站时间为 13:00。

（8）确定收货时间：根据两张订单信息表的内容，确定收货时间。任务中要求收货时间均为 2020 年 8 月 10 日 17 时之前，货物到达武汉的时间是 2020 年 8 月 10 日 13 时，时间能满足。

（9）确定是否受理并分析原因：根据对路由、取货时间、发车时间、车辆靠站时间、收货时间进行分析后，数据显示公司的车辆与班线安排可以完成货物的运输作业，因此可以受理订单 1 与订单 2 的业务。

（10）线路分析表的答案如表 2-14 所示。

表 2-14 线路分析表 2

公司名称	安康医疗卫生用品有限公司		是否受理及原因
序号 分析项目	订单		
	订单 1	订单 2	
1 路由	广州—武汉	广州—长沙	根据对路由、取货时间、发车时间、车辆靠站时间、收货时间进行分析后，数据显示公司的车辆与班线安排可以完成货物的运输作业，因此可以受理订单 1 与订单 2 的业务
2 取货时间	2020 年 8 月 8 日 11:00	2020 年 8 月 8 日 11:00	
3 可选车辆	粤 A70236	粤 A70236	
4 发车时间	14:00	14:00	
5 车辆靠站时间	13:00	13:00	
6 要求到货时间	2020 年 8 月 10 日 17:00	2020 年 8 月 10 日 17:00	

2. 探究

> 探究任务：安康医疗卫生用品有限公司加了一票货，货物为医用消毒棉花，200 箱，货品质量为 1000kg，体积为 $4.8m^3$，货物从广州运到武汉，取货时间为 2020 年 8 月 8 日上午 11 时，要求到货时间是 8 月 10 日。请完成任务书中表 2-11 线路分析表 1。

三、展示分享

学生完成任务后，对自己体验过程中的所获、所感、所思与同学们和教师进行分享。

> **思考：** (1) 进行公路运输订单线路分析的关键点是什么？
> (2) 安排车辆时要考虑哪些因素？

四、评价感悟

学生在这个过程中不断地自我反思和相互学习，渐悟或顿悟出职业活动中解决问题的最佳方式（表 2-15）。

表 2-15 （　　）班任务训练技能（　　）评价表

被考评组别		被考评组别成员名单				
考评内容						
	项目	分值/分	小组自我评价(30%)	其他组别评价(平均)(40%)	教师评价(30%)	合计(100%)
考评标准	路由是否正确	15				
	取货时间是否准确	15				
	发车时间是否准确	15				
	车辆靠站时间是否准确	15				
	要求到货时间是否准确	15				
	是否受理及原因分析是否正确	15				
	自主分析问题的能力	10				
合计		100				

五、拓展升华

1. 分析线路需考虑的内容

货物托运受理时，业务员分析线路需要考虑的内容主要有道路情况、车辆装载情况、要求到货时间、装货点/卸货点之间的距离、每个装货点/卸货点的装/卸货时间、天气条件等情况的综合考虑。

（1）道路情况。考虑企业的运输线路是否满足托运人委托要运输货物的线路；同一辆车的货物是否同向、是否顺路；道路的通行情况。

（2）车辆装载情况。车辆的装载是否能基本满载，减少运输成本。

（3）要求到货时间。货物的运输时间能否在客户要求到货时间之前到达目的地。

（4）装货点/卸货点之间的距离。如果同一辆车装载多个地点的货物，地点间的距离较远，需要考虑前一地点装货/卸货后剩余的货物量，尽量减少长距离空载率。

（5）每个装货点/卸货点的装/卸货时间。每个装货点/卸货点的装/卸货时间如果比较长，需要加入运输时间内考虑。

（6）天气条件。运输期间是否会出现暴雨、台风、雪、雾等情况，是否会影响正常运输，最终影响到货时间。

2. 车辆安排需考虑的因素

（1）车辆吨位。选择吨位时，需要考虑本次运输任务的货量大小，同时也要遵守国家有关运输法律法规的规定。

（2）车辆容积。车辆容积需与车辆吨位结合考虑，两者必须同时满足。

（3）车辆货厢形式。根据货物运输需求选择车厢形式，如需要防雨的货物可考虑选用厢式货车。

（4）车况。车况的好坏是车辆安排时要重点考虑的要素。

【技能3　公路货物运输合同的签订】

一、获取任务

> 任务3：对能够受理的其中一张订单，于2020年8月8日签订公路货物运输合同。

二、体验探究

学生以个人或团队合作的方式，在教师的引导下利用"拓展升华"里的学习资料，与客户签订公路货物运输合同，完成这个职业任务的体验探究。

1. 体验

（1）填写约首：根据任务书中的公司信息填写合同约首的内容（图2-5）。

① 托运方与承运方：托运方是安康医疗卫生用品有限公司，承运方是飞动物流有限公司。

② 企业信息：托运方地址是广州市白云区大金钟路39号，电话/传真是020-87727364，

法定代表人是李美。承运方地址是广州市番禺区平安 388 号，电话/传真是 020-83273779，法定代表人是陈生生。

公路货物运输合同

甲方 (托运方)： 安康医疗卫生用品有限公司	乙方 (承运方)：飞动物流有限公司
地址：广州市白云区大金钟路39号	地址：广州市番禺区平安388号
电话：020-87727364	电话：020-83273779
传真：020-87727364	传真：020-83273779
法定代表人：李美	法定代表人：陈生生

图 2-5　约首

（2）填写正文：根据任务书运输订单 1 中的货物信息与托运要求填写正文部分的内容（图 2-6）。

> 甲方指定乙方为甲方货物提供公路运输服务。双方经友好协商，就具体事宜达成如下协议：
>
> 第一条：承运货物及起止地点
> 1.5 托运的主要货物为：<u>医用外科口罩、一次性医用防护服</u>
> 包装：甲方确保产品包装符合国家有关规定的标准。
> 属性：普通货物
> 1.6 货物的起运地点：<u>广州市白云区大金钟路39号</u>
> 1.7 货物的到达地点：<u>武汉市江北区怡北街17号</u>
> 1.8 甲方托运的其他货物及服务内容，以货物托运单或补充协议说明。
>
> 第二条：操作流程
> (1) 甲方发出运输指令；(2) 乙方回复认可书；(3) 甲方装货；(4) 双方验货签收；(5) 发往目的地交货；
> (6) 收货单位验签；(7) 验收后取回单；(8) 将回单交回甲方；(9) 甲方承付运费。
>
> 第三条：甲方的义务和责任
> 3.1 甲方至少提前8小时以电话或书面传真形式向乙方发出运输指令，通知内容包含发运时间、运输方式、货物名称及数量，并准确提供发运地和目的地地址及联络方式方法等信息。如发生特殊情况，甲方在乙方派出车辆前3小时有权对合理的内容进行变更。
>
> 3.2 甲方保证所托运的货物不属于国家违禁品。
> ……
> 第四条：乙方责任
> 4.1 乙方接受甲方的委托，为其提供货物运输服务，乙方应及时操作转运货物，安全、准时、准确地将货物运至甲方指定的目的地并派送上门。
> 4.2 乙方必须严格按照附件中所列运输时间执行，若因特殊情况，货物没有按预定时间到达，乙方应及时与甲方取得联系，向甲方汇报并进行处理。若甲方在调查时发现有不合实际的情况，有权做出处罚。
> 4.3 乙方在承运过程中发生的货物被盗、丢失、淋湿、货损、交货不清、货物破损等，概由乙方负责。
> ……
> 第五条：费用及结算方式
> 5.1 费用的结算标准：详见附件"飞动物流有限公司 物流货物运输报价表"。

图 2-6　正文

（3）填写约尾：根据任务书中的托运双方的信息与时间填制（图 2-7）。

2. 探究

> 探究任务：2020 年 8 月 8 日，针对剩下的一张订单，与客户签订公路货物运输合同。

若合同在履行中产生纠纷，双方应及时协商解决。协商无效的，可向合同履行地人民法院申请诉讼解决。

甲方：安康医疗卫生用品有限公司	乙方：飞动物流有限公司
（盖章）	（盖章）
代表人：李美	代表人：陈生生
签署日期：2020年8月8日	签署日期：2020年8月8日

图 2-7　约尾

三、展示分享

学生完成任务后，对自己体验过程中的所获、所感、所思与同学们和教师进行分享。

> **思考：** 签订公路货物运输合同要注意什么？

四、评价感悟

学生在这个过程中不断地自我反思和相互学习，渐悟或顿悟出职业活动中解决问题的最佳方式（表 2-16）。

表 2-16　（　　）班任务训练技能（　　）评价表

被考评组别		被考评组别成员名单				
考评内容						
考评标准	项目	分值/分	小组自我评价（30%）	其他组别评价（平均）（40%）	教师评价（30%）	合计（100%）
	约首填写是否正确	20				
	正文填写是否准确	40				
	约尾填写是否准确	20				
	自主分析问题的能力	20				
合计		100				

五、拓展升华

1. 公路货物运输合同

公路货物运输合同是指国内经营公路货物运输的企业与托运人之间为了实现特定货物运输任务而明确相互权利义务关系的协议。承运人与托运人本着平等自愿的原则订立公路货物运输合同。

2. 公路货物运输合同的主要条款

（1）货物的名称、性质、体积、数量及包装标准。

（2）货物起运和到达地点、运距、收发货人名称及详细地址。

（3）运输质量及安全要求。

（4）货物装卸责任和方法。

（5）货物的交接手续。

（6）批量货物运输起止日期。

（7）年、季、月度合同的运输计划（文书、表式、电报）提送期限和运输计划的最大限量。

（8）运杂费计算标准及结算方式。

（9）变更、解除合同的期限。

（10）违约责任。

（11）双方商定的其他条款。

3. 公路货物运输合同范本（表2-17）

表2-17　公路货物运输合同

<table>
<tr><td colspan="2" align="center">＿＿＿＿＿＿＿＿＿公司公路货物运输合同</td></tr>
<tr><td>甲方(托运方)：</td><td>乙方(承运方)：</td></tr>
<tr><td>地址：</td><td>地址：</td></tr>
<tr><td>电话：</td><td>电话：</td></tr>
<tr><td>传真：</td><td>传真：</td></tr>
<tr><td>法定代表人：</td><td>法定代表人：</td></tr>
<tr><td colspan="2">甲方指定乙方为甲方货物提供公路运输服务。双方经友好协商，就具体事宜达成如下协议：</td></tr>
<tr><td colspan="2">第一条：承运货物及起止地点</td></tr>
<tr><td colspan="2">1.1　托运的主要货物为：＿＿＿＿＿＿＿＿</td></tr>
<tr><td colspan="2">包装：甲方确保产品包装符合国家有关规定的标准。</td></tr>
<tr><td colspan="2">属性：＿＿＿＿＿＿＿＿＿＿＿＿＿</td></tr>
<tr><td colspan="2">1.2　货物的起运地点：＿＿＿＿＿＿＿</td></tr>
<tr><td colspan="2">1.3　货物的到达地点：＿＿＿＿＿＿＿</td></tr>
<tr><td colspan="2">1.4　甲方托运的其他货物及服务内容，以货物托运单或补充协议说明。</td></tr>
<tr><td colspan="2">第二条：操作流程</td></tr>
<tr><td colspan="2">(1)甲方发出运输指令；(2)乙方回复认可书；(3)甲方装货；(4)双方验货签收；(5)发往目的地交货；(6)收货单位验签；(7)验收后取回单；(8)将回单交回甲方；(9)甲方承付运费。</td></tr>
<tr><td colspan="2">第三条：甲方的义务和责任</td></tr>
<tr><td colspan="2">3.1　甲方至少提前8h以电话或书面传真形式向乙方发出运输指令，通知内容包含发运时间、运输方式、货物名称及数量，并准确提供发运地和目的地地址及联络方式方法等信息。如发生特殊情况，甲方在乙方派出车辆前3h有权对合理的内容进行变更。</td></tr>
<tr><td colspan="2">3.2　甲方保证所托运的货物不属于国家违禁品。</td></tr>
<tr><td colspan="2">……</td></tr>
<tr><td colspan="2">第四条：乙方责任</td></tr>
<tr><td colspan="2">4.1　乙方接受甲方的委托，为其提供货物运输服务，乙方应及时操作转运货物，安全、准时、准确地将货物运至甲方指定的目的地并派送到门。</td></tr>
<tr><td colspan="2">4.2　乙方必须严格按照附件中所列运输时间执行，若因特殊情况，货物没有按预定时间到达，乙方应及时与甲方取得联系，向甲方汇报并进行处理。若甲方在调查时发现有不合实际的情况，有权做出处罚。</td></tr>
<tr><td colspan="2">4.3　乙方在承运过程中发生的货物被盗、丢失、淋湿、货损、交货不清、货物破损等，概由乙方负责。</td></tr>
<tr><td colspan="2">……</td></tr>
<tr><td colspan="2">第五条：费用及结算方式</td></tr>
<tr><td colspan="2">5.1　费用的结算标准为：详见附件"＿＿＿＿＿＿＿物流货物运输报价表"。</td></tr>
</table>

5.2 结算方法为:每月5日前结算上月发生的运输费用,乙方需交付有效作业凭证及结算汇总表,经甲方审核无误后在3个工作日内支付乙方运费,如遇节假日则时间顺延。如有扣除的款项,应在运费中扣除。货到提付运费的甲乙双方都备有底根,以便于查账。

第六条:违约责任

6.1 因甲方提供资料不齐全而导致乙方无法送达或者延误送达,损失由甲方负责。乙方在运输过程中如果发现甲方所提供的收货人联系电话、地址有误,必须及时与甲方联系并寻求解决方法,否则损失由乙方负责。

6.2 乙方错到达地点或收货人的,乙方必须无偿将货物运到指定地点交付收货人,由此造成货物过期送达的,按甲方规定的条例处理。如果造成货物误收而丢失,乙方应照价赔偿。

第七条:文本及时效

7.1 本合同签订时,双方须出具法人资格文件和其他注册资料。如属法人委托人签署的,应有法人委托书原件。

7.2 本合同一式二份,甲、乙双方各持一份,具有同等法律效力。

7.3 本合同自双方签字盖章之日起生效。

......

第八条:变更与终止

8.1 合同如有变更或者补充,经协商一致后,以补充协议形式确定,补充协议与原合同具有同等效力。

8.2 本合同终止后,合同双方仍承担合同终止前本合同规定的双方应该履行而未履行完毕的一切责任与义务。

第九条:纠纷及其仲裁

若合同在履行中产生纠纷,双方应及时协商解决。协商无效的,可向合同履行地人民法院申请诉讼解决。

甲方: 乙方:

  (盖章)   (盖章)

代表人: 代表人:

签署日期: 签署日期:

💬【任务巩固】

一、填空题（将正确答案填在下面的括号里）

1. 货物托运受理时,业务员查验货物的内容主要有（   ）、（   ）、（   ）和货物包装检查。

2. （   ）是指国内经营公路货物运输的企业与托运人之间为了实现特定货物运输任务而明确相互权利义务关系的协议。承运人与托运人本着平等自愿的原则订立货运合同。

3. 轻泡货物是指体积大而自重轻的货物,每立方米体积质量不足（   ）的货物,又称"轻货""泡货""轻浮货物"。

二、选择题（将正确答案填在下面的括号里）

1. 车辆安排需考虑的因素包括（   ）、车辆吨位、车辆货厢形式和车况。

   A. 车辆容积   B. 车辆价格   C. 车辆价格   D. 车辆大小

2. 检查每批货物的件数,用来确定货物托运的类型属于整批托运、零担托运,还是包车托运,这属于（   ）检查。

   A. 货物性质检查   B. 货物件数检查   C. 货物质量检查   D. 货物包装检查

3. 下列内容不属于公路货物运输合同主要条款的是（   ）。

   A. 货物的名称   B. 货物起运和到达地点

   C. 违约责任   D. 原材料名称

技能训练任务 3 计算运费

💡【任务目标】

公路运输的运费计算是比较复杂的，不同公路运输类别的运费计算方式是不一样的，因此有必要对主要运输类别的运费计算方式进行掌握。通过本任务的学习和训练，同学们能够达成以下目标。

(1) 掌握公路运输零担货物运费的计算公式、步骤和原理。

(2) 掌握公路运输整批货物运费的计算公式、步骤和原理。

(3) 掌握公路运输集装箱货物运费的计算公式、步骤和原理。

✏️【任务准备】

1. 教师课前准备

(1) 教具：课件一个，普通货物运价分等表、特种货物运价分等表、城市间公路里程表等，张贴板一块、水笔若干支、板钉一批、书写卡片（不同形状）若干。

(2) 安装学习通 APP。

(3) 根据学生情况进行分组，也可要求学生独立完成。

2. 学生课前任务

(1) 相关知识回顾：公路运输的分类；毛重、净重。

(2) 可小组讨论完成以上任务，也可独立完成，并将结果写在书写卡片上，便于下一步的展示。

任务书

公司经过业务谈判后受理了以下业务，需要开展公路运输业务，请你为公司的业务确定运费。

任务 1：从广州运送 2499.6kg 方木到徐州，基本运价为 0.00036 元/(kg·km)。

任务 2：从深圳运送 5t 大理石到石家庄，基本运价为 0.27 元/(t·km)，吨次费为 1.8 元/t。

任务 3：从南宁运 1 个 20ft❶ 标准集装箱（重箱）到桂林，集装箱基本运价为 3.00 元/（箱·km），箱次费为 15 元/箱。

（可小组讨论完成以上的任务，也可独立完成，并将结果写在书写卡片上或者填在腾讯在线文档上，便于下一步的展示。）

---

❶ 1ft＝30.48cm。

【任务过程】

【技能 1　零担货物运费计算】

一、获取任务

> 任务 1：从广州运送 2499.6kg 方木到徐州，基本运价为 0.00036 元/(kg·km)。

二、体验探究

学生以个人或团队合作的方式，在教师的引导下利用"拓展升华"里的学习资料，计算零担货物运费，完成这个职业任务的体验探究。

1. 体验

（1）确定公路运费计算类型：由于方木为普通货物，货物质量为 2499.6kg，可以判断出其为零担货物运输。

（2）确定计费质量：货物质量为 2499.6kg，计费质量为 2500kg。

（3）确定货物等级：根据表 2-18 得知方木属于二等货物。

表 2-18　普通货物运价分等表（部分）1

等级	序号	货类	货物名称
二等货物	16	木材	圆木、方木、板料、成材、杂木棍等

（4）确定零担货物运价加成比率：方木属于二等货物，加成 15%。

（5）确定计费里程：路由为广州—徐州，根据表 2-19 得知广州到徐州的公路运价里程为 1697km。

（6）将以上数据代入公式：

> 公路运输零担货物运费的计算公式
> 运费＝计费质量×计费里程×零担货物运价＋货物运输其他费用
> 零担货物运价＝零担货物基本运价×（1＋加成比率）

零担货物运价＝零担货物基本运价×（1＋加成比率）
　　　　　＝0.00036 元/(kg·km)×（1＋15%）
　　　　　＝0.000414 元/(kg·km)
运费＝计费质量×计费里程×零担货物运价＋货物运输其他费用
　　＝2500kg×1697km×0.000414 元/(kg·km)＋0
　　＝1756 元

表2-19 全国主要城市间公路里程表（部分）1

	锦州	沈阳	长春	哈尔滨	齐齐哈尔	牡丹江	吉林	丹东	大连	济南	青岛	徐州	合肥	南京	上海	杭州	南昌	福州	石家庄	郑州	武汉	长沙	株洲
锦州																							
沈阳	483																						
长春	717	234																					
哈尔滨	1032	549	315																				
齐齐哈尔	1392	909	675	360																			
牡丹江	1739	1379	1022	707	347																		
吉林	1582	1256	865	550	597	440																	
丹东	1142	1569	425	110	930	1048	680																
大连	965	1129	285	250	1277	1284	844	323															
济南	903	962	419	734	1441	1916	1476	1299	1237	375													
青岛	457	890	1051	1094	2073	2291	1851	1674	1612	330	424												
徐州	832	347	1426	1726	2448	2246	1806	1629	1567	649	743	319											
合肥	787	722	1381	2101	2403	2565	2125	1948	1886	684	657	354	162										
南京	1106	677	1700	2056	2732	2600	2160	1983	1921	1033	1006	703	511	349									
上海	1141	996	1735	2375	2757	2949	2509	2332	2270	1036	1009	706	514	352	213								
杭州	1490	1031	2084	2410	3106	2952	2512	2335	2273	1152	1246	822	503	665	837								
南昌	1493	1380	2087	2759	3109	3068	2628	2451	2389	1800	1773	1491	1172	1116	1107	624							
福州	1609	1383	2203	2762	3225	3716	3276	3099	3037	1861	689	635	954	989	1338	894	725						
石家庄	2257	1499	2851	2878	3873	2018	1421	1244	1182	314	809	392	649	746	1095	1341	1406	2131					
郑州	279	2147	996	3256	1671	2460	1863	1686	1624	434	727	512	674	919	875	1098	963	1688	443				
武汉	722	333	1438	1311	2113	2919	2322	2145	2083	893	1151	1119	904	1066	1223	1010	432	1157	974	531			
长沙	1253	734	1897	1753	2572	2762	2714	2537	2475	1285	1543	1160	867	1029	1182	969	405	1130	1366	923	392		
株洲	1645	1193	2289	2212	2964	3154	2755	2578	2516	1326	1584	1584	1160	1029	969	364	1089	1407	964	433	41		
广州	2478	2374	2844	3078	3753	3393	3503	3326	3264	2027	2121	1697	1378	1540	1653	1440	875	985	2199	1756	1225	833	796

2. 探究

> 探究任务：从武汉运送 1350.2kg 木家具到石家庄，基本运价为 0.00036 元/(kg·km)，请计算运费。

三、展示分享

学生完成任务后，对自己体验过程中的所获、所感、所思与同学们和教师进行分享。

> 思考：(1) 公路零担货物运输需要满足的条件是什么？
> (2) 公路运输计算运费的步骤是什么？

四、评价感悟

学生在这个过程中不断地自我反思和相互学习，渐悟或顿悟出职业活动中解决问题的最佳方式（表 2-20）。

表 2-20 （   ）班任务训练技能（   ）评价表

被考评组别	被考评组别成员名单				
考评内容					
考评标准	项目	分值/分	小组自我评价(30%)	其他组别评价(平均)(40%)	教师评价(30%)	合计(100%)
	计费类型判断是否正确	20				
	计费质量是否准确	15				
	货物等级与加成比率是否准确	15				
	计费里程是否准确	15				
	计算结果是否正确	20				
	自主解决问题的能力	15				
合计		100				

五、拓展升华

1. 公路零担货物运输

托运人托运的货物计费质量少于或等于 3t，采用公路运输，即为公路零担货物运输。

2. 公路货物运输费用计算流程（图 2-8）

图 2-8 公路货物运输费用计算流程

（1）确定计费质量。

① 零担货物运输计费质量一般以千克为单位。

② 起码计费质量为 1kg，质量在 1kg 以上而尾数不足 1kg 的，四舍五入。

③ 轻泡货物以货物包装最长、最宽、最高部位计算体积，按每立方米折算 333kg 计算计费质量。

（2）公路零担运输的条件。

① 每批零担货物不得超过 300 件，质量不超过 3t；

② 按件托运的零担货物，单件质量不得超过 200kg。

（3）确定货物等级。普通货物分为一等货物、二等货物、三等货物，一等货物为计价基础，二等货物加成 15%，三等货物加成 30%。可查阅普通货物运价分等表确定对应的加成比率。

（4）确定运费里程。公路货物运输计费里程以千米为单位，尾数不足 1km，以 1km 计费。可查阅全国主要城市间公路里程表确定对应的运费里程。

（5）计算运费。

① 货物运输其他费用主要包括通行费以及其他服务费，其他服务费主要有装卸搬运、包装等费用。

② 运费＝计费质量×计费里程×零担货物运价＋货物运输其他费用。

③ 运费尾数以元为单位，不足 1 元时，四舍五入。

3. 公路零担货物运输的特点

（1）客户散、流向广。公路零担货物托运具有客户散、流向广的特点。货运企业对零担货物实行"零散受理、全程负责"的运营模式。

（2）批量小、批次多。公路零担货物运输的货物批量小、批次多。一辆承运车辆所承运的货物可能会是多个托运人的货物，交由多个收货人收货。货物流量与流向具有一定的区域性和不确定性，对货物配载与运输调度的要求较高。

（3）速度快、反应敏捷。公路零担货物运输通常是实载实运，车容利用率高，提高了运行效率，运送速度比铁路与水路运输快。它能够采用辅助作业设备去减少货损货差并能以机动灵活的作业流程去适应特殊情况的需求。

知识小栏目

公路零担货物运输的营运形式如下。

① 定期零担班车的营运形式主要分为直达式零担班车、中转式零担班车、沿途式零担班车。

② 不定期零担班车的营运形式也叫加班车，是指在新开辟的零担货运路线或季节性的零担货运路线上，当受理托运的零担货物达到一定数量时，不定期组织运行的一种零担货车营运方式，是定期零担班车营运形式的补充。

【技能 2　整批货物运费计算】

一、获取任务

任务 2：从深圳运送 5t 大理石到石家庄，基本运价为 0.27 元/（t·km），吨次费为 1.8 元/t。

二、体验探究

学生以个人或团队合作的方式，在教师的引导下利用"拓展升华"里的学习资料，计算整批货物运费，完成这个职业任务的体验探究。

1. 体验

（1）确定公路运费计算类型：由于大理石为普通货物，货物质量为 5t，可以判断出其为整批货物运输。

（2）确定计费质量：货物质量为 5t，计费质量为 5t。

（3）确定货物等级：根据表 2-21 得知大理石属于三等货物。

表 2-21　普通货物运价分等表（部分）2

等级	序号	货类	货物名称
三等货物	31	装饰石料	大理石、花岗岩、汉白玉

（4）确定整批货物运价加成比率：大理石属于三等货物，加成 30%。

（5）确定计费里程：路由为深圳—石家庄，根据表 2-22 得知深圳到石家庄的公路运价里程为 2360km。

（6）将以上数据代入公式：

> **公路运输整批货物运费的计算公式**
>
> 运费＝吨次费×计费质量＋整批货物运价×计费质量×计费里程＋货物运输其他费用
>
> 整批货物运价＝整批货物基本运价×（1＋加成比率）

整批货物运价＝整批货物基本运价×（1＋加成比率）

　　　　　　　＝0.27 元/(t·km)×(1＋30%)

　　　　　　　＝0.351 元/(t·km)

运费＝吨次费×计费质量＋整批货物运价×计费质量×计费里程＋货物运输其他费用

　　＝1.8 元/t×5t＋0.351 元/(t·km)×5t×2360km＋0

　　≈4151 元

2. 探究

> **探究任务：** 从杭州运送一批絮棉到济南，刚好装满一辆 6t 车，装卸搬运费 200 元，基本运价为 0.27 元/(t·km)，吨次费为 1.8 元/t，请计算运费。

三、展示分享

学生完成任务后，对自己体验过程中的所获、所感、所思与同学们和教师进行分享。

> **思考：** （1）公路整批货物运输需要满足的条件是什么？
>
> 　　　　（2）公路整批运输与公路零担运输的区别是什么？

单位：km

表 2-22　全国主要城市间公路里程表（部分）2

下表为三角形里程表（对角线为城市名，数字为两城市间公路里程，单位 km）。现以标准下三角矩阵形式转录如下：

城市	长春	哈尔滨	齐齐哈尔	牡丹江	吉林	丹东	大连	济南	青岛	徐州	合肥	南京	上海	杭州	南昌	福州	石家庄	郑州	武汉	长沙	株洲	广州
哈尔滨	315																					
齐齐哈尔	675	360																				
牡丹江	707	344	691																				
吉林	110	425	597	440																			
丹东	549	659	1022	1048	600																	
大连	734	482	909	1284	680	323																
济南	903	1019	1392	1277	1048	844																
青岛								375														
徐州								330	424													
合肥								649	743	319												
南京								684	657	354	162											
上海								1033	1006	703	511	349										
杭州								1036	1009	706	514	352	213									
南昌								1152	1246	822	503	665	837	624								
福州								1800	1773	1491	1172	1116	1107	894	725							
石家庄								314	689	635	954	989	1338	1341	1406	2131						
郑州								434	809	392	649	746	1095	1098	963	1688	443					
武汉								893	1151	727	512	674	919	875	432	1157	974	531				
长沙								1285	1543	1119	904	1066	1223	1010	405	1130	1366	923	392			
株洲								1326	1584	1160	867	1029	1182	969	364	1089	1407	964	433	41		
广州								2027	2121	1697	1378	1540	1653	1440	875	985	2199	1756	1225	833	796	
深圳								2188	2282	1858	1539	1701	1814	1512	1036	880	2360	1917	1386	994	954	161

36　运输作业实务

四、评价感悟

学生在这个过程中不断地自我反思和相互学习，渐悟或顿悟出职业活动中解决问题的最佳方式（表2-23）。

表2-23　（　　　）班任务训练技能（　　　）评价表

被考评组别			被考评组别成员名单			
考评内容						
考评标准	项目	分值/分	小组自我评价（30%）	其他组别评价(平均)（40%）	教师评价（30%）	合计（100%）
	计费类型判断是否正确	20				
	计费质量是否准确	15				
	货物等级与加成比率是否准确	15				
	计费里程是否准确	15				
	计算结果是否正确	20				
	自主解决问题的能力	15				
合计		100				

五、拓展升华

1. 公路整批货物运输

公路整批货物运输是指托运人一次托运的货物计费质量大于3t或者需要一辆汽车运输的。

需要冷藏、保温或加温运的货物；规定按整车办理的危险货物；易于污染其他货物的污秽物；不易计件数的货物；蜜蜂；未装容器的动物；一批货物质量超过2t，体积超过3m³或长度超过9m的货物，都需要办理整批运输。

2. 公路整批货物运输费用计算步骤

（1）确定计费质量。

① 整批货物运输计费质量一般以吨为单位。

② 整批货物吨以下计算至100kg，尾数不足100kg的，四舍五入。

③ 整批轻泡货物的高度、长度、宽度，以不超过有关道路交通安全规定为限度，按车辆标记吨位为计费质量。

（2）公路整批运输的条件。货物质量大于3t或者需要一辆汽车运输的货物。

（3）确定货物等级。

① 普通货物：分为一等货物、二等货物、三等货物，一等货物为计价基础，二等货物加成15%，三等货物加成30%。可查阅普通货物运价分等表确定对应的加成比率。

② 大型特型笨重货物运价：一级加成40%～60%，二级加成60%～80%。

③ 危险货物运价：一级加成60%～80%，二级加成40%～60%。

④ 贵重、鲜活货物运价：加成40%～60%。

（4）确定运费里程。公路货物运输计费里程以千米为单位，尾数不足1km，以1km计费。可查阅全国主要城市间公路里程表确定对应的运费里程。

（5）计算运费。

① 整批运输的其他费用主要包括调车费、延滞费、装货落空损失费、车辆处置费、检验费、装卸费、通行费、保管费、道路阻塞停车费和运输变更手续费。

② 整批货物运费＝吨次费×计费质量＋整批货物运价×计费质量×计费里程＋货物运输其他费用。

整批货物运价＝整批货物基本运价×（1＋加成比率）。

③ 运费尾数以元为单位，不足1元时，四舍五入。

【技能3　集装箱运费计算】

一、获取任务

> 任务3：从南宁运1个20ft标准集装箱（重箱）到桂林，集装箱基本运价为3.00元/（箱·km），箱次费为15元/箱。

二、体验探究

学生以个人或团队合作的方式，在教师的引导下利用"拓展升华"里的学习资料，计算集装箱运费，完成这个职业任务的体验探究。

1. 体验

（1）确定公路运费计算类型：由于运输的对象是1个20ft标准集装箱（重箱），可以判断出其为集装箱运输。

（2）确定计费里程：路由为南宁—桂林，根据表2-24得知南宁到桂林的公路运输里程为467km。

（3）基本运价：3.00元/（箱·km）。

（4）计费箱数：1个20ft标准集装箱（重箱）。

（5）将以上数据代入公式：

> 公路集装箱货物运费的计算公式
> 运费＝重（空）箱运价×计费箱数×计费里程＋箱次费×计费箱数＋货物运输其他费用

运费＝重（空）箱运价×计费箱数×计费里程＋箱次费×计费箱数＋货物运输其他费用
＝3.00元/（箱·km）×1箱×467km＋15元/箱×1箱＋0＝1416元

2. 探究

> 探究任务：从福州运2个40ft标准集装箱（重箱）到南昌，集装箱基本运价为5.20元/（箱·km），箱次费为25元/箱，请计算运费。

単位：km

表2-24　全国主要城市间公路里程表（部分）3

	北京	天津	锦州	沈阳	长春	哈尔滨	齐齐哈尔	牡丹江	吉林	丹东	大连	济南	青岛	徐州	合肥	南京	上海	杭州	南昌	福州	石家庄	郑州	武汉	长沙	株洲	广州	深圳	柳州	南宁	桂林
天津	118																													
锦州	483	470																												
沈阳	717	704	234																											
长春	1032	1019	549	315																										
哈尔滨	1392	1379	909	675	360																									
齐齐哈尔	1739	1726	1256	1022	707	347																								
牡丹江	1582	1569	1099	865	550	344	691																							
吉林	1142	1129	659	425	110	250	597	440																						
丹东	965	962	482	285	600	930	1277	1048	680																					
大连	903	890	420	419	734	1094	1441	1284	844	323																				
济南	457	347	817	1051	1366	1726	2073	1916	1476	1299	1237																			
青岛	832	722	1192	1426	1741	2101	2448	2291	1851	1674	1612	375																		
徐州	787	677	1147	1381	1696	2056	2403	2246	1806	1629	1567	330	424																	
合肥	1106	996	1466	1700	2015	2375	2732	2565	2125	1948	1886	649	743	319																
南京	1141	1031	1501	1735	2050	2410	2757	2600	2160	1983	1921	684	657	354	162															
上海	1490	1380	1850	2084	2399	2759	3106	2949	2509	2332	2270	1033	1006	703	511	349														
杭州	1493	1383	1853	2087	2402	2762	3109	2952	2512	2335	2273	1036	1009	706	514	352	213													
南昌	1609	1499	1969	2203	2518	2878	3225	3068	2628	2451	2389	1152	1246	822	503	665	837	624												
福州	2257	2147	2617	2851	3166	3526	3873	3716	3276	3099	3037	1800	1773	1491	1172	1107	894	725												
石家庄	279	333	762	996	1311	1671	1861	1421	1244	1182	1244	314	689	635	954	989	1338	1341	1406	2131										
郑州	722	734	1204	1438	1753	2113	2303	1863	1686	1624		434	809	392	649	746	1095	1098	963	1688	443									
武汉	1253	1193	1663	1897	2212	2572	2762	2322	2145	2083		893	1151	727	512	674	919	875	432	1157	974	531								
长沙	1645	1585	2055	2289	2604	2964	3154	2714	2537	2475		1285	1543	1119	904	1066	1223	1010	405	1130	1366	923	392							
株洲	1686	1626	2096	2330	2645	3005	3195	2755	2578	2516		1326	1584	1160	945	1029	1182	969	364	1089	1407	964	433	41						
广州	2478	2374	2844	3078	3393	3753	3943	3503	3326	3264		2027	2121	1697	1378	1540	1653	1512	875	985	2199	1756	1225	833	796					
深圳	2639	2535	3005	3239	3554	3914	4104	3664	3487	3425		2188	2282	1858	1539	1701	1814	1724	1036	880	2360	1917	1386	994	954	161				
柳州	2399	2339	2809	3043	3358	3718	3908	3468	3291	3229		2039	2297	1873	1603	1765	1937	1982	1100	1593	2120	1677	1146	754	736	700	861			
南宁	2657	2597	3067	3301	3616	3976	4166	3726	3549	3487		2297	2555	2131	1861	2023	2195		1358		2378	1935	1404	1012	994	729	890	258		
桂林	2190	2130	2600	2834	3149	3509	3699	3259	3082	3020		1830	2088	1644	1394	1556	1728	1515	891	1565	1911	1468	937	545	527	672	833	209	467	

三、展示分享

学生完成任务后，对自己体验过程中的所获、所感、所思与同学们和教师进行分享。

> 思考：（1）公路集装箱货物运费的计算关键点是什么？
>
> （2）通过前面的体验，你能否独立完成探究任务，并说明理由。

四、评价感悟

学生在这个过程中不断地自我反思和相互学习，渐悟或顿悟出职业活动中解决问题的最佳方式（表 2-25）。

表 2-25　（　　）班任务训练技能（　　）评价表

被考评组别		被考评组别成员名单				
考评内容						
考评标准	项目	分值/分	小组自我评价（30%）	其他组别评价（平均）（40%）	教师评价（30%）	合计（100%）
	计费里程是否准确	40				
	计算结果是否正确	40				
	自主解决问题的能力	20				
合计		100				

五、拓展升华

1. 公路集装箱运输

公路集装箱运输是集装箱运输的一个重要的组成部分，它能将航空、铁路、海运有效地连接起来，实现门到门运输。

2. 公路集装箱运输费用计算步骤

（1）基本运价。

① 普通货物的基本运价：20ft 标准箱基本运价为 3.00 元/（箱·km），40ft 标准箱基本运价为 5.20 元/（箱·km）。可根据当地实际情况在基本运价基础上加减 20%，制订本地区基本运价。

② 危险货物的基本运价：放射性、易燃、易爆危险品等运价在基本运价的基础上加成 50%～100%，其他危险品运价在基本运价的基础上加成 20%～50%。

（2）箱次费。20ft 标准箱箱次费 15 元/箱次，40ft 标准箱 25 元/箱次。可根据当地实际情况在箱次费标准上加减 20%，制订本地区基本运价。

（3）计算运费。运费＝重（空）箱运价×计费箱数×计费里程＋箱次费×计费箱数＋货物运输其他费用。

3. 集装箱运价

（1）标准集装箱运价：重箱运价按照不同规格箱型的基本运价执行，空箱运价在标准集装箱重箱运价的基础上减成计算。

（2）非标准箱运价：重箱运价按照不同规格的箱型，在标准集装箱基本运价的基础上加成计算，空箱运价在非标准集装箱重箱运价的基础上减成计算。

（3）特种箱运价：在箱型基本运价的基础上，按装载不同特种货物的加成幅度加成计算。

【任务巩固】

一、填空题（将正确答案填在下面的括号里）

1. 公路零担货物运输是指托运人托运的货物计费质量（　　　　），采用的运输方式为公路运输。

2.（　　　　）是托运人一次托运的货物计费质量大于3t或者需要一辆汽车运输的。

3. 公路货物运输计费里程以千米为单位，尾数不足1km，以（　　　　）计费。

二、选择题（将正确答案填在下面的括号里）。

1. 以下不属于公路整批货物运输的是（　　　　）。

A. 质量大于或等于3t的货物

B. 需要冷藏、保温或加温运输的货物

C. 未装容器的动物

D. 一批货物质量超过2t，体积超过 $3m^3$ 或长度超过9m的货物

2.（　　　　）是集装箱运输的一个重要的组成部分，它能将航空、铁路、海运有效地连接起来，实现门到门运输。

A. 公路零担货物运输　　　　　　　　B. 公路整批货物运输

C. 公路集装箱运输　　　　　　　　　D. 公路运输

3. 公路货物运输费用计算流程（　　　　）。

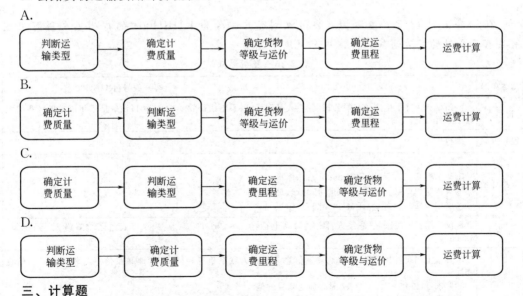

三、计算题

从福州运送一批景泰蓝制品到上海，货物4t，装卸搬运费500元，基本运价为0.27元/（t·km），吨次费为1.8元/t，请计算运费。

技能训练任务 4　单证处理

【任务目标】

公路运输单证相对其他运输方式而言，虽然较为简单，但同样重要，掌握运输单证的填制和流转，能控制运输作业的每个环节，保证整个运输业务的顺利进行。通过本任务的学习和训练，同学们能够达成以下目标。

（1）了解公路运输单证的定义及常见格式。

（2）了解公路运输单证的流转。

（3）掌握公路货物运单、取派通知单、公路运输计划和货物运输保险的填制。

【任务准备】

1. 教师课前准备

（1）教具：课件一个，公路货物运单、取派通知单、公路运输计划、货物运输保险单、全国公路里程表，张贴板一块、水笔若干支、板钉一批、书写卡片（不同形状）若干。

（2）制作腾讯在线文档，安装学习通 APP。

（3）根据学生情况进行分组，也可要求学生独立完成。

2. 学生课前任务

（1）相关知识回顾：公路运输业务受理；公路货物运输合同。

（2）查找公路运输单证的种类及常见格式，思考如何填制。

任务书

2020 年 8 月 18 日，嘉顺物流公司收到客户编号为 KHBH004 的广州盛久医疗卫生用品有限公司的发货通知，具体内容见表 2-26。

表 2-26　发货通知

托运单号	YD8470000009314	客户编号：KHBH004
托运人	广州盛久医疗卫生用品有限公司(联系人是洪武;联系电话是 020-56350001;地址是广州市番禺区番禺大道 405 号;邮编是 511400)	
包装方式	纸箱	
货物详情	货物名称。 ①防护鞋套。50 箱;总质重 2500kg;总体积 6m³ ②医用防护口罩。15 箱;总质量 1500kg;总体积 4m³ ③医用手套。20 箱;总质量 1000kg;总体积 2m³	
收货人	武汉市第四人民医院(联系人:陈玉;联系电话:027-84351161;地址:武汉市武昌区曲阳路 22 号;邮编:430061)	
托运要求	①要求上门取货和送货,取货地联系信息与托运人联系信息相同,送货地联系信息与收货人联系信息相同 ②要求 2020 年 8 月 25 日 17 时之前送到目的地 ③凭客户签字的运单作为回执	

托运单号	YD8470000009314		客户编号:KHBH004
结算	①结算方式:现结 ②运费为4000元,取货和送货费用为200元,杂费40元		
投保	此批货物不投保		

公司运输部可调度的车辆如下:

(1) 车辆编号HB001,车牌粤A39027,车容10m³,载重4t。

(2) 车辆编号HB002,车牌粤A7ZM26,车容20m³,载重6t。

司机张大宇,联系方式13251556785。

8月18日公司业务员张梦瑶又收到一份运输任务,托运单号为YD8470000009315,要求在8月23日18时前到达长沙:广州市华丰医疗用品有限公司(广州市番禺区开阳路12号,成军,电话为020-56348790)一次性医用防护服50箱,包装为纸箱(需要取货和送货,取货地联系信息与托运人联系信息相同,送货地联系信息与收货人联系信息相同),送至长沙销售处(长沙市天心区建国西路13号,王广,电话为0731-86542003),重500kg,体积0.8m³,运费为2500元,取货和送货费用为150元,杂费为20元。此批货物需要投保,8月19日委托嘉顺物流公司代办,投保金额为100000元,只投基本险,保险费率为货值的0.1%,保险公司为广州平安保险公司,保险单号为BXD001,开具发票号码为015064。

18日,张梦瑶编制取(派)通知单QTZD001,安排随车货运员蒋玉、司机王广云去取货,车辆是9.6m集装箱,载重6t,车容14m³,此车客户货品,不需要返单,不需要收款,预计8h完成取货作业回到场站。

货物于2020年8月20日1时装车,林南宇负责装车发货。8时发车出站,20日18时到达长沙市,21日8时从长沙市出发,21日18时到达武汉市,随车备用金800元。

假设你是公司的业务员张梦瑶,请你为公司的业务处理运输单证。

任务1:填制编号为YD8470000009314的公路货物运单。

任务2:填制编号为QTZD001的取派通知单。

任务3:填制编号为YSJH20200820的公路运输计划。

任务4:填制编号为BXD001的货物运输保险单。

(可小组讨论完成以上的任务,也可独立完成,并将结果写在书写卡片上或者填在腾讯在线文档上,便于下一步的展示。)

【任务过程】

【技能 1　公路货物运单】

一、获取任务

> 任务 1：填制编号为 YD8470000009314 的公路货物运单。

二、体验探究

学生以个人或团队合作的方式，在教师的引导下利用"拓展升华"里的学习资料，填制公路货物运单，完成这个职业任务的体验探究。

1. 体验

（1）确定运单号码：YD8470000009314。

（2）确定托运人、收货人、取货地和送货地联系人信息。

① 托运人、取货地联系人：广州盛久医疗卫生用品有限公司。

② 收货人、送货地联系人：武汉市第四人民医院。

填入公路货物运单中如表 2-27 所示。

表 2-27　公路货物运单 1

托运人姓名	洪武	电话	020-56350001	收货人姓名	陈玉	电话	027-84351161
单位	广州盛久医疗卫生用品有限公司			单位	武汉市第四人民医院		
托运人详细地址	广州市番禺区番禺大道 405 号			收货人详细地址	武汉市武昌区曲阳路 22 号		
托运人账号		邮编	511400	收货人账号		邮编	430061
取货地联系人姓名	洪武	单位	广州盛久医疗卫生用品有限公司	送货地联系人姓名	陈玉	单位	武汉市第四人民医院
电话	020-56350001	邮编	511400	电话	027-84351161	邮编	430061
取货地详细地址	广州市番禺区番禺大道 405 号			送货地详细地址	武汉市武昌区曲阳路 22 号		

（3）确定始发站、目的站及运距、全行程和路由。

① 始发站：广州。

② 目的站：武汉。

③ 运距、全行程：查找任务 3 中表 2-19 全国主要城市间公路里程表（部分）1 得知广州至武汉的里程 1225km，则运距和全行程为 1225km。

④ 路由：广州—武汉。

（4）确定托运货物信息。

① 防护鞋套。数量 50 箱，总质量 2500kg，总体积 6m³；

② 医用防护口罩。数量 15 箱，总质量 1500kg，总体积 4m³；

③ 医用手套。数量 20 箱，总质量 1000kg，总体积 2m³。

填入公路货物运单中，如表 2-28 所示。

表 2-28 公路货物运单 2

货物名称	包装方式	件数	计费重量/kg	体积/m³
防护鞋套	纸箱	50	2500	6
医用防护口罩	纸箱	15	1500	4
医用手套	纸箱	20	1000	2
合计		85	5000	12

（5）确定费用信息：运费为 4000 元，取货和送货费用为 200 元，杂费 40 元。
填制完毕的公路货物运单如表 2-29 所示。

2. 探究

探究任务：填制编号为 YD8470000009315 的公路货物运单。

三、展示分享

学生完成任务后，对自己体验过程中的所获、所感、所思与同学们和教师进行分享。

思考：（1）填制公路货物运单要注意哪些问题？
（2）通过前面的体验，你能否独立完成探究任务，并
说明理由。

四、评价感悟

学生在这个过程中不断地自我反思和相互学习，渐悟或顿悟出职业活动中解决问题的最
佳方式（表 2-30）。

五、拓展升华

1. 公路货物运单

公路货物运单是公路货物运输及运输代理的合同凭证，是运输经营者接受货物并在运输
期间负责保管和据以交付货物的凭据，也是记录车辆运行和行业统计的原始凭证。

公路货物运单由承运人签发，证明货物由承运人接管并安排公路运输，以及承运人保证
将货物交给指定收货人的一种单证。

公路货物运单的常用格式如表 2-29 所示。

2. 公路货物运单的流转

公路货物运单一般有四联：第一联存根，作为领购新运单和行业统计的凭据；第二联托
运人存查联，交托运人存查并作为运输合同由当事人一方保管；第三联承运人存查联，交承
运人存查并作为运输合同由当事人另一方保存；第四联随货通行联，作为载货通行和核算运
杂费的凭证，货物运达、经收货人签收后，作为交付货物的依据。

表2-29　公路货物运单3

公路货物运单

运单号码	YD8470000009314						
托运人姓名	洪武	电话	020-56350001	收货人姓名	陈玉	电话	027-8435161
单位	广州盛久医疗卫生用品有限公司			单位	武汉市第四人民医院		
托运人详细地址	广州市番禺区番禺大道405号			收货人详细地址	武汉市武昌区曲阳路22号		
托运人账号	511400	邮编		收货人账号		邮编	430061
取货地联系人姓名	洪武	单位	广州盛久医疗卫生用品有限公司	送货地联系人姓名	陈玉	单位	武汉市第四人民医院
电话	020-56350001	邮编	511400	电话	027-8435161	邮编	430061
取货地详细地址	广州市番禺区番禺大道405号			送货地详细地址	武汉市武昌区曲阳路22号		
始发站	广州	目的站	武汉	起运日期 2020年8月20日8时		要求到货日期 2020年8月25日17时	
运距	1225公里	全行程	1225公里	是否要求送 送货√		是否要求回执 √运单回执√ 客户单据√	

货物名称	包装方式	件数	计质量/kg	体积/m³
防护鞋套	纸箱	50	2500	6
医用防护口罩	纸箱	15	1500	4
医用手套	纸箱	20	1000	2
合计		85	5000	12

收费项	运费	取/送货费	保险费	杂费	费用小计
费用金额/元	4000.00	200.00		40.00	4240.00

客户投保声明：不投保√ 投保 　投保金额　元　保险费　元

运杂费合计（大写）：肆仟贰佰肆拾元零角零分

结算方式	月结	付费账号		预付款	元
现付					
到付		受理日期 2020年8月18日　时　分			

制单人	张梦瑶	受理单位	嘉顺物流公司

表 2-30 （　　　　）班任务训练技能（　　　）评价表

被考评组别	被考评组别成员名单					
考评内容						
考评标准	项目	分值/分	小组自我评价（30%）	其他组别评价（平均）（40%）	教师评价（30%）	合计（100%）
	运单号码确定是否准确	5				
	托运人、收货人、取货地和送货地联系人信息确定是否准确	20				
	始发站、目的站及运距、全行程和路由确定是否准确	15				
	托运货物信息和费用信息确定是否准确	20				
	公路货物运单最终填制是否准确	25				
	综合分析和学习能力	15				
合计		100				

3. 公路货物运单的填制要求

（1）运单号码：填写运输该批货物的运单号。

（2）托运人、收货人、取货地和送货地联系人信息：填写该批货物托运人、收货人、取货地和送货地联系人的姓名、电话、单位、详细地址、账号、邮编等。

（3）始发站、目的站：填写货物起运站点和到达站点的城市名称。

（4）运距：填写始发站到目的站的距离。

（5）全行程：填写全行程距离，全行程包含取货距离、运距和送货距离。

（6）路由：填写货物行走路线的城市，假设始发站上海，目的站北京，没有中转站，则路由为"上海—北京"；若有中转站济南，则路由为"上海—济南—北京"。

（7）起运日期：填写货物发运的日期。

（8）要求到货日期：填写托运人要求到货日期。

（9）托运货物信息：填写本次运输货物的名称、包装方式、件数、计费质量、体积。

（10）费用信息：填写本次运输的相关费用。

（11）制单人：填写初次填写单据的工作人员。

（12）受理日期：填写运输合同签订日期，可与制单日期不同。

（13）受理单位：填写制单人所在工作单位名称，一般为承运人公司名称。

知识小栏目

① 填在一张货物运单内的货物必须属同一托运人。对拼装分卸货物，应将拼装或分卸情况在运单记事栏内注明。

② 易腐蚀或易碎货物、易溢漏的液体、危险货物与普通货物以及性质相抵触、运输条件不同的货物，不能用同一张运单托运。

【技能 2 取派通知单】

一、获取任务

> 任务 2：填制编号为 QTZD001 的取派通知单。

二、体验探究

学生以个人或团队合作的方式，在教师的引导下利用"拓展升华"里的学习资料，填制取派通知单，完成这个职业任务的体验探究。

1. 体验

（1）接收取货指令进行运输业务分析：收到取货指令后，分析客户的发货通知要求如表 2-31 所示。

表 2-31　运输业务分析

分析项目	YD8470000009314	YD8470000009315
货品属性	普通货物	普通货物
货运运量	总质量 5000kg，总体积 12m³	总质量 500kg，总体积 0.8m³
货品包装	纸箱	纸箱
取货流向	广州市番禺区	广州市番禺区
取送货要求	上门取货和送货	上门取货和送货

分析得出托运单 YD8470000009314 和 YD8470000009315 的货品属性都是普通货物中的防疫物资，取货流向都是到广州市番禺区取货，这两笔业务可以放在一起安排取货作业。这两笔业务预计装载量为 5500kg，总体积为 12.8m³，取货车辆（9.6m 集装箱，载重 6t，车容 14m³）可以完成取货任务。

（2）填制取派通知单。

① 单号：QTZD001。

② 操作站：广州站。

③ 资源：车辆 1 辆、货运员 1 人。

④ 车型：9.6m 集装箱。

⑤ 预计操作时间：8h。

⑥ 总数量、总质量、总体积：135 件、5500kg、12.8m³。

⑦ 客户信息：填写对应托运单上所承运货物的托运单号码，并按客户发货通知信息分别填写与托运单对应的托运人地址、电话、姓名等。

⑧ 货物信息：填写对应托运单上所承运货物的名称、件数、质量、体积等。

填制完毕的取派通知单如表 2-32 所示。

表 2-32 取派通知单

单号		QTZD001		操作站		广州站		
资源	车辆	1	辆	车型		9.6m 集装箱		
	货运员	1	人	预计操作时间		8		h
总数量	135	件	总质量	5500	kg	总体积	12.8	m³

客户信息								
运单号	顺序号	地址		电话	姓名	取派类型	是否返单	是否收款
YD8470000009314	1	广州市番禺区番禺大道 405 号		020-56350001	洪武	取货	是	是
YD8470000009315	2	广州市番禺区开阳路 12 号		020-56348790	成军	取货	是	是

货品信息					
运单号	货品名称	件数/件	质量/kg	体积/m³	备注
YD8470000009314	防护鞋套	50	2500	6	
YD8470000009314	医用防护口罩	15	1500	4	
YD8470000009314	医用手套	20	1000	2	
YD8470000009315	一次性医用防护服	50	500	0.8	
填表人	张梦瑶		填表时间	2020 年 8 月 18 日	

2. 探究

探究任务：8 月 18 日公司还收到一份到货通知单，如表 2-33 所示。

表 2-33 到货通知单

始发站:珠海市		目的站:广州市	
收货信息	收货人	广州市嘉兴文具店	
	是否送货	是	
	收货地址	广州市番禺区光明南路 5 号	
	联系人	严美芸	
	联系方式	13578362114	
	收货时间	2020 年 8 月 18 日 18:00 前	
托运信息	托运人	珠海市辉煌印务有限公司	
	联系人	王娟	
	联系方式	13652136541	
货品名称		作业本	
包装		纸箱	
体积/m³		1.8	
质量/kg		500	
数量/件		50	
运单号		YD2001	

请完成取派通知单的填制。

三、展示分享

学生完成任务后，对自己体验过程中的所获、所感、所思与同学们和教师进行分享。

> 思考：（1）填制取派通知单要注意哪些问题？
>
> （2）通过前面的体验，你能否独立完成探究任务，并说明理由。

四、评价感悟

学生在这个过程中不断地自我反思和相互学习，渐悟或顿悟出职业活动中解决问题的最佳方式（表2-34）。

表 2-34 （　　）班任务训练技能（　　）评价表

被考评组别		被考评组别成员名单				
考评内容						
考评标准	项目	分值/分	小组自我评价(30%)	其他组别评价(平均)(40%)	教师评价(30%)	合计(100%)
	运输业务分析是否正确	20				
	取派通知单客户信息填制是否准确	15				
	取派通知单货品信息填制是否准确	15				
	取派通知单最终填制是否准确	35				
	综合分析和学习能力	15				
合计		100				

五、拓展升华

1. 取派通知单

取派通知单是指物流操作员进行取货或者派货时需要填写的单据凭证。取（派）货调度是公路运输作业中的准备工作，调度员主要通过合理调度车辆、人员、配送线路、车辆积载等来满足客户服务需求。取派作业的线路优化，既可以满足客户订单需求，也可以提高车辆运输效率，降低车辆运输成本。

取派通知单是调度员组织取（派）货作业所必须填写的单据，是取（派）货人员取（派）货的依据。取派通知单主要是取（派）货人员取（派）货的依据，由调度员传递至取（派）货人员。

知识小栏目

车辆调度原则如下。

① 合适原则：根据货品性质和包装、各个区域货品货量等安排合适的车型、数量和车辆来源。

② 邻近区域调度原则：车辆调度遵循就近顺路的原则。

---

③ 最小成本原则：车辆调度遵循车辆取货配送成本最小的方案。

④ 车辆最大积载率原则：保证车辆取货配送高装载率，装载货物总质量、总体积不能超过车辆可承载的最大质量、容积。

取派通知单如表 2-32 所示。

2. 取派通知单的流转

取派通知单一般有三联：第一联为调度联，调度员确定具体取派时间后，填写取派通知单，签字后第一联留存；第二联为提/送货联，货运员携带第二联跟车进行取派作业，取派过程中发生信息变更，需在备注栏中详细注明，取派作业完成后返回站场，需其他货运员在取派通知单上签字确认，站务员签字确认后留存；第三联为统计联，交回执行调度，核实单据信息，登记线路台账后将第三联交运输统计，登记运输统计台账。

3. 取派通知单的填制要求

(1) 单号：填写货物的取派单号。

(2) 操作站：填写操作站名称，如广州站。

(3) 资源 (车辆/货运员)：填写取派车辆的数量和货运员的数量。

(4) 车型：填写本次取派的车辆车型。

(5) 预计操作时间：填写取货或派货的预计作业时间，填写数字。

(6) 总数量：填写依据为货品的包装件数，此件数为按照公路货物运输要求进行打包、捆扎后的计量件数。

(7) 总质量：填写货物的总质量。

(8) 总体积：填写货物的总体积。

(9) 客户信息：填写客户的运单号、顺序号、地址、电话、姓名等信息。

(10) 货品信息：填写货品的运单号、货品名称、件数、质量、体积等信息。

【技能 3　公路运输计划】

一、获取任务

> 任务 3：填制编号为 YSJH20200820 的公路运输计划。

二、体验探究

学生以个人或团队合作的方式，在教师的引导下利用"拓展升华"里的学习资料，填制公路运输计划，完成这个职业任务的体验探究。

1. 体验

(1) 审核运输任务，分析运输订单。收到客户的运输业务，将订单提交给调度员进行审核，分析订单信息。

① 货品属性：普通货物。

② 货品运量：数量 135 箱，质量 5500kg，体积 $12.8m^3$。

③ 货品包装：纸箱。

④ 货品流向：武汉、长沙。

⑤ 运输距离：约 1225km。

分析此 2 笔运输订单的货物性质、流向及客户要求到达时间得出：可安排广州—长沙—武汉班线，可混装。

（2）查询运力资源，选择合适的车辆。公司运输部可调度的车辆如下。

① 车辆编号 HB001，车牌粤 A39027，车容 $10m^3$、载重 4t。

② 车辆编号 HB002，车牌粤 A7ZM26，车容 $20m^3$、载重 6t。

根据运输订单信息分析，货物总重 5.5t，体积 $12.8m^3$，则安排车辆编号为 HB002 的车辆执行运输任务。

（3）填制公路运输计划。

① 发运时间：2020 年 8 月 20 日。

② 编号：YSJH20200820。

③ 车牌号、核载、车容、司机：车辆编号 HB002、车牌粤 A7ZM26、车容 $20m^3$、载重 6t、司机张大宇、联系方式 13251556785。

④ 到达时间、发车时间：2020 年 8 月 20 日 8 时发车出站，20 日 18 时到达长沙市；21 日 8 时从长沙市出发，21 日 18 时到达武汉市。

⑤ 计费里程、全行程：查找任务 3 中表 2-19 全国主要城市间公路里程表（部分）1 得知广州至武汉的里程为 1225km，则运距和全行程为 1225km。

⑥ 总数量、总质量、总体积：135 件、5500kg、$12.8m^3$。

⑦ 经停站托运货物信息：经停站为长沙，填写托运单号为 YD8470000009315 的货物信息。

⑧ 目的站托运货物信息：目的站为武汉，填写托运单号为 YD8470000009314 的货物信息。

填制完毕的公路运输计划见表 2-35。

2. 探究

> 探究任务：运送到武汉市第四人民医院的货物只有医用防护口罩和医用手套，公路运输计划又如何填制？

三、展示分享

学生完成任务后，对自己体验过程中的所获、所感、所思与同学们和教师进行分享。

> 思考：（1）填制公路运输计划要注意哪些问题？
>
> （2）通过前面的体验，你能否独立完成探究任务，并说明理由。

四、评价感悟

学生在这个过程中不断地自我反思和相互学习，渐悟或顿悟出职业活动中解决问题的最佳方式（表 2-36）。

表 2-35　公路运输计划

运输计划										
发运时间	2020	年	8	月	20	日	编号	YSJH20200820		
车牌号	粤 A7ZM26	核载/t	6	车容/m³	20		—	始发站	经停站	目的站
计费里程/km	1225	司机	张大宇	联系方式	13251556785	到达时间	无	2020 年 8 月 20 日 18 时	2020 年 8 月 21 日 18 时	
全行程/km	1225	备用金/元	800.00	预计装载量/kg	5500	发车时间	2020 年 8 月 20 日 8 时	2020 年 8 月 21 日 8 时	无	

经停站										
发货人	发货地址	货物名称	包装	数量/件	质量/kg	体积/m³	收货人	收货地址	收货时间	备注
广州市华丰医疗用品有限公司	广州市番禺区开阳路 12 号	一次性医用防护服	纸箱	50	500	0.8	广州市华丰医疗用品有限公司长沙销售处	长沙市天心区建国西路 13 号	2020 年 8 月 23 日 18 时	

目的站										
广州盛久医疗卫生用品有限公司	广州市番禺区番禺大道 405 号	防护鞋套	纸箱	50	2500	6	武汉市第四人民医院	武汉市武昌区曲阳路 22 号	2020 年 8 月 25 日 17 时	
广州盛久医疗卫生用品有限公司	广州市番禺区番禺大道 405 号	医用防护口罩	纸箱	15	1500	4	武汉市第四人民医院	武汉市武昌区曲阳路 22 号	2020 年 8 月 25 日 17 时	
广州盛久医疗卫生用品有限公司	广州市番禺区番禺大道 405 号	医用手套	纸箱	20	1000	2	武汉市第四人民医院	武汉市武昌区曲阳路 22 号	2020 年 8 月 25 日 17 时	

表 2-36　(　　)班任务训练技能(　　)评价表

被考评组别		被考评组别成员名单				
考评内容						
考评标准	项目	分值/分	小组自我评价(30%)	其他组别评价(平均)(40%)	教师评价(30%)	合计(100%)
	运输订单分析是否准确	20				
	车辆选择是否准确	20				
	公路运输计划填制是否准确	40				
	综合分析和学习能力	20				
	合计	100				

五、拓展升华

1. 公路运输计划

公路运输计划是指公路运输部门安排货物干线运输相关事宜的单据。运输调度部门结合本站实际资源,根据本站始发及转运货物的运单需要及公路路由要求,平衡流向及流量、运力与运量，合理选择运力资源，以运输计划单的形式向执行调度下达作业指令。

公路运输计划的制作是承接货物委托后，对货物的运输安排，是运输作业中重要的单据之一。安排和编制运输计划能降低运输成本，使整个公路运输过程合理有效。

公路运输计划如表 2-35 所示。

2. 公路运输计划的流转

公路运输计划一般有三联，第一联为计划联，计划调度应结合运力资源，均衡流量、流向及运输时限，填写运输计划；第二联为执行联，执行调度据此填写集货单；第三联为统计联，用于登记运输统计台账。第一联由计划调度留存，其他两联交予执行调度。

3. 公路运输计划的填制要求

（1）发运时间：填写本次运输货物在始发站的预发运时间。

（2）编号、车牌号、核载、车容、司机、联系方式：填写运输计划编号以及拟安排车辆包括车牌号、核载、车容、司机及其联系方式等基本信息。

（3）到达时间、发车时间：填写该班线中始发站、经停站、目的站预计的到达时间和发车时间，其中始发站的到达时间、目的站的发车时间不用填写。

（4）计费里程、全行程：填写始发站到目的站的公路里程。

（5）备用金：按照实际情况填写，若无则填写 0。

（6）经停站托运货物信息：填写车辆所载货物中，经停站为本车辆经停站的托运订单的货物信息。

（7）目的站托运货物信息：填写车辆所载货物中，目的站为本车辆目的站的托运订单的货物信息。

【技能 4　货物运输保险单】

一、获取任务

> 任务 4：填制编号为 BXD001 的货物运输保险单。

二、体验探究

学生以个人或团队合作的方式，在教师的引导下利用"拓展升华"里的学习资料，填制货物运输保险单，完成这个职业任务的体验探究。

1. 体验

（1）确定保险相关信息。收到客户的代办保险业务，确定客户的投保需求，确认投保信息。

① 被保险人：广州市华丰医疗用品有限公司。

② 保险标的：50 箱一次性医用防护服。

③ 保险险种：基本险。

④ 保险金额：100000 元。

⑤ 保险费率：0.1%。

⑥ 运输线路：广州—长沙。

⑦ 运输工具：汽车。

⑧ 起运日期：2020 年 8 月 20 日。

（2）填制货物运输保险单。根据客户投保信息填制货物运输保险单，如表 2-37 所示。

表 2-37　国内货物运输保险单

编号：BXD001

我处下列货物拟向你处投保国内货物运输保险：

被保险人		广州市华丰医疗用品有限公司			
标记或发票号码	保险货物名称	数量/件	提单或通知单号次		保险金额/元
015064	一次性医用防护服	50			100000.00
运输工具 （及转载工具）	汽车	约于 2020 年 8 月 20 日		起运	赔款偿付地点	广州
运输路线	自	广州	经	无	到	长沙	转载地点	无
要保险别	基本险		附加险别		基本险费率/%	附加险费率/%
	√				0.1	
投保单位(签章)		嘉顺物流公司			
		2020 年 8 月 19 日			

2. 探究

探究任务：2020 年 9 月 1 日，广州现代物流中心收到客户编号为 KHBH001 的供应商广州辉达电子贸易公司的发货通知，运送 100 箱电子设备到北京华胜公司，车牌号为粤 A78M21 的车辆于 2020 年 9 月 2 日从广州站发车，途径郑州。此批货物需要投保，投保金额为 50000 元，保险费率为货值的 1‰，保险公司为广州平安保险公司，货物发票号码为 20200901。请你填制编号为 BXD002 的货物运输保险单。

三、展示分享

学生完成任务后，对自己体验过程中的所获、所感、所思与同学们和教师进行分享。

思考：（1）填制货物运输保险单要注意哪些问题？

（2）通过前面的体验，你能否独立完成探究任务，并说明理由。

四、评价感悟

学生在这个过程中不断地自我反思和相互学习，渐悟或顿悟出职业活动中解决问题的最佳方式（表 2-38）。

表 2-38 （　　　）班任务训练技能（　　　）评价表

被考评组别		被考评组别成员名单				
考评内容						
考评标准	项目	分值/分	小组自我评价（30%）	其他组别评价（平均）（40%）	教师评价（30%）	合计（100%）
	保险相关信息确定是否准确	30				
	货物运输保险单填制是否准确	50				
	综合分析和学习能力	20				
合计		100				

五、拓展升华

1. 货物运输保险单

运输保险就是被保险人或投保人在运输开始前，针对运载工具或货物，估计一定的保险金额，向保险人支付保险费并取得保险单据。保险标的若在运输过程中发生保险事故，则保险人负责对保险责任范围内的损失，按保险金额及损失程度赔偿保险单据的持有人。

国内货物运输保险单如表 2-37 所示。

2. 货物运输保险单的填制要求

（1）编号：填写本次货物运输投保单编号。

（2）被保险人：填写支付保费，按照保险合同享有保险权利的单位名称。

（3）标记或发票号码：填写本次运输货物的标记或发票号码，如出现同一标记或发票号码有多种货品，则每种货品都填写标记或发票号码。

（4）保险货物名称、数量、投保金额：填写本次投保的货物名称、数量和投保金额。

（5）提单或通知单号次：填写本次运输的提单号或通知编号，如出现同一提单或通知单号次有多种货品，则填写每种货品的提单或通知单号次。

（6）运输工具（及转载工具）：填写本次运输的运输工具，如汽车、火车等。

（7）赔款偿付地点：填写本次货物运输的始发站。

（8）运输路线：填写本次运输的始发站、经停站、目的站，没有经停站则填"无"，转载地点也填"无"。

（9）要保险别：根据客户投保要求填写投保险别和对应的保险费率。

（10）投保单位：支付保费的单位名称。

😶【任务巩固】

一、填空题（将正确答案填在下面的括号里）

1. 保险金额为 100000 元，保险费率为 0.3%，此次投保应交保险费为（　　　　）。

2. （　　　　）是指物流操作员进行取货或者派货时，需要填写的单据凭证。

二、单选题（将正确答案填在下面的括号里）

1. （　　　　）是公路货物运输及运输代理的合同凭证，是运输经营者接受货物并在运输期间负责保管和据以交付货物的凭据，也是记录车辆运行和行业统计的原始凭证。

A. 公路货物运单   B. 取派通知单

C. 公路运输计划   D. 货物运输保险单

2. 从珠海运送一批海产品至广州途经中山卸下一批货，填写公路货物运单时路由（   ）。

A. 珠海—中山   B. 珠海—广州

C. 珠海—中山—广州   D. 中山—广州

3. 飞扬公司委托家顺物流取一批纸巾，质量为 6t，体积为 $6m^3$，从广州番禺区出发到海珠区取货运往花都区集货，晨光公司委托家顺物流取一批作业本，质量为 6t，体积为 $5m^3$，到从化区取货运往花都区集货，时间充裕，选择的车辆是（   ）。

A. 12t、$11m^3$ B. 6t、$11m^3$ C. 6t、$6m^3$ D. 6t、$5m^3$

4. 根据各个区域货品货量、货品性质和包装等安排合适的车型、数量和车辆来源。属于车辆调度原则中的（   ）原则？

A. 合适原则   B. 邻近区域调度原则

C. 最小成本原则   D. 车辆最大积载率原则

5. 家顺物流收到广州粤强机械厂的托运单，要求从广州运送一批影像测量仪到武汉，同时家顺物流又收到长沙湘南机器厂的托运，要求从长沙运送一批波纹管成型机到武汉，请问此次运输的起点站、经停站、目的站分别是（   ）。

A. 长沙，广州，武汉   B. 武汉，长沙，广州

C. 广州，长沙，武汉   D. 广州，武汉，长沙

三、判断题（下面说法对的打√，错的打×）

（   ）1. 货物运输保险单中保险人指支付保费，按照保险合同享有保险权利的单位。

（   ）2. 易腐蚀或易碎货物、易溢漏的液体、危险货物与普通货物以及性质相抵触、运输条件不同的货物，不能用同一张运单托运。

（   ）3. 取派通知单中货运员的数量包括司机。

技能训练任务 5　配装货物

【任务目标】

配装货物是运输作业的重要环节，它直接影响着货物运输的效率与成本。因此有必要对配装货物进行详细学习。通过本任务的学习和训练，同学们能够达成以下目标。

(1) 掌握运输合理化的一般途径。

(2) 掌握不合理运输的表现形式。

(3) 掌握货物配载装车的原则。

(4) 了解装车作业的内容。

【任务准备】

1. 教师课前准备

(1) 教具：课件一个，张贴板一块、水笔若干支、板钉一批、书写卡片（不同形状）若干。

（2）安装学习通 APP。

（3）根据学生情况进行分组，也可要求学生独立完成。

2. 学生课前任务

（1）相关知识回顾：货物分类；货物堆码原则。

（2）可小组讨论完成以上的任务，也可独立完成，并将结果写在书写卡片上，便于下一步的展示。

任务书

某公司收到四张客户订单，要求从 A 市运输货物到四个城市，四张订单（表2-39～表2-42）的货物体积大小相同，所有商品堆码限高 4 层，车辆最后回到 A 市，E 市订单为紧急订单，要求设计最优方案。车辆信息表如表2-43 所示。运输距离图如图 2-9 所示。

表 2-39 订单 1

订单 1：B 市好又多超市

序号	商品编码	品名	单位质量/kg	数量/箱
1	B1	松下洗衣机 01 型号	50	4
2	B2	海尔洗衣机 03 型号	45	3

表 2-40 订单 2

订单 2：C 市百佳超市

序号	商品编码	品名	单位质量/kg	数量/箱
1	C1	小天鹅洗衣机 03 型号	45	5
2	C2	美的洗衣机 01 型号	50	5

表 2-41 订单 3

订单 3：E 市乐购超市

序号	编码	品名	单位质量/kg	数量/箱
1	E1	三星洗衣机 01 型号	60	4
2	E2	美的洗衣机 04 型号	55	3

表 2-42 订单 4

订单 4：D 市新一佳超市

序号	编码	品名	单位质量/kg	数量/箱
1	D1	松下洗衣机 03 型号	60	3
2	D2	海尔洗衣机 02 型号	45	3

表 2-43 车辆信息表

车牌号	司机	载质量/t	车容
粤 A30472	王一	2	略，相同
粤 A30475	陈二	1.5	

任务 1：分析客户订单，填写货物分析表（表2-44）与送货顺序表（表2-45）。

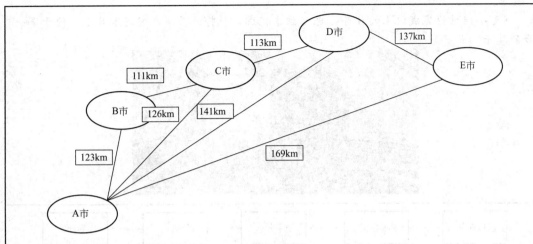

图 2-9　运输距离图

表 2-44　货物分析表

顺序号	订单号	单位名称	货物名称	单位质量	数量/箱	总质量/kg
1						
2						
3						
4						
5						
6						
7						
8						
合计						

表 2-45　送货顺序表 1

B市	C市	D市	E市

任务 2：综合分析客户订单与运输线路，设计货物配装图（图 2-10），在货物配装图上填写商品编码。

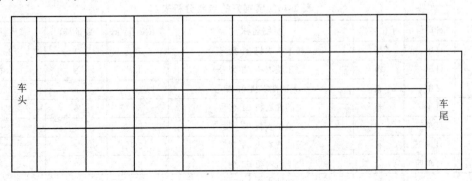

图 2-10　货物配装图 1

（可小组讨论完成以上的任务，也可独立完成，并将结果写在书写卡片上，便于下一步的展示。）

获取任务 → 体验探究 → 展示分享 → 评价感悟 → 拓展升华

【任务过程】

【技能 1 配送线路设计】

一、获取任务

任务 1：分析客户订单，填写货物分析表与送货顺序表。

二、体验探究

学生以个人或团队合作的方式，在教师的引导下利用"拓展升华"里的学习资料，设计公路货物运输线路，完成这个职业任务的体验探究。

1. 体验

（1）填制货物分析表：分析 8 张订单，找出对应的货品名称、单位质量、数量、总质量填入货物分析表，如表 2-46 所示。

表 2-46　填制好的货物分析表

顺序号	订单号	单位名称	货物名称	单位质量/kg	数量/箱	总质量/kg
1	订单一	箱	松下洗衣机 01 型号	50	4	200
2	订单一	箱	海尔洗衣机 03 型号	45	3	135
3	订单二	箱	小天鹅洗衣机 03 型号	45	5	225
4	订单二	箱	美的洗衣机 01 型号	50	5	250
5	订单三	箱	三星洗衣机 01 型号	60	4	240
6	订单三	箱	美的洗衣机 04 型号	55	3	165
7	订单四	箱	松下洗衣机 03 型号	60	3	180
8	订单四	箱	海尔洗衣机 02 型号	45	3	135
合计					30	1530

（2）确定车辆：由于货物总质量为 1530kg，对比表 2-43 车辆信息表，车容相同的前提下，选择载质量为 2t 的车辆，车牌号为粤 A30472。

（3）运输先后顺序分析。

① E 市为紧急订单，因此优先安排 E 市的货物配送，E 市顺序为 1；

② 从图 2-9 运输距离图可见，E 市离 D 市的距离最近，距离为 137km，D 市顺序为 2；

③ 从图 2-9 运输距离图可见，D 市离 C 市的距离较近，距离为 113km，C 市顺序为 3；

④ 从图 2-9 运输距离图可见，C 市离 B 市的距离较近，距离为 111km，B 市顺序为 4。

（4）填制好的送货顺序表如表 2-47 所示。

表 2-47　送货顺序表 2

B 市	C 市	D 市	E 市
4	3	2	1

2. 探究

> 探究任务：假设 E 市订单不是紧急订单，如何设计公路货物运输线路。

三、展示分享

学生完成任务后，对自己体验过程中的所获、所感、所思与同学们和教师进行分享。

> 思考：（1）设计公路货物运输线路要注意什么？
> 　　　　（2）合理化运输要考虑的要素有哪些？

四、评价感悟

学生在这个过程中不断地自我反思和相互学习，渐悟或顿悟出职业活动中解决问题的最佳方式（表 2-48）。

表 2-48　（　　）班任务训练技能（　　）评价表

被考评组别		被考评组别成员名单				
考评内容						
考评标准	项目	分值/分	小组自我评价（30%）	其他组别评价(平均)（40%）	教师评价（30%）	合计（100%）
	货物分析表填制是否正确	32				
	车辆选择是否准确	18				
	送货顺序表填制是否准确	30				
	分析问题的能力与交流合作的能力	20				
	合计	100				

五、拓展升华

1. 运输合理化

运输合理化是按照货物流通的规律，通过用最少的劳动消耗达到最大的经济效益来组织货物调运。即在有利于生产，有利于市场供应，有利于节约流通费用和节约运力、劳动力的前提下，使货物走最短的里程，经过最少的环节，用最快的时间，以最小的损耗，花最省的费用，把货物从生产地运到消费地。

2. 运输合理化五要素

（1）运输距离：运输距离的长短是运输是否合理的一个最基本因素。运输的时间、运输货损、运费、车辆周转等指标都会与运距相互影响。

（2）运输工具：对运输工具的选择，会直接影响运输效率与运输成本，应该根据作业要求选择合适的运输工具。

（3）运输时间：运输时间的缩短对整个流通时间的缩短有决定性作用。运输时间短，有利于运输工具的加速周转，充分发挥运力的作用，对运输合理化有较大的影响。

（4）运输环节：运输环节的多少会影响到运输费用，每增加一个运输环节，运输费用都会随之提高，因此，减少运输环节，尤其是同类运输工具的环节，对合理运输有促进作用。

（5）运输费用：运输费用的高低在很大程度上决定整个物流系统的竞争能力，使运输费用降低是运输合理化的一个重要目标。运输费用是判断合理化措施是否有效的主要依据之一。

3. 运输合理化措施

（1）提高运输实载率：充分利用运输工具的额定能力，减少汽车空驶和不满载行驶的时间使得运输合理化。常见的措施有配载运输、重货运输搭轻泡货运输。

（2）优化运输线路：运输线路一般选择安排直达、快速运输，以达到缩短运输时间的目的。安排沿路或循环运输，以提高车辆的容积利用率和车辆的里程利用率，从而达到节省运输费用、节约运力的目的。

（3）现代化技术的应用：通过采用条码技术、全球定位系统、地理信息系统、EDI技术等对车辆进行及时跟踪，对车辆进行即时监测，优化行驶线路，以达到运输合理化的目的。

（4）社会化运输体系：实行运输社会化，可以统一安排运输工具，避免不合理运输的状况，可以实现规模效益，是合理化运输的重要措施。

4. 不合理运输的表现形式

不合理运输的表现形式主要有返程或起程空驶、对流运输、迂回运输、重复运输、过远运输、运力选择不当和托运方式选择不当七种方式。

（1）返程或起程空驶。空车无货载行驶，可以说是最严重的不合理运输。在实际运输组织中，因调运不当，货源计划不周，不采用运输社会化而形成的空驶，都是不合理运输的表现。

（2）对流运输。对流运输又称为相向运输或交错运输，是一种最突出、最普遍的不合理运输。是指同一种货物在同一线路上或平行线路上作相对方向的运送，而与对方运程的全部或一部分发生重叠交错的运输。

（3）迂回运输。迂回运输是舍近取远的一种不合理运输形式，是指由于运输网的纵横交错及车辆的机动性、灵活性，同一始发站和到达站之间有多条运输线路，放弃短距离运输却选择路程较长路线进行运输的一种不合理形式。

（4）重复运输。重复运输是指本来可以直接将货物运到目的地，但是由于仓库设置不当或计划不周发生重复装运的一种不合理运输现象。重复运输增加了非必要的中间环节，这就延缓了流通速度，增加了费用，增大了货损。

（5）过远运输。过远运输是指调运物资舍近求远，近处有资源不调而从远处调，这就造成可采取近程运输而未采取，拉长了货物运距的浪费现象，这样容易出现货损，增加费用支出。

（6）运力选择不当。运力选择不当是指没有选择各种运输工具的优势且不正确地利用运输工具造成的不合理现象，如弃水走陆、铁路或大型船舶的过近运输、运输工具承载能力选择不当等。

（7）托运方式选择不当。对于货主而言，在可以选择最好托运方式而未选择，造成运力浪费及费用支出加大的一种不合理运输。如应选择整车而选择零担托运，应当直达而选择了中转运输，应当中转运输而选择了直达运输等都属于这一类型的不合理运输。

【技能2　公路运输配装作业】

一、获取任务

> 任务2：综合分析客户订单与运输线路，设计货物配装图，在图2-10上填写商品编码。

二、体验探究

学生以个人或团队合作的方式，在教师的引导下利用"拓展升华"里的学习资料，设计货物配装图，完成这个职业任务的体验探究。

1. 体验

（1）确定装货先后顺序：根据表2-47填好的送货顺序表2，以及后送先装的原则，可以确定装车顺序是B市-C市-D市-E市。

（2）设计货物配装图：根据送货信息表的装车顺序，分析订单信息表的质量、数量信息设计货物配装图。

① B市货物配装图：B1质量是50kg，数量是4箱；B2质量是45kg，数量是3箱，根据重不压轻原则，先放4箱B1，再放3箱B2，如图2-11所示。

车头	B1								车尾
	B1	B2							
	B1	B2							
	B1	B2							

图2-11　货物配装图2

② C市货物配装图：C1质量是45kg，数量是5箱；C2质量是50kg，数量是5箱，根

据重不压轻原则，可在 B2 上放 1 箱 C1，再放剩下 4 箱 C1，5 箱 C2，如图 2-12 所示。

车头	B1	C1	C1	C2				车尾
	B1	B2	C1	C2				
	B1	B2	C1	C2				
	B1	B2	C1	C2	C2			

图 2-12　货物配装图 3

③ D 市货物配装图：D1 质量是 60kg，数量是 3 箱；D2 质量是 45kg，数量是 3 箱，根据重不压轻原则，可在 C2 上放 3 箱 D2，再放 3 箱 D1。如图 2-13 所示。

车头	B1	C1	C1	C2	D2			车尾
	B1	B2	C1	C2	D2	D1		
	B1	B2	C1	C2	D2	D1		
	B1	B2	C1	C2	C2	D1		

图 2-13　货物配装图 4

④ E 市货物配装图：E1 质量是 60kg，数量是 4 箱；E2 质量是 55kg，数量是 3 箱，根据重不压轻原则，可在 D1 上放 1 箱 E1，再放 3 箱 E1；在 E1 上放 1 箱 E2，再放 2 箱 E2。如图 2-14 所示。

车头	B1	C1	C1	C2	D2	E1	E2	车尾
	B1	B2	C1	C2	D2	D1	E1	
	B1	B2	C1	C2	D2	D1	E1	E2
	B1	B2	C1	C2	C2	D1	E1	E2

图 2-14　货物配装图 5

2. 探究

> 探究任务：假设 E 市订单不是紧急订单，综合分析客户订单与运输线路，设计货物配装图，在图 2-10 货物配装图 1 上填写商品编码。

三、展示分享

学生完成任务后，对自己体验过程中的所获、所感、所思与同学们和教师进行分享。

> **思考**：（1）公路运输货物配装作业如何确定运输先后顺序？
>
> （2）公路运输货物配载装车的原则有哪些？

四、评价感悟

学生在这个过程中不断地自我反思和相互学习，渐悟或顿悟出职业活动中解决问题的最佳方式（表 2-49）。

表 2-49 （　　）班任务训练技能（　　）评价表

被考评组别		被考评组别成员名单				
考评内容						
考评标准	项目	分值/分	小组自我评价（30%）	其他组别评价(平均)（40%）	教师评价（30%）	合计（100%）
	装货先后顺序是否正确	20				
	货物配装图设计是否合理	60				
	分析问题的能力与交流合作的能力	20				
合计		100				

五、拓展升华

1. 货物配装的原则

（1）装车注意先远后近、重不压轻、木不压纸、大不压小、先方后圆的原则进行货物配装。

（2）中转先运、急件先运、先托先运。

（3）尽量采用直达式，如需中转要合理安排货物流向。

（4）最大限度利用运输工具的载质量与容积。

2. 货物装车注意事项

（1）检查车体、车门、车窗是否完好。

（2）贵重物品要防压防撞，重点保护。

（3）装车时要文明作业，轻拿轻放，安全码垛，清点数量，防止漏货、混货。

（4）装车结束后要核查货位，避免漏装、错装。

（5）检查车辆封锁情况。

3. 货物配载注意事项

（1）货物之间，货物与车辆之间应留有空隙并做好适当的衬垫，减少货损。

（2）包装不同的货物分开装载，箱装与袋装货物堆放不要堆放一起。

（3）尖角货物和其他货物分开装载，以免发生碰撞，损坏货物。

（4）外观相近容易混淆的货物分开装载。

（5）容易串味的货物不要混装。

（6）易潮或与水分多的货物不要混装。

💬【任务巩固】

一、填空题（将正确答案填在下面的括号里）

1. 运输合理化的五要素包括（　　　　）、（　　　　）、（　　　　）、（　　　　）和

（　　　　）。

2. 不合理运输的表现形式有（　　　　）、（　　　　）、（　　　　）、（　　　　）、（　　　　）、运力选择不当和托运方式选择不当。

二、判断题（下面说法对的打√，错的打×）

（　　　）1. 运输合理化的最终目的是使货物走最短的里程，经过最少的环节，用最快的时间，以最小的损耗，花最省的费用，把货物从生产地运到消费地。

（　　　）2. 延长运输时间，有利于运输工具的加速周转，充分发挥运力的作用，对运输合理化有较大的影响。

（　　　）3. 装车注意先远后近、重不压轻、木不压纸、大不压小、先方后圆的原则进行货物配装。

（　　　）4. 迂回运输是指同一种货物在同一线路上或平行线路上作相对方向的运送，而与对方运程的全部或一部分发生重叠交错的运输。

三、单选题（将正确答案填在下面的括号里）

1. 下列不合理运输形式中不属于运力选择不当的是（　　　　）。

A. 弃水走陆　　　　　　　　　　B. 舍近求远

C. 铁路、大型船舶的过近运输　　D. 运输工具承载能力选择不当

2. 下列不属于货物装车注意事项的是（　　　　）。

A. 贵重物品要防压防撞，重点保护

B. 装车时要文明作业，轻拿轻放，安全码垛，清点数量，防止漏货、混货

C. 装车结束后要核查货位，避免漏装、错装

D. 避免不合理运输

技能训练任务6　在途跟踪

【任务目标】

公路货物运输中，公路运输企业和货主需要对在途货物进行跟踪管理，实时知道车辆和货物所处的位置和动态，以保证货物在运输过程中的安全。通过本任务的学习和训练，同学们能够达成以下目标。

（1）了解常用的货物在途跟踪系统。

（2）掌握普通货物和特殊货物的在途跟踪管理。

【任务准备】

1. 教师课前准备

（1）教具：课件一个，张贴板一块、水笔若干支、板钉一批、书写卡片（不同形状）若干。

（2）安装学习通APP。

（3）根据学生情况进行分组，也可要求学生独立完成。

2. 学生课前任务

（1）相关知识回顾：公路运输货物类型；公路运输设施设备。

（2）查找有关公路货物在运输过程中使用的先进技术，对比其主要功能的不同点。

任务书

　　广州飞速运输公司成立于 2008 年，经营范围包括普货运输、危险品运输、冷链运输、高货值运输等。2020 年 8 月 25 日，公司接到以下两票运输业务。

　　（1）把一批计算机主机从广州运到北京。

　　（2）把一批乳制品从广州运到南京。

　　假设你是公司的运输调度员，为保证这批货物安全高效送达目的地，要完成以下任务。

　　任务 1：列出计算机主机在运输过程中需要的在途跟踪技术。

　　任务 2：列出乳制品在运输过程中需要的在途跟踪技术。

　　（可小组讨论完成以上的任务，也可独立完成，并将结果写在书写卡片上，制作 PPT，便于下一步的展示。）

获取任务 → 体验探究 → 展示分享 → 评价感悟 → 拓展升华

📁【任务过程】

【技能 1　普通货物的跟踪】

一、获取任务

> 任务 1：列出计算机主机在运输过程中需要的在途跟踪技术。

二、体验探究

　　学生以个人或团队合作的方式，在教师的引导下利用"拓展升华"里的学习资料，列出计算机主机在运输过程中需要的在途跟踪技术，完成这个职业任务的体验探究。

　　1. 体验

　　（1）确定货物名称：计算机主机。

　　（2）确定货物属性：根据技能训练任务 1 认知汽运技能 1 公路运输货物的拓展升华可知

计算机主机属于普通货物。

（3）确定运输路由：广州—北京。

（4）确定运输过程中的注意事项：计算机主机属于普通货物，在运输过程中只需对货物及车辆进行动态跟踪即可。

（5）确定常用的在途跟踪技术：全球定位系统、地理信息系统、北斗卫星导航。

2. 探究

> 探究任务：从广州运送一批日用百货到江门，列出此次运输过程中需要的在途跟踪技术。

三、展示分享

学生完成任务后，对自己体验过程中的所获、所感、所思与同学们和教师进行分享。

> 思考：你所知道的普通货物的在途跟踪技术还有哪些？

四、评价感悟

学生在这个过程中不断地自我反思和相互学习，渐悟或顿悟出职业活动中解决问题的最佳方式（表2-50）。

表 2-50 （　　　）班任务训练技能（　　　）评价表

被考评组别		被考评组别成员名单				
考评内容						
考评标准	项目	分值/分	小组自我评价（30%）	其他组别评价（平均）（40%）	教师评价（30%）	合计（100%）
	货物名称和属性确定是否准确	20				
	运输路由确定是否准确	10				
	运输过程中的注意事项确定是否合理	20				
	常用的在途跟踪技术确定是否合理	30				
	综合分析和学习能力	20				
合计		100				

五、拓展升华

1. 货物跟踪系统

货物跟踪系统是利用条形码、电子数据交换、全球定位系统、地理信息系统等技术，获取有关货物运输动态信息，提高运输服务质量的技术系统。要对货物进行实时跟踪管理，必须在车辆上安装GPS和各类传感设备（比如温度传感器、油量检测器、门磁感应器等），从而对车辆运输过程中的位置、速度、里程、周边环境、车厢温度、线路状况、门磁状态、油量等信息及货物信息进行实时监控。

2. 全球定位系统

全球定位系统（Global Positioning System，GPS），又称全球卫星定位系统，它是一个由覆盖全球的 24 颗卫星组成的卫星系统。这个系统可以实现导航、定位、授时等功能，广泛用在车船定位、货物跟踪上，取得了较好的效果。

GPS 具有以下特点。

（1）全天候，不受任何天气的影响。

（2）全球覆盖（高达 98%）。

（3）三维定点定速定时高精度。

（4）快速、省时、高效率。

（5）应用广泛、多功能。

（6）可移动定位。

3. 地理信息系统

地理信息系统（Geographic Information System，GIS）是以地理空间数据为基础，采用地理模型分析方法，适时提供多种动态空间地理信息的计算机技术系统。

GIS 的主要功能如下。

（1）通过客户提供的详细地址，确定客户的地理位置。

（2）通过基于 GIS 的查询、地图表现和辅助决策，实现对车辆的调度、路线的合理编辑和客户运输排序。

4. 北斗卫星导航系统

北斗卫星导航系统（BeiDou Navigation Satellite System，BDS）是我国自行研制的全球卫星导航系统，也是继 GPS、GLONASS 之后的第三个成熟的卫星导航系统。

通过北斗及 GPS 卫星定位技术和无线通信技术可以实现物流信息化装备的科学调度管理。在监控中心可实时监控货物的位置、状态及到达点等方面的情况，同时可实时对货物进行基础数据监控与催发货。北斗卫星导航系统使货物得到及时、合理与高效的管理，大大改善运输企业经营管理，提高运营效率。

【技能 2　特殊货物的跟踪】

一、获取任务

> 任务 2：列出乳制品在运输过程中需要的在途跟踪技术。

二、体验探究

学生以个人或团队合作的方式，在教师的引导下利用"拓展升华"里的学习资料，列出乳制品在运输过程中需要的在途跟踪技术，完成这个职业任务的体验探究。

1. 体验

（1）确定货物名称：乳制品。

（2）确定货物属性：根据技能训练任务 1 认知汽运技能 1 公路运输货物的拓展升华可知乳制品属于特种货物中的冷链货物。

（3）确定运输路由：广州—南京。

（4）确定运输过程中的注意事项：由于乳制品属于温度升高就极容易变质，所以在运输过程中对温度要进行实时监控。

（5）确定常用的在途跟踪技术：安装温度探头和车载定位终端、设置冷机开关记录报表、设置温度上限警报。

2. 探究

> 探究任务：从广州运送一批精细电子类产品到厦门，列出此次运输过程中需要的在途跟踪技术。

三、展示分享

学生完成任务后，对自己体验过程中的所获、所感、所思与同学们和教师进行分享。

> 思考：你所知道的特殊货物的在途跟踪技术还有哪些？

四、评价感悟

学生在这个过程中不断地自我反思和相互学习，渐悟或顿悟出职业活动中解决问题的最佳方式（表2-51）。

表2-51 （ ）班任务训练技能（ ）评价表

被考评组别		被考评组别成员名单				
考评内容						
考评标准	项目	分值/分	小组自我评价（30%）	其他组别评价（平均）（40%）	教师评价（30%）	合计（100%）
	货物名称和属性确定是否准确	20				
	运输路由确定是否准确	10				
	运输过程中的注意事项确定是否合理	20				
	常用的在途跟踪技术确定是否合理	30				
	综合分析和学习能力	20				
合计		100				

五、拓展升华

1. 冷链货物的在途跟踪

冷链货物在运输全过程中，无论是装卸搬运、更换包装，还是变更运输方式等，都需要使货物保持一定的温度。冷链货物的运输必须全程在低温环境中进行。冷链货物的在途跟踪可以采用以下方法。

（1）安装温度探头和车载定位终端。温度探头可以用来实时采集车厢内不同温区的温度数据，并且把采集到的数据通过互联网显示在电子地图上，只要有监控权限，就可以在电子地图上实时知道货物整个运输过程中的温度变化。

（2）设置冷机开关记录报表。冷机开关记录报表记录了每一次车辆的冷机开关信息，包括时间和位置，提醒司机确保冷机在整个运输过程中工作。

（3）设置温度上限警报。通过设置温度上限警报，提醒司机在行驶途中注意车内温度，把影响货物品质的因素降到最低。

2. 高货值商品的在途跟踪

高货值商品通常体积比较小，单位产品货值比较高，一辆运输车辆或集装箱内可以装载较大数目的产品，因此较一般货物具有更高的总体价值。高货值货物的在途跟踪一般可以采用以下方法。

（1）设置特定行驶区域和线路监控报警。提前设定事故多发区域报警，一旦被监控的运输车辆进入该区域即会触发报警，提醒管理者注意。设置停车超时报警、行车路径偏移报警等帮助管理者采集车辆当前数据，对高货值商品进行在途实时跟踪。

（2）摄像实时监控货仓门开启情况。运输车辆安装配置有摄像监控和门磁感应设备，实时监控货仓门开启情况。只要车辆货仓门被打开，就会立即报警，同时摄像头会拍照把数据传回管理中心，让监管人员实时监控，避免盗窃行为，保证货物运输安全。

3. 危险品的在途跟踪

危险品的运输是关系到人民生命和财产安全的物流活动，保障运输安全是第一要务。超速和危险区域是影响危险品运输的最大因素，为了保障运输过程的安全，可以采用以下方法。

（1）线路速度跟踪。运输过程中通过车载卫星定位终端不间断地获取车辆行进过程中的速度信息，并把这些信息反馈给监控管理者让其能够及时、准确地获知车辆的最新行驶状态，从而监控车辆的行驶速度，最终防止司机因超速导致运输安全事故。

（2）危险区域提醒。系统可以把车辆急转弯、路况较差路段等区域设定为"危险区域"，当车辆靠近此危险区域时，系统自动报警提醒司机及时做出调整，保证车辆行驶安全。

（3）运输线路限制。危运企业为了保障运输安全，一般都会严格筛选得出最安全的行驶线路，车辆按照这条线路规范行驶，才能最大限度保障运输安全。当车辆偏离此线路行驶时，系统就会报警提醒司机及时调整，保障运输安全。

▽【任务拓展】

一、判断题（下面说法对的打√，错的打×）

（　　）1. GPS 是以地理空间数据为基础，采用地理模型分析方法，适时提供多种动态空间地理信息的计算机技术系统。

（　　）2. 冷链货物在运输全过程中可通过安装温度探头来实时采集车厢内不同温区的温度数据。

（　　）3. 超速和危险区域是影响高货值商品运输安全的最大因素，在运输过程中可以通过"线路速度追踪、危险区域提醒"等保障车辆运输安全。

（　　）4. 为了保证运输过程在中货柜箱车门不被异常打开，或产品不被偷换、偷盗等，门磁感应可以对运输车辆车门进行实时监控。

二、简答题

1. 在生活中你是否使用过 GPS 导航系统？它能帮助你完成哪些任务？

2. 你所知道的普通货物和特殊货物的在途跟踪技术有哪些？

模块 3
航空运输作业实务

【案例导入】

"十三五"期间民航信息化建设成果

技能训练任务 1 认知航运

【任务目标】

航空知识涉及广泛且又复杂，本任务旨在以点带面阐述航空货物运输的基础知识，为后面的任务做好知识铺垫，完成本任务后同学们能够达成以下目标。

（1）了解航空运输货物及基本类型。

（2）了解航空运输设施设备。

（3）掌握航空线路的选择方法。

（4）了解和熟悉常见航空公司代码。

（5）了解民航信息化建设成果，培养学生树立建设航空强国志向。

【任务准备】

1. 教师课前准备

（1）教具：课件一个，航空运输各类资料表，张贴板一块、水笔若干支、板钉一批、书写卡片（用于课堂思考）。

（2）根据学生情况进行分组，也可要求学生独立完成。

2. 学生课前任务

查阅相关航空资料，完成对航空的初步认知。

任务书

任务1：航空公司实习生小美在工作中碰到以下情景。

情景1. 某进出口公司准备由广州出口至美国洛杉矶一批名表，毛重10kg，声明价值12000美元，该货物是否为贵重物品？小美一时无法判断。

情景2. 张女士准备出国定居，但是她舍不得在国内养了多年的狗，因此她想知道是否可以使用航空托运的方式带出国？有什么条件？

情景3. 小美在办理托运订单时，遇到几种货物，有生漆、安全气囊、铅酸蓄电池、医用酒精，小美一时无法判断这几种货物是否是危险品，危险品可以使用航空运输吗？

任务2：某货代公司由广州运输一批货物至北京，由于货量比较大，计划使用集装器，于是向小美咨询，飞往北京的哪些机型可以使用集装器呢？

任务3：小美需要为客人预订一张下周五广州—北京的中国国际航空公司的航班，经查周五广州—北京的航班号有 HU7810、3U1012、CA1302、MU7032、CZ3113、ZH1380，其中哪一个才是客户的需求呢？

【任务过程】

【技能 1 航空运输货物】

一、获取任务

任务1：公司实习生小美在工作中碰到以下情景。

情景1. 某进出口公司准备由广州出口至美国洛杉矶一批名表，毛重10kg，声明价值12000美元，该货物是否为贵重物品？小美一时无法判断。

情景2. 张女士准备出国定居，但是她舍不得在国内养了多年的狗，因此她想知道是否可以使用航空托运的方式带出国？有什么条件？

情景3. 小美在办理托运订单时，遇到几种货物，有生漆、安全气囊、铅酸蓄电池、医用酒精，小美一时无法判断这几种货物是否是危险品，危险品可以使用航空运输吗？

二、体验探究

学生以个人或团队合作的方式，在教师的引导下利用"拓展升华"里的学习资料，回答问题，完成这个职业任务的体验探究。

1. 体验

（1）掌握航空运输货物种类。航空货运按形式大致可以分为普通货物运输、急件运输、特种货物运输、包机运输、快递运输。货物则可以分为普通货物及特种货物两大类（表 3-1）。

表 3-1　航空运输货物分类

普通货物	普通货物指托运人没有特殊要求，承运人和民航当局没有特殊规定的货物，这类货物按一般运输程序处理，运价为基本价格的货物运输
特种货物	《中国民用航空货物国内运输规则》中对特种货物运输做了明确的规定，其内容和国际货运的规定大体一致，包含如下 7 类。 ①菌种和生物制品 ②尸体和骨灰 ③活的动物 ④鲜活易腐物品 ⑤贵重物品 ⑥属管制物品的武器、弹药 ⑦危险品

（2）了解贵重物品的判定标准。参考《中国民用航空货物国内运输规则》第三十五条，国内航空运输中，凡交运的一票货物中含有以下物品中的一种或多种的称为贵重货物。

① 每千克（毛重）的运输申明价值在人民币 2000 元及以上的物品。

② 黄金、白金、铱、铑、钯等稀贵金属及其制品。

③ 各类宝石、玉器、钻石、珍珠及其制品。

④ 合法的银行钞票、有价证券、股票、旅行支票及邮票等。

⑤ 珍贵文物（包括书、画、古玩等）。

而在国际航空运输中，根据国际航空协会（IATA）的规定，货物价值等于或超过 1000 美元/千克被定义为贵重物品。

（3）了解活体动物的航空运输。活体动物是指活的家禽、野生动物（包括鸟类）、实验用的动物、两栖爬行动物、鱼蟹、昆虫等。参考《中国民用航空货物国内运输规则》第三十三条，收取活体动物的基本条件如下。

① 承运人只能收运健康状况良好且适于空运的动物。

② 如果动物已经怀孕，托运人应向承运人申报，并且提供兽医证明，证明动物在运输过程中不会分娩。

③ 分娩后不足 48h 的动物不收运。

④ 托运人需要提供动物检疫证明。

⑤ 收运动物前必须定妥全程舱位。

⑥ 动物不可与其他货物作为一票货物交运，必备的设备和饲料除外。

⑦ 活体动物不办理运费到付。

（4）了解危险品种类。没有明文规定说危险品不可以空运，具体要看产品是否符合运输要求，航空危险品运输现已是航空货物运输的重要组成部分，参照《中国民用航空危险品运输管理规定》，"危险品"是指列在《技术细则》危险品清单中或者根据该细则归类的能对健康、安全、财产或者环境构成危险的物品或者物质。国际上按具有的危险性严重程度将危险货物分为爆炸品、易燃气体、易燃液体、易燃固体、氧化剂和有机过氧化物、毒性物质和传染性物质、放射性物质、腐蚀品、杂项危险品九大类，详见拓展升华中表 3-5《隐含的危险品》（部分）。

（5）根据以上资料及相关资料的学习，对小美碰到的三类情景，我们可以做出基本的判断和回答。

情景 1：超过国际航协规定的 1000 美元/千克，因此属于贵重物品。

情景 2：可以进行航空托运，但是必须符合航空托运的相应条件。

情景 3：生漆属于易燃液体；安全气囊属于烟火类（PTI）器材；铅酸蓄电池属于腐蚀

性危险品；医用酒精属于易燃液体。无论是装配、储存、运输以及环境条件，都必须按照有关易燃、易爆危险品的"爆破器材法"的规定来处理。

2. 探究

查阅相关资料，完成以下探究任务。

探究任务1：根据国内航空标准，判断表3-2中所列货物是否为贵重货物。

表3-2　航空贵重物品的判定

序号	货物名称	货物毛重	货物声明价值	是否为贵重货物
1	宋朝瓷碗	0.5kg	32500元	
2	木制屏风	10kg	1000元	
3	手表	25kg	20000元	
4	黄金首饰	0.4kg	无	
5	雕刻工艺品	5kg	12000元	

探究任务2：有关活体动物的运输，下面说法正确的是（　　　　）。

A. 必须在定妥全程舱位之后方可收运

B. 动物运输必须办理运费到付

C. 动物运输应尽量利用直达航班，如无直达航班，应尽量选择中转次数少的航班

D. 由于托运人的过失或违反承运人的运输规定，致使动物在运输过程中造成对承运人或第三者的伤害或损失时，托运人应负全部责任

E. 动物在运输途中或到达目的地后死亡（除承运人的责任事故外）所产生的一切处理费用，应由承运人承担

探究任务3：判断表3-3中物质或物品属于危险品中的哪一类。

表3-3　危险品的类别

序号	危险品名称	所属类(写出名称)	列举其他同类危险品
1	黑火药		
2	摩丝		
3	酒精		
4	氢气		
5	84消毒液		
6	干冰		
7	白磷		
8	手机电池		
9	硝酸		

三、展示分享

进行以下思考，写出你的答案，并与同学们和教师进行分享。

思考：（1）危险品有危险，为什么还运输？

（2）货物的声明价值有上限吗？

（3）除文中提到的几种特种货物，还有哪些属于航空特种货物呢？

四、评价感悟（表 3-4）

表 3-4 （　　　　）班任务训练技能（　　　　）评价表

被考评组别		被考评组别成员名单				
考评内容						
考评标准	项目	分值/分	小组自我评价（30%）	其他组评价（平均）（40%）	教师评价（30%）	合计（100%）
	探究任务 1 判断是否正确	25				
	探究任务 2 答案是否正确	20				
	探究任务 3 填写是否正确	30				
	综合沟通与学习能力	25				
合计		100				

五、拓展升华

不是所有的危险品都容易被识别，旅客及托运人申报的普通物品中可能含有未被识别出的危险品，这些物品也可能在邮件或行李中，因此了解隐含危险品的常识是非常必要的，在交运或接收货物、邮件、行李及航空公司随机装载的物品时，应仔细检查，确定其属性后，方可进行操作，如有任何怀疑，均不得轻易放过。表 3-5 为《隐含的危险品》（部分）。

表 3-5 《隐含的危险品》（部分）

名称	描述	示例
紧急航材（AOG）	可能含有爆炸品(照明弹或其他烟幕弹)、化学氧气发生器、不能使用的轮胎组件、压缩气体(氧气、二氧化碳、氮气或灭火器)钢瓶、油漆、黏合剂、气溶胶、救生用品、急救包、设备中的燃料、湿电池或锂电池、火柴等	
汽车、汽车部件(轿车、机动车、摩托车)	可能含有发动机、燃料电池发动机、燃油汽化器或油箱、湿电池或锂电池、胎充气装置中的压缩气体、灭火器、气囊，以及可燃的黏合剂、油漆、密封材料和溶剂等	

名称	描述	示例
电池驱动装置/设备	可能含有湿电池或锂电池	
呼吸器	可能有压缩气体或氧气钢瓶、化学氧气发生器或深冷液化氧气	
电器	可能有磁性物质、开关盒中的汞、湿电池、锂电池、燃料电池和含有燃料的燃料电池盒	
摄影组和媒体设备	可能含有爆炸性烟火装置、内燃机发电机、湿电池、锂电池、燃料和发热物品等	
冷冻水果、蔬菜等	可能包装在固态二氧化碳（干冰）中	

名称	描述	示例
旅客行李	可能含有不允许携带的任何危险品,如烟花、家庭用易燃液体、易燃气体或液态打火机燃料储罐,或野营炉的气瓶、火柴、弹药、漂白剂、气溶胶等	
修理箱	可能含有有机过氧化物和易燃黏合剂、溶剂型油漆、树脂等	

【技能 2　航空运输的设备】

一、获取任务

> 任务 2:某货代公司由广州运输一批货物至北京,由于货量比较大,计划使用集装器,于是向小美咨询,飞往北京的哪些机型可以使用集装器呢?

二、体验探究

化身为小美,利用小组和团队的力量,归纳介绍航空运输设备。

1. 体验

飞机的生产大都是国外的飞机制造商,像欧洲的空中客车 Airbus、美国的波音 Boeing 是目前飞机制造的两大巨头,不过最近我国制造的 C919 也相当引人注目。

集装器是飞机构造中可拆卸的一部分,能放集装器的飞机货舱底部一般均设置滚轴及叉眼装置,集装器的底部直接与这些装置相接触,可使集装器平稳地装进货舱并固定在机舱内。集装器的种类如表 3-6 所示。

学习和了解如上信息后,小美查阅网上航班信息,获得飞往北京的机型信息(部分)(表 3-7)并获知哪些机型可装集装箱(板)。

表 3-6　集装器的种类

集装器分类标准		具体种类	
按外形划分	集装板	根据机型要求制造的一块带有中间夹层的硬铝合金平板,货物放上去后,用网罩或拱形盖板固定,然后再装入货舱锁定,方便达到快速装卸的目的	
	集装箱	空陆联运集装箱	长为20ft或40ft,高和宽为8ft,可装在宽体货机主舱内,此类集装箱为非专用航空集装箱,主要用于陆空、海空联运
		主舱集装箱	高度在163cm或以上,只能装在全货机或客货混用机的主舱内
		下舱集装箱	高度不超过163cm,只能装在宽体飞机下部货舱内,分全型和半型两种
按注册与非注册划分	注册的飞机集装器	该类集装器由政府有关部门授权生产,适用于飞机安全载运,在其使用过程中不会对飞机的内部结构造成损害	
	非注册的飞机集装器	该类集装器未经有关部门授权生产,未取得适航证书。因为它与飞机不匹配,通常也不允许装入飞机货舱内,但可用于地面操作	

表 3-7　机型与安装集装箱

序号	客机型号	可否装集装箱(板)
1	中国联合航空 KN5830 波音 737(中型)	不可安装
2	南方航空 CZ3101 波音 787(大型)	可安装
3	南方航空 CZ3165 空客 320(中型)	不可安装
4	东方航空 MU5282 空客 330(大型)	可安装
5	南方航空 CZ3999 空客 350(大型)	可安装

2. 探究

查阅相关资料,完成以下探究任务。

探究任务1:宽体飞机与窄体飞机的区别是什么?

＿＿＿＿＿＿＿＿＿＿＿＿＿＿＿＿＿＿＿＿＿＿＿＿＿＿

探究任务2:请将下列常用的机型分类,并将结果写在横线上。

波音:B737、B747、B757、B767、B777、B787

空客:A300、A310、A320、A330、A340、A380

窄体飞机:＿＿＿＿＿＿＿＿＿＿＿＿＿＿＿＿＿＿＿＿

宽体飞机:＿＿＿＿＿＿＿＿＿＿＿＿＿＿＿＿＿＿＿＿

三、展示分享

查阅相关资料进行拓展学习,并进行展示分享。

(1)国际航空运输协会给每个机型规定了相应的代码,这些代码在日常工作中得到了广泛的应用,如 74F 代表 Boeing747 所有系列的全货机,查一查表 3-8 所示代码所代表的机型。

(2)思考:每个集装器都有固定的代码,你知道其中的秘密吗?

表 3-8　代码与机型

代码	机型	代码	机型
738		320	
74M		744	
310		75F	

四、评价感悟（表 3-9）

表 3-9　（　　　　）班任务训练技能（　　）评价表

被考评组别		被考评组别成员名单			
考评内容					
考评标准	项目	分值/分	小组自我评价(30%)	其他组评价(平均)(40%)	教师评价(30%)
	探究任务1书写基本正确	25			
	探究任务2答案是否正确	50			
	综合沟通与学习能力	25			
	合计	100			

注：表头合计(100%)

五、拓展升华

在集装器的面板和集装器的四周，常会看到诸如 AKE1203MU、PAP2234CA 等集装器的识别代号。这些编号是基于集装器的类型、尺寸、外形、与飞机的匹配、是否注册等几个方面因素形成的。集装器编号由九位字母与数字组成，一般分为 AKE、AKN、DPE 和 DPN 四种类型。航空集装箱编号含义如表 3-10 所示。

表 3-10　航空集装箱编号含义

位置	字母或数字	含义	位置	字母或数字	含义
1	字母	集装器的类型	4~7	数字	序号
2	字母	地板尺寸	8、9	字母	所有人、注册人
3	字母	外形或适配性	—	—	—

（1）航空集装箱首字母的含义（表 3-11）。

表 3-11　航空集装箱首字母的含义

首字母	字母含义	首字母	字母含义
A	注册的飞机集装器	P	注册的飞机集装板
B	非注册的飞机集装器	R	注册的飞机保温箱
F	非注册的飞机集装板	U	非结构集装棚
G	非注册的集装板网套	H	马厩
J	保温的非结构集装棚	V	汽车运输设备
M	保温的非注册的飞机集装箱	X、Y、Z	供航空公司内部使用
N	注册的飞机集装板网套	—	—

（2）航空集装箱第二位字母的含义（表 3-12）。

表 3-12　航空集装箱第二位字母的含义

第二位字母	集装器尺寸	第二位字母	集装器尺寸
A	318cm×224cm	K	156cm×153cm
B	274cm×224cm	L	318cm×153cm
E	224cm×135cm	M	318cm×224cm
G	606cm×224cm	Z	498cm×224cm

（3）第三位字母表示集装器的外形及与飞机的适配性（略）。

（4）第四～七位表示集装器的序号码，由各航空公司对其所拥有的集装器进行编号。

（5）第八～九位字母表示注册号码，一般为航空公司的 ITAT 两字码。

【技能 3　世界主要航空公司简介】

一、获取任务

任务 3：小美需要为客人预订一张下周五广州—北京的中国国际航空公司的航班，经查周五广州—北京的航班号有 HU7810、3U1012、CA1302、MU7032、CZ3113、ZH1380，其中哪一个才是客户的需求呢？

二、体验探究

1. 体验

（1）航空公司代码。航空公司一般会有一个两字代码和三字代码，两字代码会作为航班号使用，而三字代码给航空公司内部工作人员和空管使用。

① 两字代码是各国航空公司的代码，普遍在航空公司间使用。因为绝大多数航空公司都是国际航空运输协会的成员，为方便和其他航空公司共享联程中转的票价、机票发行标准，国际航空运输公司指定了两个字母的代码。航空公司向国际航空运输协会（International Air Transport Association，IATA）申请，批准后使用。例如中国南方航空公司代码 CZ。

② 三字代码是国际民航组织（International Civil Aviation Organization，ICAO）为全球各航空公司指定的三个字母的代码。它是由航班代码的三个首字母组成，这些代码从1987 年开始发布使用。例如国航的 ICAO 为 CCA，南航的是 CSN，东航的是 CES。空管的雷达上显示的就是 ICAO。

（2）航班号的组成。在了解航空公司两字代码后，可以再看看航班号的构成，我国国内航班号的组成通常由航空公司的两字代码加 4 个阿拉伯数字组成，后面的四位数字第一位代表航空公司的基地所在地区，第二位表示航班的基地外终点所在地区（1 为华北、2 为西北、3 为华南、4 为西南、5 为华东、6 为东北、8 为厦门、9 为新疆），第三、第四位表示这次航班的序号，单数表示由基地出发向外飞的去程航班，双数表示飞回基地的回程航班。我国国际航班号由航空公司代码加 3 位数字组成，第一位数字表示航空公司，后两位是航班序号，单数为去程，双数为回程。

根据航班号可以很快地了解到航班的执行公司、飞往地点及方向，这对管理人员和乘客都非常方便。但时至今日，随着新兴航空公司和航班越来越多，很多航班号无法套用原来的规律了，虽说航班号不再有严格规律了，但大多数还是有迹可循的。

至此，广州—北京的航班号中，HU7810、3U1012、CA1302、MU7032、CZ3113、ZH1380，前两位就是航空公司两字代码。小美通过查询得知：HU——海南航空公司、3U——四川航空公司、CA——中国国际航空公司、MU——东方航空公司、CZ——中国南方航空公司、ZH——深圳航空公司，显然 CA1302 次航班是中国国际航空公司的航班，如果当天有多个中国国际航空公司的航班，小美还可以根据客户要求的乘机时间进行选择。

（3）国际航空公司。目前全世界已知的航空公司大约有 136 万个之多（包含私人和军用），航空公司的标志五花八门，很多人会混淆哪家航空公司从何地飞往何地，因此挑选部分航空公司为大家介绍。

① 英国航空公司。英国航空又称为不列颠航空，简称英航，总部设在英国伦敦希思罗机场，以希思罗机场作为枢纽基地。英国航空公司的历史追溯到 1924 年成立的帝国航空。它是英国历史最悠久的航空公司，也是全球最大的国际航空客运航空公司之一，全球七大货运航空公司之一。全球航班网络覆盖 75 个国家的 150 多个目的地，航空公司每年乘载约3600 万名乘客。

② 法国航空公司。它成立于 1933 年，总部位于法国巴黎，是法国国营的航空公司，亦是"天合联盟"的创始成员之一。2004 年 5 月收购荷兰皇家航空公司，改组成了法航荷航集团。新成立的集团是欧洲最大的航空公司，也是世界上最大的航空公司之一。

③ 德国汉莎航空公司。简称汉莎航空，亦简称为德航，是德国第一大航空公司。按照载客量和机队规模计算，为欧洲最大的航空公司；按照乘客载运量计算，为世界第四大航空公司。

④ 新加坡航空公司。简称新航，以樟宜机场为基地，主要经营国际航线，在东南亚、东亚和南亚拥有强大的航线网络，并占据袋鼠航线的一部分市场。新航是首个营运全球最大型的客机 A380 的航空公司。自成立以来，新航便将高水平的产品与优良的飞行服务结合起来，从而赢得了"航空界创新服务领导者"的美誉。

⑤ 美国联合航空公司。美国联合航空公司成立于 1926 年，当时的身份是作为 4 家航空公司的管理公司（这些公司都成立于 1926 年或 1927 年），主要是在美国内交付邮件。这 4家公司是波音航空运输公司、太平洋航空运输公司、国家航空运输公司和瓦尼航空公司。1994 年大多数联合航空公司的雇员购买了公司 55% 的股份，交换条件是对工资和福利等作出让步，这使得联合航空公司成为世界上最大的大多数股份由雇员拥有的航空公司。该公司还在美国西海岸开始了低成本地联合穿梭公司的运营。联合航空公司的航线网覆盖全球，每天运营 2200 多个航班飞往 30 个国家的 139 个目的港。

2. 探究

探究任务：熟悉世界知名航空公司，并将相关信息填写完整（表 3-13）。

表 3-13 认识航空公司

中文名称	标志	英文名称	两字码 IATA	三字码 ICAO	所属国家地区
英国 航空公司	BRITISH AIRWAYS				

中文名称	标志	英文名称	两字码 IATA	三字码 ICAO	所属国家地区
法国航空公司	AIRFRANCE				
德国汉莎航空公司	Lufthansa				
新加坡航空公司	SINGAPORE AIRLINES				
美国联合航空公司	United Airlines				

三、展示分享

随着我国经济的迅速发展，我国国内航空公司数量也逐渐增多，同学们将所知道的国内航空公司写下来，并与同学们和教师分享。

四、评价感悟（表 3-14）

表 3-14 （   ）班任务训练技能（   ）评价表

被考评组别		被考评组别成员名单			
考评内容					
考评标准	项目	分值/分	小组自我评价(30%)	其他组评价(平均)(40%)	教师评价(30%)	合计(100%)
	探究任务填空是否正确	80				
	综合沟通与学习能力	20				
	合计	100				

五、拓展升华

东航 60 年

——引自东方航空网

60 年时光飞度，一甲子岁月轮回。60 年历史积淀，60 年峥嵘岁月。东航 60 年历程是一部辉煌的航空发展史，也是一部中国民航人砥砺前行的逐梦史。

1. 从"飞行中队"到"东方航空"

60 年前，社会主义建设刚刚起步，我国民航事业开始进入调整时期。1957 年，当时的民航上海管理处开辟了上海经杭州、南昌至广州，及上海经合肥、徐州至北京的两大国内航线。同时，当时只有 7 架"革新"型飞机的民航上海管理处飞行中队成立了。那是中华人民共和国成立后，上海成立的第 1 支飞行中队，也是后来东方航空的前身。

进入 20 世纪 80 年代后，随着国家实行以"政企分开""机场与航空公司分设"为主要内容的民航管理体制改革，东航从国家行政化领导过渡到了企业运作。此时，东航从民航上海管理局自然过渡的各型飞机数量已达 62 架。

"九五"期间，东航股份公司作为首家我国航企在纽约、香港、上海三地挂牌上市。进入 21 世纪后，我国民航业继续保持着快速发展的势头，2002 年，中国东方航空集团公司在北京人民大会堂宣告成立，从最初的一支飞行中队发展成为我国三大国有大型骨干航空企业之一。时至今日，东航全年的旅客运输量预计突破 1 亿人次，成为全球第七大航空公司。

从最初的 7 架飞机到如今的近 600 架机队规模；从最初的单一小型飞机到多样机型的更迭；从一支飞行中队到如今三大国有大型骨干航空企业之一，东航的成长是我国民航蹒跚起步的追梦缩影，也是筚路蓝缕、砥砺追梦的发展历程。

2. 从东方到世界

1957 年，东航在国内只有两大航线，在随后的 30 年里迅速发展到 70 条，线路遍布祖国的大江南北。在那个交通还不是很发达的年代，东航人主动承担历史责任和使命，敢为人先、奋勇拼搏，奉献了他们的智慧和青春，为祖国的建设发展和改革开放作出了重要贡献。

飞向世界一直是国人的梦想。东航始终以国际化的视野，践行着"飞向世界"的使命。多年来，东航坚持开拓创新，制订"太平洋计划"与"欧洲盈利计划"，大力拓展国际市场，不断丰富和完善航线的网络布局。成立初期，东航仅有从上海始发至日本东京、大阪、福冈和长崎的 4 条国际航线。如今，东航的航线网络已通达 177 个国家和地区的 1062 个目的地。2016 年更是连续开通了上海至布拉格、阿姆斯特丹、圣彼得堡、马德里四条欧洲航线，欧洲通航点也从 5 个增加到 9 个，满足了更多旅客前往欧洲的出行需求。

从"飞行大队"到"东方航空"，从开辟国内航线到拓展国际航线，从东方飞向世界。东航人始终以央企责任为自身的光荣使命，坚持紧抓时代机遇，以精准、精致、精细的服务，为全球旅客创造了精彩的旅行体验，向世界展现了东方魅力。60 年的薪火相传，激励着一代代东航人坚定不移地攻坚克难、变革进取。历史不会忘记，他们始终以国家和民族事业为大局，为民航事业奉献的青春。历史也不会忘记，他们不忘初心，用汗水和奋斗铸就的追梦史。正是这种代代相传的东方精神，鼓舞着更多民航人为祖国航空事业发展作出贡献。

蓝天作纸，赤心作墨，在迎来东航 60 岁之际，东航人将继续循着历史的脉络，继承前辈们的精神，把握前进的方向，不断书写云端之上的传奇。

【任务巩固】

一、单选题（将正确答案填在下面括号里）

1. 国际航空运输协会的英文简称是（　　　）。

A. ATDI　　　　B. ICAO　　　　C. ICTA　　　　D. IATA

2. 中国民用航空局的英文名称缩写是（　　　）。

A. CAAC　　　　B. GAC　　　　C. AQSIQ　　　　D. ICAO

3. 以下不属于贵重货物的有（　　　）。

A. 黄金　　　　B. 有价证券　　　　C. 镀金首饰　　　　D. 公司文件

4. 以下不是航空运输危险品的是（　　　）。

A. 乒乓球　　　　B. 手机电池　　　　C. 氧化剂　　　　D. 血清

5. 以下哪种货物属于国内运输中禁止运输的货物（　　　）。

A. 鼠疫病菌　　　　B. 木材　　　　C. 珍贵文物　　　　D. 麻醉药品

6. 在航空货运中，下面（　　　）货物必须预定舱位。

A. 皮鞋　　　　B. 活鹦鹉　　　　C. 玩具　　　　D. 书报杂志

7. 在航空运输中，某集装器代号为 PAP1100CA，其中第三个字母 P 代表（　　　）。

A. 集装器的底板尺寸　　　　　　B. 集装器的种类

C. 集装器的所有人　　　　　　　D. 集装器的外形以及与飞机的适配性

8. 某集装箱代号为 AKA1234CZ，该集装箱属于（　　　）。

A. 南方航空公司　　　　　　　　B. 东方航空公司

C. 国际航空公司　　　　　　　　D. 海南航空公司

9. 日本东京的成田国际机场的三字代码是（　　　）。

A. ORD　　　　B. CAN　　　　C. KIX　　　　D. NRT

二、判断题（下面说法对的打√，错的打×）

（　　　）1. 首都国际机场的三字代码为 BJS，是中国最重要的国际机场之一。

（　　　）2. 活动物在航空运输过程中，由于自然原因而发生的病、伤或死亡，承运人不负责任。

（　　　）3. 集装箱是航空货运中唯一的集装设备。

（　　　）4. 蔬菜可与鲜花、植物放在同一飞机货舱内运输。

（　　　）5. 在航空运输中，有些货物，名称上虽然不像危险品，但实际上可能隐含危险品的物质，如电器开关可能含有水银。对此，收运时必须作危险品货物运输。

（　　　）6. 国内运输每张货运单的申明价值一般不超过人民币 50 万元，而国际运输是不超过 10 万美元。

技能训练任务2 业务受理

【任务目标】

　　航空运输的业务受理，包括了航空接单业务、货物订舱业务和报关货物接单业务，通过本任务的学习，同学们能够达成以下目标。

（1）掌握航空业务的受理方式。

（2）懂得办理航空货物订舱业务。

（3）了解业务受理的流程。

【任务准备】

1. 教师课前准备

（1）教具：课件一个，张贴板一块、水笔若干支、板钉一批、书写卡片（不同形状）若干。

（2）根据学生情况进行分组，也可要求学生独立完成。

2. 学生课前任务

相关知识回顾：航空运输货物基础知识、航空运输的设施设备、航空线路、机场三字代码、航空公司的业务范围。

任务书

　　任务1：广州商贸集团的陈小姐有几项业务，需要通过航空快递进行寄件。请你针对陈小姐的每项业务为陈小姐进行解答相关的问题，完成航空运输的接单业务。

　　任务2：广州商贸集团的陈小姐有以下的货物需要托运，运往日本东京客户杨先生的货物分别是玩具枪、香水、服装、水银温度计、打火机。请根据货物信息、航线和报价，完成航空货物的订舱业务。

　　任务3：订舱确认后，陈小姐所寄送的服装需要进行报关，请你根据该项业务的相关货物信息、航线与报价信息，完成航空运输正式报关货物的接单业务。

获取任务 → 体验探究 → 展示分享 → 评价感悟 → 拓展升华

【任务过程】

【技能1　航空接单业务】

一、获取任务

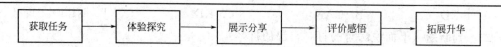

　　任务1：广州商贸集团的陈小姐有几项业务，需要通过航空快递进行寄件。请你针对

陈小姐的每项业务为陈小姐进行解答相关的问题，完成相关的航空接单业务。

一份紧急的文件需从中国广州寄往美国纽约，客户 Anson 要求两天之内到。

以下是必达迅雷物流公司的业务资料。

运费：一份文件（不超 0.5kg）中国到美国的运费为 120 元＋10% 的燃油附加费。

到达时间：当天 15:00 前取件，在清关顺利，且没有任何延误的情况下，美国当地时间次日 12:00 前到。

请根据以上背景，完成以下任务。

(1) 陈小姐致电必达迅雷物流公司客户服务部询问运费支付方和运费支付方式、到达时间，如果你是客服代表 Amy. Wang，你将如何应对？

(2) 陈小姐可以通过哪些途径把要寄的文件交给必达迅雷物流公司？请客服代表 A-my. Wang 提供适当的建议。

(3) 如果陈小姐在咨询后确认使用贵公司（必达迅雷物流公司）的服务进行寄件，请你通知作为寄件人的陈小姐所需的准备工作。

(4) 陈小姐要求提供门到门的上门收件，如果你是收件员 Tommy. Gao，你如何完成收件业务？

二、体验探究

学生以个人或团队合作的方式，在教师的引导下利用"体验"和"拓展升华"里的学习资料，完成任务中职业任务的体验探究。

1. 体验

(1) 运费支付方及支付方式。运费的支付方及支付方式是寄件人在托运航空货物之前普遍关心的问题，运费支付方式是否灵活、快捷是客户考虑是否使用该物流公司服务的重要因素之一。航空运费可以由寄件人支付、收件人支付或第三方支付。所谓第三方支付是指非寄件人或收件人的第三人支付运费。例如位于新加坡 A 公司的叶先生通知中国的客户陈小姐从广州寄一件样品给美国的收件人 Micheal，运费由新加坡 A 公司的叶先生支付。该例子中的新加坡 A 公司的叶先生就是作为第三方支付运费。

在实际的操作过程中，除了客户预付运费，其他付费方式都会让物流公司承担不同程度的坏账风险。为了把相关风险降到最低，不同的物流公司会采取不同的方式去应对。如对经常使用到付或第三方付运费的寄件人，物流公司会要求客户签署相关的协议书，通过协议约束寄件人必须确认收件人最终会支付运费，否则所有费用会由寄件人承担。

无论是哪一方支付运费，结算的方式都是比较灵活的，主要有现金支付、月结、信用卡及支票支付，还有新兴的网络支付方式，如微信、支付宝等。

任务中陈小姐寄件的运费，可选择由寄件人支付、收件人支付或第三方支付，可通过现金支付、月结、信用卡、支票等方式支付。

(2) 航空运输货物的交接方式。航空运输的交接单方式有 9 种，分别是门到门、门到目的地站点/营业点、门到目的地机场、寄件地站点/营业点到门（目的地收件人）、寄件地站点/营业点到目的地站点/营业点、寄件地站点/营业点到目的地机场、机场到门（目的地收件人）、机场到目的地站点/营业点、机场到机场。

任务中陈小姐可选择让公司上门收件，或将文件送到营业网点，或是送到机场，但要注意送件的时间。

（3）准备工作。在客户咨询业务后，告知客户业务受理后的准备工作，如下单寄件、包装货物、提供货物相关信息以备准确填写相关单证，其中最重要的就是要在指定时间把需要寄件的物品送到指定地点以便业务受理后货物的按时送达（图3-1）。

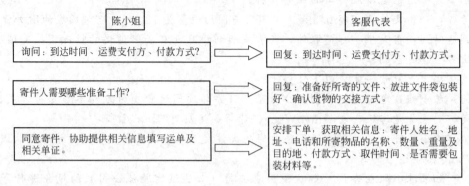

图 3-1　航空运输接单业务流程

任务中陈小姐在咨询相关的问题，选择寄件下单后，需要准备好所寄的文件、放进文件袋包装好、确认货物的交接方式，同时协助提供相关的信息，包括寄件人姓名、地址、电话、所寄物品的名称、数量、重量、目的地、付款方式、取件时间、是否需要包装材料等。

（4）客服代表及收件员业务流程。

① 通知收件员上门收件（图3-2）。

图 3-2　航空运输派单业务流程

② 收件员按寄件人准备好的时间上门收件。

任务中收件员 Tommy. Gao 到达后，首先需要有礼貌地敲门，进门后向陈小姐表明身份，咨询陈小姐是否准备好所寄的物品，双手接过寄件人所寄的物品，检查陈小姐所填的资料是否齐全、包装是否合理，现场确认计费重量及收费标准；再次确认寄件人是否在运单上签名，然后将其中一联运单留给陈小姐，完成交接后礼貌告别，注意物品要轻拿轻放，关门要轻；最后将货物装载上车，贴好相应的标签，锁好车门，将货物收集并运回收发站，进行单证的录入。

2. 探究

探究任务：广州商贸集团李先生有一箱电子配件样品寄给日本的客户，客户要求一天之内收到样品，李先生打算自己支付运费和使用现金进行结算，为此，李先生致电必达讯雷物流公司咨询有关业务。请分角色扮演寄件人李先生、必达讯雷物流公司客服代表王小姐及收件员代表刘先生，模拟演练航空运输的接单流程。以下是货物的详细情况：

品名：电子配件样品

用途：MP4 外壳

原料：塑料

原产地：中国

数量：1 箱（10 件/箱）

重量：1kg/箱

体积：50cm×40cm×60cm

三、展示分享

学生完成任务后，对自己体验过程中的所获、所感、所思与同学们和教师进行分享。

> 思考：（1）业务受理过程中，如何判断该项业务能否接单？
> （2）业务受理过程中哪些信息是需要提前获取的？

四、评价感悟

学生在这个过程中不断地自我反思和相互学习，渐悟或顿悟出职业活动中解决问题的最佳方式（表 3-15）。

表 3-15 （ ）班任务训练技能（ ）评价表

被考评组别		被考评组别成员名单				
考评内容						
考评标准	项目	分值/分	小组自我评价（30%）	其他组别评价（平均）（40%）	教师评价（30%）	合计（100%）
	运费支付方及支付方式回答是否准确	20				
	航空运输货物的交接方式是否准确	20				
	通知客户准备工作是否到位	25				
	客服代表及收件员业务流程是否完整	20				
	综合沟通和学习能力	15				
合计		100				

五、拓展升华

1. 航空运输业务受理的注意事项

航空快递即航空急件运输。这种方式特别适用于急需物品、医疗器械、贵重物品、图纸资料、关键零部件、货样、单证等小件物品的快捷运输。

货物的航空运费和声明价值附加费，必须全部预付或全部到付。在运输始发站发生的其他费用，必须全部预付或全部到付；在运输途中发生的费用应到付，但某些费用，如政府规定的固定费用和机场的一些税收，如在始发站知道时，也可以预付；在目的地发生的其他费用只能全部到付。

2. 快递的收件范围

不同的航空快递公司有不同的要求，一般而言，航空快递的收件范围主要有文件和包裹两大类，其中文件主要是指商业文件和各种印刷制品，对于包裹一般要求毛重不超过 32kg（含 32kg）或外包装单边不超过 102cm、三边相加不超过 175cm。传统的航空货运业务以贸易货物为主，要求每件货物体积不得小于 5cm×10cm×20cm。邮政业务则以私人信函为主要业务对象，对包裹要求每件重量不超过 20kg，长度不超过 1m。（不同的企业会略有差异，具体要参照各企业公布的尺寸、重量要求。）

3. 航空快递运作流程

（1）快递企业由各分点收取航空快件，在规定时间运转到快递企业总运转中心。

（2）总运转中心对应分检货物，确定对应机场发货总量同外包装件数。

（3）快递企业向航空代理预订舱位，并将航空货物交给航空代理。

（4）航空代理接到快递企业订舱资料，根据快递企业要求时效，对应向航空公司预订舱位。

（5）航空公司批舱后，航空代理在对应的航班起飞前3h交机场主单，对应起飞前2h过完安检。

（6）航空代理将对应机场资料给航空快递企业。

（7）航空快递企业在飞机落地后2～3h内提取货物，分拣后运到各派送点安排派送。

【技能 2 航空货物订舱业务】

一、获取任务

任务2：广州商贸集团的陈小姐有以下的货物需要托运，寄给日本东京客户杨先生的货物分别是玩具枪、香水、服装、水银温度计、打火机。货物信息、航线和报价信息如下（表 3-16 和表 3-17），请你完成以下航空货物订舱业务。

表 3-16　货物信息 1

序号	货物名称	箱数	毛重	尺寸	货物预报声明价值	包装
1	玩具枪	100 箱	632kg	50cm×30cm×40cm	120000 美元	纸箱
2	香水	600 箱	505kg	35cm×15cm×30cm	200000 美元	纸箱
3	服装	1500 箱	714kg	56cm×30cm×40cm	150000 美元	纸箱
4	水银温度计	500 箱	210kg	30cm×30cm×30cm	80000 美元	纸箱
5	打火机	500 箱	458kg	70cm×15cm×35cm	160000 美元	纸箱

表 3-17　航线和报价信息 1

序号	航空公司	单价/（美元/kg）					路线	时效
		+45kg	+100kg	+300kg	+500kg	+1000kg		
1	CZ（南航）	24.50	17.50	16.5	15.5	13.5	CAN—NRT	直飞
2	CZ（南航）	1m³ 的质量≥300kg	14.0	12.5	11.5		CAN—NRT	直飞
3	JL（日航）	28.30	20.30	18.30	16.80	15.80	CAN—NRT	直飞
4	NH（全日空）	17.3	15.8	14.8	14.3	13.8	CAN—OKA—NRT	凌晨飞，早上到
5	CI（华航）	18.3	14.3	13.3	12.3	11.3	CAN—TPE—NRT	1～2 天左右

请根据以上背景，完成以下任务。

（1）陈小姐致电咨询必达迅雷物流公司，假设你为客服代表 Amy. Wang，请你为陈小姐解答哪些货物能够收运。

（2）请你为陈小姐解答哪些货物需要订舱。

（3）陈小姐要求直飞，以最短的时间尽快将货物送到客户手中，也希望能够获得较便宜的运价，请你为这票货物办理订舱手续。

二、体验探究

学生以个人或团队合作的方式，在教师的引导下利用"体验"和"拓展升华"里的学习资料，完成任务中职业任务的体验探究。

1. 体验

（1）国际航空禁止托运的货物。

① 易燃易爆物品，如烟花、爆竹、玩具枪、照明弹、雷管等。

② 易燃或非易燃气体，如气溶胶（超过 2kg 或 2L）、野营气瓶等。

③ 易燃液体，如油漆、香水、指甲油、溶剂、稀释剂等。

④ 易燃固体，如固体燃料等。

⑤ 深度冷冻气体，如液氮等。

⑥ 有机过氧化物，如树脂制剂等。

⑦ 腐蚀性物质，如酸、碱、金属汞、气压计、电池、水银温度计等。

⑧ 有毒物品，如氰化物、砒霜、除草剂、催泪瓦斯等。

⑨ 传染性物质，如病毒、细菌、放射性同位素、放射性物质的仪器等。

⑩ 压力及非压力容器或气瓶。

⑪ 磁性材料。

⑫ 燃料。

⑬ 材料保存剂，如甲醛等。

⑭ 枪械及弹药。

⑮ 所有打火机及火柴。

⑯ 食用油。

⑰ 用于制汽水的二氧化碳气瓶、打火机充气装置、丁烷气体、已充气的水下呼吸器、瓦斯喷剂等。

陈小姐需要运送的玩具枪、香水、水银温度计、打火机，属于国际航空禁止托运的货物，不能够收运。

（2）须预订舱位的货物。托运人托运下列货物前应当预订舱位，否则承运人有权不予接收。

① 在运输中转过程中需要特殊对待的货物。

② 运输声明价值超过 10 万美元或其等值货币的货物。

③ 形状不规则的货物。

④ 特种货物，包括危险物品、活体动物、易腐物品、灵柩等特种货物。

⑤ 批量较大的货物。

⑥ 需要两家或两家以上承运人运的联程货物。

⑦ 凡是国家法律、法规和有关规定禁止运输的物品，严禁收运。凡是限制运输的物品，应办理符合规定的手续和条件后，方可收运。

陈小姐需要运送的服装符合国家法律法规，能够收运，毛重 714kg，体积 672000cm^3，属于批量较大的货物，且声明价值超过 10 万美元，需要预订舱位。玩具枪、香水、水银温度计、打火机均属于国际航空禁止托运的货物，因此不能接单。

（3）航空运输方式下订舱步骤。

① 根据航空货物委托书，填写起运地、目的地、货物重量、填写需要空运货物的详细信息，包括体积、毛重、货物数量以及外包装的类型（主要包括纸箱、铁箱、卡板和木箱）。

② 查询信息，获取运价表。

③ 选择对应的航线进行订舱。

④ 向航空公司吨控部门领取并填写订舱单，同时提供相应的信息：货物的名称、体积、重量、件数、目的地、要求出运的时间等。航空公司根据实际情况安排舱位和航班。

⑤ 等待一段时间后，将收到已成功订舱通知，可看到"进仓通知单"，即完成订舱。

第一步：陈小姐能够办理托运的货物是服装，航空货物委托书所包含的信息：起运地广州、目的地日本东京、体积 $672000cm^3$、毛重 714kg、货物数量 1500 件，外包装的类型是纸箱、收件人杨先生、发件人陈小姐。

第二步：查询信息，获取运价表，从任务中可知，需查找广州飞往日本的航线，准确填写第一步中的相关信息，以获得运费报价。

第三步：选择对应的航线进行订舱。

陈小姐要求直飞，以最短的时间尽快将货物送到客户手中，因此首选序号 1、2、3 的航班，陈小姐希望能够获得较便宜的运价，货物的毛重 714kg，对比序号 1、2、3 的航班，价格最优的为序号 2 的航班，因此需要联系南航进行订舱，等待订舱确认即可。

2. 探究

根据航空货物订舱单中的信息回答问题（表 3-18）。

表 3-18　国际空运订舱单

Shipper's Name and Address（托运人及地址）		
GUANGDONG FOREIGN TRADE IMP. & EXP. CORP. 15-18/F.，GUANGDONG FOREIGN ECONOMIC AND TRADE BUILDING 351 TIANHE ROAD，GUANGZHOU，CHINA		AIR CHINA
Consignee's Name and Address（收货人及地址）		
ABC COMPANY LIMITED BLUE BIRD STREET，NEW YORK，USE	Airfreight　预付　　　　到付 Charges:☑ To be prepaid　□ To be collected	
	其他费用　☑ To be prepaid　□ To be collected	
Notify Party（另请通知） XYZ SHIPPING CO,.LTD	Type of Service Requires □ LATA（Direct）　□ Consolidation □ Charactor	
Carrier 航空公司名称	From（Airport of departure） 起运地	Export Licence No. 出口编号	CO. No.
AIR CHINA	GUANGZHOU		
To（Airport of destination） 目的地	Airline Counter-Signature 航空公司加签	FLIGHT/DAY 航班/日期 CA253、SEP 10，2020	
JOHN KENNEDY	☑ Yes　　□ No	Special Instruction：附注	

Country of Origin 来源地	Shipper's C. O. D. 代收金额	Insurance Amount 保险金额	Declared Value for Carriage 运输金额	Declared Value for Customs 报关金额
GUANGZHOU	200 美元	400 美元	150 美元	400000 美元

Marks，No. and kind of Packages；Description of Goods 唛头、货品名称及数量		Gross Weight 毛重	Measurement 尺寸/数量
ACCESSORIES FOR 100 PERCENT EXPORT ORIENTED READY MADE GARMENTS 仿皮牌 MARK： HM NO♯：408 165－1722&153576－ 1722TTEM ：FAKE LEATHER ITEM NO. ：KL001 PCS：10PCS G. W：100KGS N. W：95KGS MEAS：40cm×30cm×25cm CBM：0. 3CBM		100kg	DIMS： 40cm×30cm×25cm /10PCS

Documents to accompany airwaybill or house airwaybill 附单据文件
☑ Packing List 装箱单   ☑ Commercial Invoice 发票   ☐ Certificate of Origin 来源证
☐ Others 其他

在货物不能交付收货人时，托运人指示的处理方法
Shipper's instructions in case of Inability to deliver shipment as consigned
处理情况(包括包装方式、货物标志及号码等)
Handling information (Inc. method of packing. Identifying marks and numbers. Etc.)

托运人证实以上所填全部属实并愿意遵守承运人的一切载运章程
The shipper certifies that the particulars on the face hereof are correct and agrees to the condition of carriage of the carrier.

托运人签字 Signature of Shipper	日期 Date	经手人 Agent	日期 Date

探究任务：根据航空货物订舱单回答以下问题
(1) 托运的物品 （   ）
(2) 需要订舱的货物体积是 （   ）立方米
(3) 始发地机场三字代码 （   ）
(4) 目的地机场三字代码 （   ）

三、展示分享

学生完成任务后，对自己体验过程中的所获、所感、所思与同学们和教师进行分享。

四、评价感悟

学生在这个过程中不断地自我反思和相互学习，渐悟或顿悟出职业活动中解决问题的最佳方式（表3-19）。

表 3-19　（　　　）班任务训练技能（　　　）评价表

被考评组别		被考评组别成员名单				
考评内容						
考评标准	项目	分值/分	小组自我评价（30%）	其他组别评价(平均)（40%）	教师评价（30%）	合计（100%）
	判断货物是否能够托运的准确性	25				
	判断货物是否需预订舱位	25				
	是否熟悉订舱步骤	30				
	综合沟通和学习能力	20				
	合计	100				

五、拓展升华

1. 航空货物出口订舱流程

揽收接单→委托运输→审核单证→预配舱→预订舱→缮制单证→填制货运单→接收货物→标记和标签→配舱→订舱→出口报关→出仓单→提板箱→装箱装板→签单→交接发运。

（1）揽收接单。接单揽货需要向客户介绍公司的业务范围、服务项目及收费标准，介绍公司的优势以便获得更优质的货源。

（2）委托运输。由托运人填写国际货物托运书。托运书应包括以下内容栏：托运人、收货人、始发站机场、目的地机场、要求的路线/申请订舱、供运输用的声明价值、供海关用的声明价值、保险金额、处理事项、货运单所附文件、实际毛重、运价类别、计费重量、费率、货物的品名及数量、托运人签字、日期等。

（3）审核单证。审核单证是否齐全，内容填写是否完整规范。单证应包括：托运书、发票、装箱单、报送单证、报检单证、外汇核销单、许可证、商检证、进料/来料加工核销本、索赔/返修协议、到会保函、关封。

（4）预配舱。代理人汇总所接受的委托和客户的预报，并输入系统中，计算出各航线的件数、重量、体积，按照客户的要求和货物重、泡情况，根据各航空公司不同机型对不同板箱的重量和高度要求，制订预配舱方案，并给每票货配上运单号。

（5）预订舱。代理人根据所制订的预配舱方案，按航班、日期打印出总运单号、件数、重量、体积，向航空公司预订舱。

（6）缮制单证。接受托运人或其代理人送交的已经审核确认的托运书及报关、报检单证和收货凭证，将收货记录与收货凭证核对，制作操作交接单，填上所收到的各种报关单证的份数，给每份交接单配好一份总运单或分运单。将制作好的交接单、配好的总运单或分运单、报关单证移交制单部门。

（7）填制货运单。航空货运单包括总运单和分运单，填制航空货运单的主要依据是发货人提供的国际货物委托书，委托书上的各项内容都应体现在货运单项式上，一般用英文填写。根据《华沙公约》的相关规定，航空货运单应由托运人填写，也可由承运人或其代理人代为填写。

（8）接收货物。接收货物是指航空货运代理公司把即将发运的货物从发货人手中接过来并运送到自己仓库的过程。接收货物一般与接单同时进行。对于通过空运从中国内地运往出境地的出口货物，货运代理按照发货提供的运单号、航班号及接货地点日期，代其提取货物。如货物已在始发地办理了出口海关手续，发货人应同时提供始发地海关的关封。

接货时双方应办理货物的交接、验收，应对货物进行过磅和丈量，并根据发票、装箱或送货单清点货物，核对货物的数量、品名、合同号或唛头等是否与货运单上所列一致，检查货物的外包装是否符合运输要求。

（9）标记和标签。

① 标记：包括托运人及收货人的姓名、地址、联系电话、传真，合同号等，操作（运输）注意事项，单件超过150kg的货物。

② 标签：航空公司标签上前三位数字代表所承运航空公司的代号，后八位数字是总运单号码。分标签是代理公司对出具分标签的标识，分标签上应有分运单号码和货物到达城市或机场的三字代码。

一件货物贴一张航空公司标签，有分运单的货物还需贴一张分标签。

（10）配舱。核对货物的实际件数、重量、体积与托运书上预报数量的差别。对预订舱位、板箱的有效利用、合理搭配，按照各航班机型、板箱型号、高度、数量进行配载。

（11）订舱。接到发货人的发货预报后，向航空公司申请并填写订舱单，同时提供相应的信息：货物的名称、体积、重量、件数、目的地，要求出运的时间等。航空公司根据实际情况安排舱位和航班。货运代理订舱时，可依照发货人的要求选择最佳的航线和承运人，同时为发货人争取最低、最合理的运价。订舱后，航空公司签发舱位确认书（舱单），同时提供装货集装器领取凭证，以表示舱位订妥。

（12）出口报关。首先，将发货人提供的出口货物报关单的各项内容输入电脑，即电脑预录入，在通过电脑填制的报关单上加盖报关单位的报关专用章；然后，将报关单与有关的发票、装箱单和货运单综合在一起，并根据需要随附有关的证明文件，在以上报关单证齐全后，由持有报关证的报关员正式向海关申报；再次，海关审核无误后，海关官员即在用于发运的运单正本上加盖放行章，同时在出口收汇核销单和出口报关单上加盖放行章，在发货人用于产品退税的单证上加盖验讫章，粘上防伪标志；最后，完成出口报关手续。

（13）出仓单。制订配舱方案后就可着手编制出仓单，包括：出仓单的日期、承运航班的日期、装载板箱形式及数量、货物进仓顺序编号、总运单号、件数、重量、体积、目的地三字代码和备注。

（14）提板箱。向航空公司申领板、箱并办理相应的手续。提板、箱时，应领取相应的塑料薄膜等材料，对所使用的板、箱要登记、销号。

（15）装箱装板。注意事项：不要用错集装箱、集装板，不要用错板型、箱型；不要超装箱板尺寸；要垫衬，封盖好塑料纸，防潮、防雨淋；集装箱、板内货物尽可能配装整齐，结构稳定，并紧固网索，防止运输途中倒塌；对于大宗货物、集中托运货物，尽可能将整票货物装在一个或几个板、箱内运输。

（16）签单。货运单在盖好海关放行章后还需要到航空公司签单，只有签单确认后才允许将单、货交给航空公司。

（17）交接发运。

① 交接是向航空公司交单交货，由航空公司安排航空运输。

② 交单就是将随机单据和应有承运人留存的单据交给航空公司。随机单据包括第二联航空运单正本、发票、装箱单、产地证明、品质鉴定证书。

③ 交货即把与单据相符的货物交给航空公司。交货前必须粘贴或拴挂货物标签，清点和核对货物，填制货物交接清单。大宗货、集中托运货，以整板、整箱称重交接。零散小货按票称重，计年交接。

2. 订舱后货物延误的原因

订了舱位，但货物没有成功发运，有可能是只订了舱位，没有及时确认舱位，不及时确认舱位，航空公司不可能保留舱位。

如果航空公司确认了舱位但货物没有成功发运，可能有以下几种原因。

（1）飞机故障或者其他原因导致航班取消，可以申请让航空公司出具相关证明。

（2）飞机改机型，导致总舱位变更，可以申请让航空公司出具相关证明。

（3）行李增加超过预算，这种情况虽然存在但一般很少发生，也可以让航空公司出具证明。

（4）交接货物时间超过了最晚交接时间。

（5）客户送达货物时间延迟，来不及交接，虽然责任在客户，但是仍需要安排最快的航班出运，提高客户满意度。

3. 国内部分机场三字代码（表 3-20）

表 3-20　国内部分机场三字代码

城市名称（机场名称）	代码	城市名称（机场名称）	代码	城市名称（机场名称）	代码
新疆阿勒泰（阿勒泰机场）	AAT	辽宁大连（长海大长山岛机场）	CNI	四川德阳（广汉机场）	GHN
陕西安康（安康机场）	AKA	湖南长沙（黄花机场）	CSX	海南海口（美兰机场）	HAK
新疆阿克苏（阿克苏机场）	AKU	四川成都（双流机场）	CTU	黑龙江黑河（黑河机场）	HEK
安徽安庆（安庆机场）	AQC	江苏常州（奔牛机场）	CZX	内蒙古呼和浩特（白塔机场）	HET
内蒙古包头（二里半机场）	BAV	山西大同（云冈机场）	DAT	安徽合肥（新桥机场）	HFE
北京（北京首都国际机场）	BJS	四川达县（达州河市机场）	DAX	浙江杭州（萧山机场）	HGH
广西北海（福城机场）	BHY	辽宁丹东（浪头机场）	DDG	内蒙古呼伦贝尔（海拉尔东山机场）	HLD
云南保山（保山机场）	BSD	辽宁大连（周水子机场）	DLC	内蒙古乌兰浩特（乌兰浩特机场）	HLH
广东广州（白云机场）	CAN	甘肃敦煌（敦煌机场）	DNH		
湖南常德（常德机场）	CGD	湖南张家界（荷花机场）	DYG	黑龙江哈尔滨（太平机场）	HRB
河南郑州（新郑机场）	CGO	湖北恩施（许家坪机场）	ENH	新疆和田（和田机场）	HTN
吉林长春（龙嘉机场）	CGQ	陕西延安（二十里铺机场）	ENY	陕西汉中（汉中机场）	HZG
辽宁朝阳（朝阳机场）	CHG	福建福州（长乐机场）	FOC	宁夏银川（河东机场）	INC
甘肃酒泉（酒泉机场）	CHW	安徽阜阳（西关机场）	FUG	新建且末（且末机场）	IQM
内蒙古赤峰（土城子机场）	CIF	新疆阿勒泰（富蕴可可托海机场）	FYN	甘肃庆阳（庆阳机场）	IQN
山西长治（长治机场）	CIH			江西景德镇（罗家机场）	JDZ
重庆（江北机场）	CKG	青海格尔木（格尔木机场）	GOQ	甘肃嘉峪关（嘉峪关机场）	JGN

城市名称（机场名称）	代码	城市名称（机场名称）	代码	城市名称（机场名称）	代码
江西九江（庐山机场）	JIU	四川南充（高坪机场）	NAO	重庆万县（万州五桥机场）	WXN
福建晋江（晋江机场）	JJN	黑龙江齐齐哈尔（三家子机场）	NDG	辽宁兴城（兴城机场）	XEN
黑龙江佳木斯（东郊机场）	JMU	浙江宁波（栎社机场）	NGB	湖北襄阳（刘集机场）	XFN
新疆库车（龟兹机场）	KCA	江苏南京（禄口机场）	NKG	四川西昌（青山机场）	XIC
新疆喀什（喀什机场）	KHG	广西南宁（吴圩机场）	NNG	内蒙古锡林浩特（锡林浩特机场）	XIL
江西南昌（昌北机场）	KHN	河南南阳（姜营机场）	NNY		
云南昆明（长水机场）	KMG	上海浦东（浦东机场）	PVG	陕西西安（咸阳机场）	XIY
江西吉安（吉安机场）	KNC	上海（虹桥机场）	SHA	广东梅州（兴宁机场）	XIN
江西赣州（黄金机场）	KOW	辽宁沈阳（桃仙机场）	SHE	福建厦门（高崎机场）	XMN
新疆库尔勒（库尔勒机场）	KRL	湖北荆州（沙市机场）	SHS	青海西宁（曹家堡机场）	XNN
新疆克拉玛依（克拉玛依机场）	KRY	陕西西安（咸阳机场）	XIY	江苏徐州（徐州机场）	XUZ
贵州贵阳（龙洞堡机场）	KWE	广东揭阳（潮汕机场）	SWA	湖北宜昌（三峡机场）	YIH
广西桂林（两江机场）	KWL	广东深圳（宝安机场）	SZX	新疆伊宁（伊宁机场）	YIN
重庆梁平（梁平机场）	LIA	云南普洱（思茅机场）	SYM	山东烟台（蓬莱机场）	YNT
甘肃兰州（中川机场）	LHW	海南三亚（凤凰机场）	SYX	黑龙江鸡西（兴凯湖机场）	JXA
江西九江（庐山机场）	LUZ	山东青岛（流亭机场）	TAO	吉林延吉（朝阳川机场）	YNJ
西藏拉萨（贡嘎机场）	LXA	贵州铜仁（大兴机场）	TEN	云南昭通（昭通机场）	ZAT
内蒙古赤峰（林西机场）	LXI	辽宁辽通（通辽机场）	TGO	甘肃兰州（中川机场）	ZGC
江苏连云港（白塔埠机场）	LYG	山东济南（遥墙机场）	TNA	广东湛江（湛江机场）	ZHA
河南洛阳（北郊机场）	LYA	天津（滨海机场）	TSN	广东珠海（金湾机场）	ZUH
山东临沂（临沂机场）	LYI	安徽黄山（屯溪机场）	TXN	河北秦皇岛（秦皇岛机场）	SHP
甘肃兰州（兰州机场）	LZD	山西太原（武宿机场）	TYN	湖南衡阳（南岳机场）	HNY
广西柳州（白莲机场）	LZH	新疆乌鲁木齐（地窝堡机场）	URC	湖南长沙（黄花机场）	HHA
黑龙江牡丹江（海浪机场）	MDG	陕西榆林（西沙机场）	UYN	北京（首都机场）	PEK
广东梅州（梅县机场）	MXZ	湖北武汉（天河机场）	WUH	新疆哈密（哈密机场）	HMI

4. 国际常用机场及代码（表3-21）

表3-21　国际常用机场及代码

国际机场名称	代码	国际机场名称	代码
东京成田国际机场	NRT	墨尔本国际机场	MEL
东京羽田国际机场	HND	悉尼史密斯国际机场	SYD
首尔仁川国际机场	ICN	伦敦希罗斯国际机场	LHR
曼谷素万那普国际机场	BKK	巴黎戴高乐机场	CDG
吉隆坡国际机场	KUL	柏林泰戈尔机场	TXL
马尼拉国际机场	MNL	纽约肯尼迪机场	JFK
雅加达国际机场	CGK	华盛顿国际机场	DCA
新德里国际机场	DEL	旧金山国际机场	SFO

【技能 3 航空正式报关货物接单业务】

一、获取任务

任务 3：订舱确认后，陈小姐所寄送的服装需要进行报关，相关货物信息、航线与报价信息如下（表 3-22 和表 3-23），请你跟进该项业务，完成航空运输正式报关货物接单业务。

表 3-22 货物信息 2

货物名称	箱数	毛重	尺寸	货物声明价值	包装
服装	1500 箱	714kg	56cm×30cm×40cm	150000 美元	纸箱

表 3-23 航线和报价信息 2

起飞时间	CAN-NRT	单价/(美元/kg)					路线	时效
		+45kg 报价	+100kg 报价	+300kg 报价	+500kg 报价	+1000kg 报价		
2020-09-10 11:00	CZ（南航）	1m³ 的质量≥300kg		14.0	12.5	11.5	CAN—NRT	直飞

（1）订舱确认后，需要及时将货物送到指定地点，请致电通知客户陈小姐何时将货物送往何处。

（2）请致电通知客户陈小姐需要准备的报关资料。

（3）陈小姐表示报关相关单证准备需要时间，希望货物能够当天上午报关通过然后发运，请通知陈小姐最佳的送单时间。

（4）请你为客户陈小姐解答货物的通关流程和时间。

二、体验探究

学生以个人或团队合作的方式，在教师的引导下利用"体验"和"拓展升华"里的学习资料，完成任务中职业任务的体验探究。

1. 体验

（1）接货。货物需要在指定的时间运送到达指定的地点，一般出口货物需运送到航空公司指定的仓库。空运货物要提前一天中午送到仓库，而且货物到达仓库以后才能报关。

① 发货人自送货：空运代理传真"空运货物进仓图"给发货人，注明卸货联系人、电话、仓库地址、收货时间、入仓号，以便将货物及时准确入仓。

② 空运代理接货物：发货人需向货运代理提供具体接货地址、联系人、电话、接货时间等相关信息，以便货运代理准时接货，确保货物及时入仓。

任务中需要通知陈小姐订舱已确认，咨询陈小姐是自行送货还是需要提供接货服务，若自行送货，则需要按照"空运货物进仓图"将货物送到南航指定的仓库中，若需要代理接货，则需要提供具体接货的地址、联系人、电话、接货时间，以便安排人员和车辆进行接货。由于航班是 2020 年 9 月 10 日 11:00 起飞，最好能够提前 2～3 天将货物运送到指定仓库。

（2）航空运输的报关需提供的资料。

① 基础资料。发货公司、地址、发货人、电话；收货公司、地址、收货人、电话；货

物品名、件数、重量、装箱规格和尺寸；货物的中文名称、品牌、型号、用途、材质。

② 海关编码。查阅商品编码，审核商品编码是否与货物相符。

③ 报关所需提供的单据。

一般贸易出口需提供的单据：出口收汇核销单；报关委托书、合同、发票、装箱单；海关要求的监管证件（如 B 证：出境货物通关单）；空运提单（航空公司或者货代公司提供）；载货车辆进闸单（航空公司或者货代公司提供）；航空公司的过磅单（航空公司或者货代公司提供）。

加工贸易出口需提供的单据：出口收汇核销单；报关委托书、出口加工贸易手册（合同）、发票、装箱单；海关要求的监管证件（如 B 证：出境货物通关单）；空运提单（航空公司或者货代公司提供）；载货车辆进闸单（航空公司或者货代公司提供）；航空公司的过磅单（航空公司或者货代公司提供）。

进口报关所需的单证：进口货物报关单；代理报关委托书；商业发票；装箱单；进口许可证/配额；航空运单；其他单证，如加工手册、非木质包装证明、产地证。

客户可自行选择报关行，也可委托货代进行报关，但不论如何，都需要将发货人准备好的所有报关资料及时交给报关行，以便于及时报关，方便货物及早通关以及运输。还需注意的是需要确认货物是否具有进出口权以及产品是否需要配额。

任务中陈小姐的服务属于一般贸易出口，因此需要通知陈小姐准备好出口收汇核销单、报关委托书、合同、发票、装箱单、空运提单、载货车辆进闸单、航空公司的过磅单和海关要求的监管证件，以便顺利地进行报关。

（3）报关行。

① 接单、送单：接收并审核客户报关所需的单证资料，将所需报关的全套单证资料及时交给报关行以便及时报关。

② 预录入：报关行在整理并完善所有报关文件后，将数据录入海关系统，进行预先审核。

③ 申报：预录通过后，可进行正式申报程序，将所有单证交由海关审核。

④ 送单时间：根据航班时间，一般要求中午报关通过的货物单证，最迟需要在当天 10:00 点前交接给报关行；要求在下午报关通过的货物单证，最迟在当天 15:00 点前交接给报关行。否则将影响报关行报关速度，可能导致货物不能进入预计航班，或因情况紧急而造成延迟，货站对于延时的货物，要收取超时费用。

⑤ 报关行一般的工作时间为 8:30～17:30。

⑥ 报关期限和滞纳金。进出口货物的报关期限在《中华人民共和国海关法》（以下简称《海关法》）中有明确的规定，而且出口货物报关期限与进口货物报关期限是不同的。

出口货物的发货人或其代理人除海关允许外，应当在装货的 24h 以前向海关申报。做出这样的规定是为了在装货前给海关以充足的查验货物的时间，以保证海关工作的正常进行。

如果在这一规定的期限之前没有向海关申报，海关可以拒绝接受通关申报，这样，出口货物就得不到海关的检验、征税和放行，无法装货运输，从而影响运输单据的取得，甚至导致延迟装运、违反合同。因此，应该及早地向海关办理申报手续，做到准时装运。

进口货物的收货人或其代理人应当自载运该货的运输工具申报进境之日起 14 天内向海关办理进口货物的通关申报手续。做出这样的规定是为了加快口岸疏运，促使进口货物早日投入使用，减少差错，防止舞弊。

如果在法定的 14 天内没有向海关办理申报手续，海关将征收滞报金。滞报金的起收日期为运输工具申报进境之日起的 15 天；转关运输货物为货物运抵指运地之日起的第 15 天；邮运进口货物为收到邮局通知之日的第 15 天。截止日期为海关申报之日。滞报金的每日征收率为进口货物到岸价格的 0.5‰，起征点为人民币 10 元。计算滞报金的公式为：

$$滞报金总额＝货物的到岸价格×滞报天数×0.5‰$$

滞纳天数：在实际计算纳税期限时，应从海关填发税款缴款书之日的第二天起计算，当天不计入。缴纳期限的最后一日是周六、周日或法定节假日，则关税缴纳期限顺延至周末或法定节假日后的第一个工作日。如果税款缴纳期限内含有周六、周日或法定节假日，则不予扣除。滞纳天数按照实际滞纳天数计算，其中的周六、周日或法定节假日一并计算。

法定纳税期限：应当自海关填发税款缴款书之日起 15 天内缴纳税款，否则海关要征收滞纳金，在实际业务中是从第二天起计算。

滞纳金起征日和截止日：起征日若不涉及法定节假日，起征日应为从海关填发税款缴款书之日起第 17 天。若起征日遇上法定节假日，则顺延到节假日后第二个工作日。滞纳金征收截止日是进口方缴纳税日。

进口货物的收货人自运输工具申报进境之日起超过三个月未向海关申报的，其进口货物由海关提取变卖处理。所得价款在扣除运输、装卸、存储等费用和税款后，尚有余款的，自货物变卖之日起一年内经收货人申请，予以发还；逾期无人申请的，上缴国库。确属误卸或者溢卸的进境货物除外。

任务中陈小姐希望货物能够当天上午报关通过然后发运，报关行一般的工作时间为 8:30～17:30，出口货物应当在装货的 24h 以前向海关申报，根据航班时间 2020 年 9 月 10 日 11:00 起飞，一般需要在中午报关通过的货物单证，最迟需要在当天 10:00 点前交接给报关行，因此陈小姐应在 2020 年 9 月 9 日 10:00 前将相关资料备妥进行申报，尽早完成报关，以便货物按时放行，不影响后续的分拣、装机工作。

（4）海关。

① 审单：海关将根据报关资料审核货物以及单证。

② 查验：抽查或者由货运代理自查，海关查验有可能影响货物通关时间。

③ 征税：海关根据货物的类别，按照国家法律的规定收取税收，并填写核销单，以便货物出口后，货主凭单申请退税。

④ 放行：手续完备后海关将对货物进行放行，在相关单证上加盖海关放行章，交给相关的报关行。

注：空运货物的通关时间，一般情况下为半个工作日。

⑤ 海关工作时间：08:30～12:00，13:30～17:30。

⑥ 海关接单时间：09:00～16:30（黄金周和周六有人加班，但一般不接受申报。通关时间为当天）。

任务中应向陈小姐解释，通关流程首先是海关将根据报关资料审核货物以及单证，同时可能会对货物进行查验，进一步确保单货相符；另外海关会根据货物类别按照国家法律规定征税，同时会填写核销单，货物出口后，可凭单申请退税；接着海关对货物进行放行，货物就可以获准进行下一步的运送了。空运货物的通关时间一般情况下为半个工作日，如果遇到海关查验的话，有可能会影响通关时间。

2. 探究

探究任务：订舱确认后，张先生所寄送的服装需要进行报关，相关货物信息、航线与报价信息如下（表 3-24 和表 3-25），请你跟进该项业务，完成航空运输正式报关货物接单业务。

表 3-24 货物信息 3

货物名称	箱数	毛重	尺寸	货物声明价值	包装
玩具	300 箱	750kg	80cm×40cm×50cm	120000 美元	纸箱

表 3-25 航线和报价信息 3

起飞时间	CAN-NRT	单价					路线	时效
		+45kg 报价	+100kg 报价	+300kg 报价	+500kg 报价	+1000kg 报价		
2020-01-15 9:00	UAL(美国联合航空)	35.0		25.0	23.0	20.0	CAN—LAX	直飞

（1）订舱确认后，需要及时将货物送到指定地点，致电客户张先生时，张先生选择需要代理接货，事先要与张先生沟通的内容有哪些？

（2）请致电通知客户张先生需要准备的报关资料。

（3）张先生表示报关相关单证准备需要时间，要求货物能够顺利发运，希望你能给出最晚的送单时间。

（4）请你为客户张先生解答货物的通关流程和时间。

三、展示分享

学生完成任务后，对自己体验过程中的所获、所感、所思与同学们和教师进行分享。

思考：（1）在航空报关接单业务中，如何能够帮助客户避免滞纳金的产生？

（2）在航空报关接单业务中，你觉得接货重要，还是送单重要？

四、评价感悟

学生在这个过程中不断地自我反思和相互学习，渐悟或顿悟出职业活动中解决问题的最佳方式（表 3-26）。

表 3-26 （   ）班任务训练技能（   ）评价表

被考评组别		被考评组别成员名单				
考评内容						
考评标准	项目	分值/分	小组自我评价（30%）	其他组别评价(平均)（40%）	教师评价（30%）	合计（100%）
	了解接货流程并准确通知客户接货的相关信息	20				
	通知客户报关所准备的资料是否准确	25				
	通知客户送单时间是否准确	20				
	是否能解答客户关于货物的通关流程和时间的疑问	20				
	综合沟通和学习能力	15				
合计		100				

五、拓展升华

1. 报关的种类（表 3-27）

表 3-27　报关分类表

分类方法	报关的种类
按报关对象分类	进出境运输工具报关、货物报关、物品报关
按报关目的分类	进境报关、出境报关
按报关的实施者分类	自理报关、代理报关

2. 报关的对象

按照《海关法》的规定，所有进出境的运输工具、货物、物品都需要办理报关手续，因此报关的具体对象包括以下三类。

（1）进出境运输工具。进出境运输工具主要是指用于载运人员、货物、物品进出境，在国际间运营的各种境内外船舶、车辆、飞机等。

（2）进出境货物。进出境货物主要包括一般进口货物、一般出口货物、保税货物、暂准进出境货物、特定减免税进出口货物、过境货物、转运货物以及其他进出境货物。

（3）进出境物品。进出境物品主要包括进出境的行李物品、邮递物品和其他物品。以进出境人员携带、托运等方式进出境的合理数量的自用物品为行李物品。其他物品主要包括享有外交特权和豁免权的外国机构或人员的公务用品或自用物品，以及通过国际快递企业进出境的物品等。

【任务巩固】

一、填空题（将正确答案填在下面的括号里）

1. 航空运费可以由（　　　）支付、（　　　）支付或（　　　）支付。

2. 航空运费结算的方式都是比较灵活的，主要有（　　　）、（　　　）、（　　　）及（　　　）。

3. 货物的航空运费和声明价值附加费，必须全部（　　　）或全部（　　　）。

4. 运输声明价值超过（　　　）美元或其等值货币的货物需预订舱位。

5. 北京首都机场的三字代码是（　　　）、上海机场的三字代码是（　　　）、洛杉矶国际机场的三字代码是（　　　）。

6. 如果在法定的（　　　）内没有向海关办理申报手续，海关将征收滞报金。

7. 客户可（　　　）选择报关行，也可委托（　　　）进行报关。

8. 按报关目的分类，可分为（　　　）报关和（　　　）报关。

二、判断题（下面说法对的打√，错的打×）

（　　　）1. 航空运输的交接单方式有 9 种。

（　　　）2. 快递员上门收件，确认寄件人是否在运单上签名即可，然后将运单所有联带回，礼貌告别。

（　　　）3. 航空快递即航空急件运输。这种方式特别适用于急需物品、医疗器械、贵重物品、图纸资料、关键零部件、货样、单证等小件物品的快捷运输。

（　　　）4. 烟花、油漆、香水、气压计、电池、打火机、食用油均不能进行国际航空托运。

（　　）5. 接货可以是发货人自送货和空运代理接货物，发货人自送货时发货人需向货运代理提供具体接货地址、联系人、电话、接货时间等相关信息。

（　　）6. 滞报金的每日征收率为进口货物到岸价格的 0.5%，起征点为人民币 10 元。

（　　）7. 抽查或者由货运代理自查，海关查验有可能影响货物通关时间。

（　　）8. 所有进出境的运输工具、货物、物品都需要办理报关手续，因此报关的具体对象包括进出境运输工具、进出境货物、进出境物品。

三、案例选择题

1. 海关于 2020 年 9 月 30 日（周三）填发税款缴款书，纳税人应当最迟于（　　　　）到指定银行缴纳关税。

A、10 月 12 日　　　　B. 10 月 14 日　　　　C. 10 月 15 日　　　　D. 10 月 21 日

2. 某公司从日本进口除尘器一批。该批货物应征关税额为人民币 10000 元，进口环节增值税税额为人民币 40000 元。海关于 2020 年 6 月 12 日（星期五）填发海关专用缴款书，该公司于 2020 年 6 月 30 日缴纳（注：6 月 25 日为端午节，端午假期为 6 月 25 日至 6 月 27 日，6 月 28 日正常上班），应征的税款滞纳金，包括应征关税滞纳金和进口环节增值税滞纳金，应征的税款滞纳金总金额为（　　　　）。

A. 0 元　　　　B. 50 元　　　　C. 100 元　　　　D. 125 元

技能训练任务 3　计算运费

【任务目标】

航空运费是国际航空运输企业将一票货从寄件地运往目的地的运输费用。根据航空运输经营方式的不同，本任务重点介绍国际航空快递运费计算、协议运费计算、国际航协运费计算。通过本任务的学习与实训，同学们能够达成以下目标。

(1) 了解国际航空货物运价体系。

(2) 掌握常用的航空货物运费计算公式。

(3) 掌握航空货物运费计算步骤。

(4) 学会查阅国际航空运输的运价表。

(5) 学会根据实际案例，计算航空运输费用。

【任务准备】

1. 教师课前准备

(1) 教具：教学 PPT、国际航空快递运价表、普通货物运价表、指定货物运价表、指定商品品名编码表、等级货物运价表。

(2) 根据学生情况进行分组。

2. 学生课前任务

(1) 相关知识回顾：毛重、体积重、重货、轻货。

(2) 分别查找 1～2 家国际航空快递企业的运价表和民航货运企业的运价表，进行对比分析。

　　A公司外贸部陈小姐有几批货物需要通过航空运输的方式运往国内外,你目前所担任的职务是某航空运输公司业务部小李,请根据客户需求,为客户计算运费并报价。陈小姐具体需要运输的货物如下。

　　任务1:两箱塑料样品使用航空快递从中国广州运往美国纽约。

　　每箱货物毛重:30kg,每箱体积:50cm×30cm×30cm。

　　任务2:航空协议运价分为长期协议、短期协议、死包板/包舱、软包板/包舱、销售额返还、销售量返还、自由销售。请上网搜索相关协议运价的适用范围并举例。

　　任务3:A公司陈小姐由于业务需要,有三票货要从中国广州通过民航货运运往新加坡三位不同的客户,以下是货物的具体情况,请你作为民航货运公司的业务员,选择合适的运价计算运费并向客户陈小姐报价。

　　第一票情况　货物名称为塑料包装盒样品,数量为1箱,毛重为10kg,体积为50cm×40cm×50cm。

　　第二票情况　货物名称为新鲜橙子,数量为1箱,毛重为15kg,体积为50cm×30cm×40cm。

　　第三票情况　货物名称为印刷杂志,数量为1箱,毛重为20kg,体积为50cm×20cm×30cm。

【任务过程】

【技能1　国际航空快递运费计算】

一、获取任务

　　任务1:两箱塑料样品使用航空快递从中国广州运往美国纽约,根据某国际航空快递公司的报价表,计算运费并报价。具体情况如下。

　　货物共两箱,每箱毛重30kg,每箱体积50cm×30cm×30cm。

　　某国际航空快递公司的报价表(节选)如表3-28所示。

表3-28　某国际航空快递公司的报价表(节选)

分区代码	1	2	3	4	5
主要目的地	韩国、日本	新加坡、菲律宾、泰国、印度尼西亚	英国、法国、德国	埃及、南非	美国、加拿大
首重0.5kg以内	300元	350元	450元	500元	400元
续重,每增加0.5kg,加收	70元	90元	110元	120元	100元

分区代码	1	2	3	4	5
21～44kg	150 元	160 元	230 元	300 元	230 元
45～99kg	140 元	150 元	220 元	290 元	220 元
100～299kg	130 元	140 元	210 元	280 元	210 元
300～500kg	120 元	130 元	200 元	270 元	200 元

注：该月燃油附件费费率为 10%。

二、体验探究

1. 体验

学生以个人或团队合作的方式，在教师的引导下利用"体验"和"拓展升华"里的学习资料，完成任务中职业任务的体验探究。

（1）确定货物毛重。

$$货物毛重＝货物净重＋货物内外包装材料的重量$$

货物毛重一般是通过称量器称量确定，是指货物完成包装后，整个放在称量器称量出的实际重量。一般使用的单位为千克（kg）、磅（lb）、吨（t）等。

根据任务书，已知货物共两箱，每箱毛重 30kg，可计算货物总毛重为：

$$30×2＝60（kg）$$

（2）确定货物体积重。航空货物体积重计算公式：

$$\frac{长×宽×高}{5000}$$

其中，长、宽、高均以厘米（cm）为单位，体积重量单位为千克（kg）；大部分企业除以 5000，也有部分企业除以 6000。

根据任务书，已知货物共两箱，每箱体积 50cm×30cm×30cm，计算货物体积重为：

$$\frac{长×宽×高}{5000}＝\frac{50×30×30}{5000}＝9（kg），9×2＝18（kg）$$

（3）确定计费重量。计费重量的确定方法：比较货物的毛重与体积重，取大者作为计费重量。

根据以上计算，货物毛重 60kg＞货物体积重 18kg，因此计费重量为 60kg。

（4）查运价表。根据目的地国家为美国，查某国际航空快递公司的报价表，计费重量为 60kg 的货物每千克的运价为 220 元人民币。

（5）计算运费。航空运输运费计算公式：航空运输费用＝计费重量×对应的单位运价＋相关附件费用。

根据以上结果，本票货物的航空运输费用为：

$$60×220＋60×220×10\%＝14520（元）$$

或

$$60×220×（1＋10\%）＝14520（元）$$

2. 探究

> 探究任务：A公司贸易部陈小姐有以下货物需通过航空国际快递运往国外，请为陈小姐计算运费，完成以下任务。
>
> 3箱塑料样品需通过航空国际快递从广州运往日本，每箱毛重20kg，每箱体积50cm×50cm×80cm，请计算运费。[运价表参照表3-28某国际航空快递公司的报价表（节选）。]

三、展示分享

> 讨论：
>
> (1) 确定计费重量的关键环节是什么？
>
> (2) 计算运费过程中哪个环节最容易出错？如何避免？

四、评价感悟

学生在这个过程中不断地自我反思和相互学习，渐悟或顿悟出职业活动中解决问题的最佳方式（表3-29）。

表3-29 （   ）班任务训练技能（   ）评价表

被考评组别		被考评组别成员名单				
考评内容						
考评标准	项目	分值/分	自我评价（30%）	小组评价（40%）	教师评价（30%）	合计（100%）
	毛重确定是否正确	20				
	体积重是否准确	30				
	计费重量确定是否准确	20				
	最后计算是否准确	20				
	综合沟通和学习能力	10				
合计		100				

五、拓展升华

1. 航空运输计费重量的精确

航空运输的重量单位一般精确到0.5kg，即重量（以kg为单位）小数点后一位不足0.5kg的按0.5kg计算，超过0.5kg且不足1kg的按1kg计算。

例如：1.25kg计费重量为1.5kg；2.8kg计费重量为3kg。

2. 航空运输重量和尺寸测量的注意事项

(1) 重量和尺寸限制。航空运输公司在运输过程中受搬运、装卸、飞机舱门尺寸、飞机地面最大压强承重等因素的影响，会对每件货物的最大重量、最长边、围长（长、宽、高三边中的两短边之和乘以 2，再加上最长边）会有不同的限制，在测量的时候一定要向航空公司确认清楚，否则影响正常运转。

（2）不规则体积的测量。一般以货物的中心点为中心，从其离中心点最远点测量该件货物的长、宽、高三边。

3. 航空运输的常见的几种附加费用

（1）声明价值附加费。为了保障承运人的经验风险，《华沙公约》对由承运人责任造成的货物灭失、损毁、延误规定了最高赔偿限额。一般的计算方式为：

声明价值附加费＝（货物价值－货物重量×20USD/kg）×声明价值费率（一般为 0.5％）

每家航空货运公司的声明价值附加费的计算方案有所异同，上面列举的是一般计算方式，具体要以每家公司公布的计算方案为准。

（2）燃油附加费。燃油是航空运输的主要成本，受国际燃油价格的影响，航空运输的成本会在一定范围内上下波动。为动态调整运输成本，航空运输企业一般会在一定时期制订相应的燃油附加费费率。

（3）修改地址附加费。由于寄件人或收件人的原因修改地址，其修改地址产生的附加费用由寄件人或收件人承担。

（4）偏远地区附件费。各航空公司会根据超出正常服务范围的货物，按单位重量或每票货的一定费率收取相应的附件费，以维持正常的运输成本。

关于各航空运输公司收取各种附加费的明细，请查阅各公司的服务指南。

【技能 2 航空协议运价】

一、获取任务

> 任务 2：航空协议运价分为长期协议、短期协议、死包板/包舱、软包板/包舱、销售额返还、销售量返还、自由销售。请上网搜索相关协议运价的适用范围，填写在表 3-30 中。

表 3-30 协议运价的适用范围

协议运价类型	子类	适用范围
协议运价	长期协议	
	短期协议	
包板/包舱	死包板/包舱	
	软包板/包舱	
销售返还	销售额返还	
	销售量返还	
自由销售		

二、体验探究

1. 体验

学生以个人或团队合作的方式，在教师的引导下利用"体验"和"拓展升华"里的学习资料，完成任务中职业任务的体验探究（表 3-31）。

表 3-31　航空协议运价分类表

协议运价类型	子类	适用范围	期限
包板/包舱	死包板/包舱	托运人在承运人的航线上通过包板（舱）的方式运输时，托运人无论向承运人是否交付货物，都必须支付协议规定的运费	①长期协议：托运人或代理人长期具有稳定的货物量，并与航空公司签订一年或以上期限的协议。
包板/包舱	软包板/包舱	托运人在承运人的航线上通过包板（舱）的方式运输时，托运人在航班起飞前72h内如果没有确定舱位，承运人则可以自由销售舱位，但承运人对代理人的包板（舱）的总量有一个控制	②短期协议：托运人或代理人近期货物量相对稳定，并与航空公司签订半年或以下期限的协议
销售返还	销售额返还	如果航空货运代理在规定期限内完成了一定的销售额，航空公司则可以按一定的比例返还运费	
销售返还	销售量返还	如果航空货运代理在规定期限内完成了一定的货量，航空公司则可以按一定的比例返还运费	
自由销售		托运人与航空公司按"一票货物一价"签订协议运价	

2. 探究

探究任务：请根据协议运价的分类，为以下业务选择合适的协议运价类别。

(1) 货物量近三年非常稳定，希望与航空公司签订协议运价，获得 2 年以上的优惠价格。

(2) 货物量总体平稳，保持每周有 6 个板的货物量，但偶然 1~2 次会因为客户原因产生缺货。

(3) 货物量非常不稳定，出货量时多时少。

三、展示分享

讨论：(1) 小组代表展示探索任务成果，分享探索过程。

(2) 小组研讨分享：协议运价有什么优势？适用于哪些业务？

四、评价感悟

学生在这个过程中不断地自我反思和相互学习，渐悟或顿悟出职业活动中解决问题的最佳方式（表 3-32）。

五、拓展升华

1. 国际航空货物运价体系（图 3-3）
2. 航空运输的主要成本
设施和设备成本包括购置飞机、租用机场和机位、飞机起降等成本，飞行及其他装载、

表 3-32 (   ) 班任务训练技能 (   ) 评价表

被考评组别		被考评组别成员名单				
考评内容						
考评标准	项目	分值/分	自我评价（30%）	小组评价（40%）	教师评价（30%）	合计（100%）
	任务 2 的协议运价选择是否恰当	50				
	探究任务协议运价选择是否恰当	30				
	团队沟通能力	20				
合计		100				

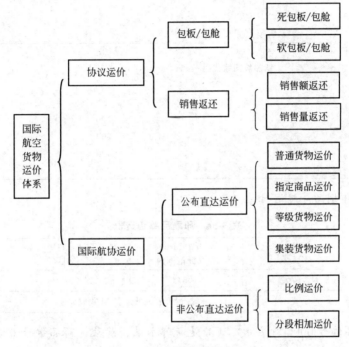

图 3-3 国际航空货物运价体系

装卸等设备的维修和折旧成本，燃油费、润滑油费、保险费等。人工及其他成本包括空勤人员工资、地勤人员工资、行政管理费用、广告宣传、地面运输成本等。此外还有购买航线和航权等分摊成本。

【技能 3 国际航协运价】

一、获取任务

任务 3：A 公司陈小姐由于业务需要，有三票货要从中国广州通过某民航货运公司运往新加坡三位不同的客户，以下是货物的具体情况，请你作为民航货运公司的业务员，选择合适的运价计算运费并向客户陈小姐报价，暂不考虑附加费。

第一票情况　货物名称为塑料包装盒样品，数量为 1 箱，毛重为 10kg/箱，体积为 50cm×40cm×50cm。

第二票情况　货物名称为新鲜橙子，数量为 30 箱，毛重为 15kg/箱，体积为 50cm×30cm×40cm。

第三票情况　货物名称为印刷杂志，数量为 1 箱，毛重为 20kg/箱，体积为 50cm×20cm×30cm。

表 3-33 是某民航货运企业的运价表（节选）。

表 3-33　某民航货运企业的运价表（节选）1

GUANGZHOU	CN		CAN
广州	中国国家代码		广州代码
Y. RENMINBI	CNY		KGS
人民币	人民币简称		千克
SINGAPORE	SG	M	200.00
新加坡	新加坡国家代码		
		N	35.00
		45	30.00
		100	25.00
		300	20.00
	0008	400	16.00
	0300	300	18.00

表 3-34 是印刷品等级运价。

表 3-34　印刷品等级运价

航区	TC1 1 区	Within Europe 在欧洲范围内	TC1～TC2 1～2 区	其他航区
等级运价	N×67%	N×67%	N×67%	50%GCR
最低运费	按运价表最低运费 M 收取			

其中，商品编号 0008 对应指定商品是新鲜水果、蔬菜；商品编号 0300 对应指定商品是鱼、海鲜、海产品。

二、体验探究

1. 体验

学生以个人或团队合作的方式，在教师的引导下利用"体验"和"拓展升华"里的学习资料，完成任务中职业任务的体验探究。

（1）分析三票货适用的运价。

① 国际航协运价分类、适用范围及举例（表 3-35）。

② 运价使用顺序。在航空运输中，运价的一般使用顺序如图 3-4 所示。

③ 根据货物实际情况，选择合适的运价。

第一票情况　货物名称为塑料包装盒样品，应选用普通货物运价。

第二票情况　货物名称为新鲜橙子，应选用指定商品运价。

第三票情况　货物名称为印刷杂志，应选用等级货物运价。

表 3-35　国际航协运价分类、适用范围及举例表

分类	运价名称	英文名称/简称/代码	适用范围	举例
公布直达运价	普通货物运价	General Cargo Rate 简称 GCR	非指定商品、等级货物	玩具、纸箱、塑料制品等
	指定商品运价	Specific Commodity Rate 简称 SCR 代码 C	批量大、季节性强、单位价值小等的货物	水果、蔬菜、海鲜、纺织品、金属、化工品、纸张、精密仪器等
	等级货物运价	Commodity Class Rate 简称 CCR 代码 S(surcharge class rete) 附加,或非附加减等级货物 代码 R(reduce class rete) 附加减等级货物	在时效、储存温度、货物性质、价值方面存在特殊性的货物	活体动物、贵重物品、印刷品、行李物品、尸体、骨灰等
	集装货物运价	Unit Load Device Rate 简称 ULD Rate	货物组合在一个集装板、集装箱,作为一个集装单元组织运输	集装器、集装板货物、集装箱货物
非公布直达运价	比例运价	Construction Rate	货物的始发站至目的站无公布直达运价时使用	始发站或目的站中至少有一个地点是一个很小的地方
	分段相加运价	Combination of Rates and Charges	货物始发站至目的站无公布直达运价,且不适用比例运价时,则用分段相加的方式计算全程组合的最低运价	国内运价和过境运价

图 3-4　运价使用顺序图

（2）确定计费重量。比较毛重和体积重，取大者作为计费重量：

第一票情况　数量为 1 箱，毛重为 10kg/箱，体积重为 $50 \times 40 \times 50 \div 5000 = 20$（kg），毛重＜体积重，则计费重量为 20kg。

第二票情况　数量为 30 箱，毛重为 15kg/箱，总毛重为 $15 \times 30 = 450$（kg），体积重为 $50 \times 30 \times 40 \div 5000 = 12$（kg），毛重＞体积重，则计费重量为 450kg。

第三票情况　数量为 1 箱，毛重为 20kg/箱，体积重为 $50 \times 20 \times 30 \div 5000 = 6$（kg），毛重＞体积重，则计费重量为 20kg。

（3）确定运价，并计算运费。

第一票情况　计费重量为 20kg，应选用普通货物运价，对应的运价为 GCR N CNY35.00/kg。

运费：$20 \times 35 = $ CNY700.00。

第二票情况　计费重量为 450kg，应选用指定商品运价，对应的运价为 SCR 0008 Q200 CNY16.00/kg。

运费：$450 \times 16 = $ CNY7200.00。

第三票情况　计费重量为 20kg，应选用等级货物运价，中国广州到新加坡属于 TC3 区（其他区），对应的运价为 50%GCR，查运价表得运价为 CNY35.00/kg×50%＝CNY17.50/kg。

运费：$20 \times 17.50 = $ CNY350.00。

2. 探究

B公司吕先生由于业务需要，有三票货要从中国广州通过民航货运运给英国伦敦三位不同的客户，以下是货物的具体情况，请你作为民航货运公司的业务员，选择合适的运价计算运费并向客户吕先生报价。

探究任务1：货物名称为纸盒包装样品，数量为1箱，毛重为5kg/箱，体积为50cm×60cm×30cm。

探究任务2：货物名称为鲜花，数量为15箱，毛重为20kg/箱，体积为50cm×60cm×50cm。

探究任务3：货物名称为黄金制品，数量为1箱，毛重为30kg/箱，体积为50cm×40cm×30cm。

表3-36是某民航货运企业的运价表（节选）。

表3-36　某民航货运企业的运价表（节选）2

GUANGZHOU 广州	CN		CAN
Y. RENMINBI 人民币	CNY		KGS
GREAT BRITAIN 英国	GB	M	500.00
		N	50.00
		45	45.00
		100	40.00
		300	35.00
	1401	300	30.00
	2199	500	25.00

表3-37是贵重物品等级运价。

表3-37　贵重物品等级运价

航区	TC1、TC2、TC3
等级运价	200%GCR
最低运费	200%M，且不低于50美元

其中，商品编号1401对应指定商品：鲜花、植物、种子；商品编号2199对应指定商品：服装、纺织品、纺织原料。

三、展示分享

讨论：（1）小组代表展示探索任务成果，分享探索过程。

（2）小组研讨分享。

① 如何快速确定货物合适的运价？

② 如果计算结果低于最低运价，应该如何处理？

四、评价感悟

学生在这个过程中不断地自我反思和相互学习，渐悟或顿悟出职业活动中解决问题的最

佳方式（表 3-38）。

表 3-38 （　　）班任务训练技能（　　）评价表

被考评组别		被考评组别成员名单				
考评内容						
考评标准	项目	分值/分	自我评价（30%）	小组评价（40%）	教师评价（30%）	合计（100%）
	根据货物实际情况,选择合适的运价	20				
	确定计费重量	20				
	确定运价	20				
	计算运费	30				
	小组合作与沟通能力	10				
合计		100				

五、拓展升华

1. 最低运价

由于航空运输在装卸、搬运、空中运输等过程中产生较高的固定成本，如果一票货的货物较轻或体积较少，按照计费重量计算得出的运费有可能会少于最低运价 M。此时，为了覆盖航空运输一票货的最低成本，航空运输企业会按最低运价 M 收费。如在探究任务 1 中，如货物的计费重量是 5kg，则运费为 50×5＝250（元），低于最低运价 M（500 元），此时，运费应收取低于最低运价 M（500 元）。

2. 位于临界点的运价

例：B 公司吕先生由于业务需要，有一票货要从中国广州通过民航货运运给英国伦敦客户，以下是货物的具体情况，请你作为民航货运公司的业务员，选择合适的运价计算运费并向客户吕先生报价。

货物名称为纸盒包装样品，数量为 1 箱，计费重量为 90kg。

表 3-39 是某民航货运企业的运价表（节选）。

表 3-39　某民航货运企业的运价表（节选）3

GUANGZHOU 广州	CN		CAN
Y. RENMINBI 人民币	CNY		KGS
GREAT BRITAIN 英国	GB	M	500.00
		N	50.00
		45	45.00
		100	40.00
		300	35.00
	1401	300	30.00
	2199	500	25.00

（1）计费重量为 90kg，应选用普通货物运价，对应的运价为 GCR N CNY45.00/kg。运费：90×45＝CNY4050。

（2）如采用较高临界点的运价，则计费重量为100kg，应选用普通货物运价，对应的运价为 GCR100 40.00CNY/kg。

运费：100×40＝CNY4000。

两种计算比较，第（2）种计算运费较低，可以作为收取的运费。

3. 指定商品编码（表3-40）

表 3-40　国际航空运输协会公布指定商品品名编号

编号	货物名称
0001～0999	食用动物和植物产品
1000～1999	活动物、非食用动物及植物产品
2000～2999	纤维及其制品
3000～3999	金属及其制品，但不包括机械、车辆和电器设备
4000～4999	机械、车辆和电器设备
5000～5999	非金属矿物质及其制品
6000～6999	化工品及相关产品
7000～7999	纸张、芦苇、橡胶和木材制品
8000～8999	科学、精密仪器、器械及配件
9000～9999	其他货物

【任务巩固】

某商贸集团李先生有以下业务要运往国外，如果你是业务员小周，请为客户选择合适的运价进行计算运费。

（1）四箱玩具样品使用航空快递从中国广州运往德国，根据某国际航空快递公司的报价表，计算运费并报价。具体详细情况如下，每箱毛重25kg，每箱体积50cm×50cm×40cm，某国际航空快递公司的报价表（节选）见表3-41。

表 3-41　某国际航空快递公司的报价表（节选）

分区代码	1	2	3	4	5
主要目的地	韩国、日本	新加坡、菲律宾、泰国、印度尼西亚	英国、法国、德国	埃及、南非	美国、加拿大
首重0.5kg以内	300元	350元	450元	500元	400元
续重，每增加0.5kg，加收	70元	90元	110元	120元	100元
21～44kg	150元	160元	230元	300元	230元
45～99kg	140元	150元	220元	290元	220元
100～299kg	130元	140元	210元	280元	210元
300～500kg	120元	130元	200元	270元	200元

备注：该月燃油附件费费率为10%。

（2）运5箱机器配件到泰国，根据某民航货运公司的报价表，计算运费并报价。具体详细情况如下，一共3箱，每箱毛重16kg，每箱体积50cm×40cm×15cm，暂不考虑其他附加费，表3-42是某民航货运企业的运价表（节选）。

表 3-42　某民航货运企业的运价表（节选）4

GUANGZHOU	CN		CAN
广州			
Y. RENMINBI	CNY		KGS
人民币			
THAILAN	TH	M	200.00
泰国			
		N	35.00
		45	30.00
		100	25.00
		300	20.00
	0008	400	16.00
	0300	300	18.00

技能训练任务 4　单证处理

【任务目标】

所有货物进出口任何国家和地区都要受到当地海关部门的监管，需要提供相关的单证办理进出口手续。物流企业在办理单证方面的业务水平直接影响物流运输的服务质量、清关和货物的运输效率。通过本任务的学习与实训，同学们能够达成以下目标。

(1) 了解快件类货物出口所需单证文件。

(2) 了解正式报关货物出口所需单证文件。

(3) 学会填写商业发票、装箱单、运单、报关单等常用单证文件。

【任务准备】

1. 教师课前准备

(1) 教具：教学 PPT、国际航空运输常用商业发票、装箱单、运单、报关单。

(2) 根据学生情况进行分组。

2. 学生课前任务

(1) 相关知识回顾：公司名、地址、货物描述的相关应用词语，毛重与体积重的表述规范、航空运费计算。

(2) 分别查找 1~2 家国际航空运输企业的商业发票、装箱单、运单，进行对比学习。

任务书

A 公司外贸部陈小姐有两批货物需要通过航空运输的方式运往国内外，你目前所担任的职务是某航空运输公司单证文件部小李，请指导客户填写相关单证。陈小姐具体需要运输的货物如下。

任务1：一票纸质包装盒样品从中国广州运往美国。

任务2：一票 500 箱玩具货物从中国广州运往美国，需要做正式报关。

【任务过程】

【技能1 航空运输进出口快件单证】

一、获取任务

任务1：广州 A 贸易公司陈小姐有一票纸包装盒样品从中国广州运往美国，具体信息如下。

寄件人资料

公司名称：广州 A 贸易公司 （Guangzhou A Trade Co. Ltd）

公司地址：NO. ×××Zhongshan Road，Liwan District，Guangzhou，China （邮编：510163）

公司电话：(86-020) 8×××××××

寄件人姓名：陈红

收件人资料

公司名称：New York B Co. Ltd

公司地址：NO. ×××13Street，NY 10018，USA （邮编：10018）

公司电话：001-7××-5××-××××

收件人姓名：Tommy

货物信息

品名：纸包装盒样品 （E01） (paper box sample E01)

原料：纸 （paper）

箱数：1 箱 （1package）

包装：纸箱 （Carton）

数量：6 件/箱 （6Pieces/package）

单价：2 美元/件 （2USD/PC）

毛重：10kg/package

净重：9kg/package

尺寸：30cm×40cm×50cm/箱

生产商：与寄件人相同 （same as shipper）

货物运单号码：AWB81××××××

唛头：N/M

其他信息

运费：寄件人付现金

关税：收件人付现金

目的地机场代码：JFK

货物出口日期：SEP.1，2020

合同协议号：S/C 38×××

货物存放地点：广州白云国际机场货运部 A 舱

成交方式：CIF

报关人员：张力

请根据以上信息，解决以下问题：

1. 出口快件需要准备哪些单证文件？

2. 如何填制相关单证文件？

二、体验探究

1. 体验

学生以个人或团队合作的方式，在教师的引导下利用"体验"和"拓展升华"里的学习资料，完成任务中职业任务的体验探究。

（1）出口快件需要准备的单证文件。根据《中华人民共和国海关进出境快件监管办法》确定的分类标准，进出口快件分为四类（表 3-43）。

表 3-43　进出口快件所需主要单证文件及相关要求

快件分类	具体物品	所需清关文件及相关要求
A 类快件	文件类快件	报关单（或由快递公司集报关）、单运
B 类快件	现行法规规定予以免税的快件	报关单（或由快递公司集报关）、商业发票、装箱单、运单
C 类快件	超过现行法规规定的免税范围,但不超过 5000 元的应税物品（禁止、限制进出口的物品除外）	报关单、商业发票、装箱单、运单、交纳相应的关税
D 类快件	上述三类以外的快件	报关单、商业发票、装箱单、运单、销售合同、预报舱单、其他相关的正式报关文件,提供后办理正式报关手续、交纳相应的关税

由此可见，陈小姐出口 1 箱纸包装盒样品，申报价值共 12 美元，应属于 B 类快件，客户需要准备好报关单、商业发票、装箱单和运单。

（2）商业发票、装箱单的作用。

① 商业发票的作用。商业发票是买卖双方交易的合法证明文件；商业发票让进口商较为全面地了解和掌握装运货物的情况；商业发票是作为进口商记账、进口报关、海关统计和报关纳税的依据。

② 装箱单的作用。装箱单是用以说明货物包装明细的清单；装箱单可以保持发票内容，详细记录货物的包装方式、货物描述、货物规格、数量、重量、尺寸等内容，便于收件人或海关等有关部门对货物的核准。

（3）商业发票、装箱单的填制。

① 商业发票、装箱单的填制要点如下。

填写国际空运提单号码：依据国际航空运单号码提供，须与空运提单号码一致；

填制出口日期：货物出口日期；

填写发货人的完整信息：主要包括发货人公司名称和完整的地址和邮编、出口国家、发货人姓名、联系方式；

填写收货人的完整信息：主要包括收货人公司名称和完整的地址和邮编、出口国家、收货人姓名、联系方式；

填写出口国家：货物实际出口国家名称；

填写出口原因：如作为样品，填写"SAMPLE NOT FOR RESALE"；如作为销售用途填写"FOR SALE"；如作为私人物品填写"PERSONAL ISSUE"；

填写货物原产地：如实填写货物原产地名称，某些目的地海关对相关受惠国有海关优惠政策，需同时提供《原产地声明》；

填写唛头：唛头一般要与货物包装一致，以便接受海关查验，实现单货一致。唛头一般包括公司简称、商品编码、目的港、原产国、箱数编码等；

填写货物描述：包括货物名称、主要成分和用途；

填写海关编码：根据货物的名称查找海关编码目录，确定海关编码；

填写箱数：货物完成外包装后的货物件数或箱数；

填写包装类型：填写货物是用纸箱、木箱、铁箱或其他包装，是否有加托板组合运输；

填写每箱货物的重量、体积：填写每箱货物的重量指的是货物毛重（包括货物净重和内外包装的总重量）；体积是指货物长、宽、高的长度（主要用米、厘米或英寸为单位），或货物的总体积；

填写货物的总重量、总体积：总重量填写一票货中各种货物毛重合计；总体积填写一票货中各种货物的体积合计；

填写每种商品的件数：一般填写每箱货物的件数；

填写每种商品的单价：填写一件商品的单价及币种；

填写每种商品的总价：指每种单价与货物总量的乘积；

填写所有商品的总价：指每种商品单价之和；

填写原产地国家：填写每种商品的制造国家；

发货人签章：发货人签名或盖章；

货币种类和结算方式：注明币种及结算方式。现行的银行结算方式包括银行汇票、商业汇票、银行本票、支票、汇兑、委托收款、异地托收承付结算等。

② 商业发票的填制样式如下（表3-44）。

表3-44 商业发票样本

COMMERCIAL INVOICE
（商业发票）
INTERNATIONAL AIR WAYBILL NO(国际空运提单号码)：__AWB81×××××× _____
DATE OF EXPORTATION(出口日期)：_____ SEP.1,2020 _____

SHIPPER'S INFORMATION(发货人信息)	CONSIGNEE'S INFORMATION(收货人信息)
(NAME, COMPANY'S NAME, ADDRESS, POST CODE,PHONE NUM)	(NAME,COMPANY'S NAME,ADDRESS,POST CODE, PHONE NUM)
CHENHONG _____	TOMMY _____
TEL:(86-020)8×××××××	001-7××-5××-××××

GUANGZHOU A TRADE CO. LTD	NEW YORK B CO. LTD
NO. ××× ZHONGSHAN ROAD,	NO. ××× 13STREET,
LIWAN DISTRICT	NY10018
GUANGZHOU, CHINA	USA
510163	

COUNTRY OF EXPORT(出口国家)：　　　　PEOPLE'S REPUBLIC OF CHINA

REASON FOR EXPORT(出口原因)：　　　　SAMPLE NOT FOR RESALE

COUNTRY OF ORIGIN 原产国国家	MARKS	NO. OF PKG 箱数	TYPE OF PACKING 包装类型	FULL DESCRIPTION OF GOODS 货物的详细描述（品名、成分、用途）	HS CODE 海关编码	QTY 数量	UNIT OF MEASURE 尺寸	WEIGHT 重量	UNIT VALUE 单价	TOTAL 总价
PEOPLE'S REPUBLIC OF CHINA	N/M	1PKG	CARTON	PAPER BOX SAMPLE, MADE OF PAPER, USE FOR PACKING	—	6 PCS	30cm×40cm×50cm /PKG	10kg /PKG	2USD /PC	12USD

TOTAL PKGS：1PKG　　　　　TOTAL WEIGHT：10KG　TOTAL VALUE：12USD

I DECLARE ALL THE INFORMATION CONTAINED IN THE INVOICE TO BE TRUE AND CORRECT.

（我声明商业发票所提供的信息是真实并正确的）

SIGNIATURE OF SHIPPER/EXPORTER.　　　　CHENGHONG

（寄件人/出口商签名）

DATE：　　　　SEP.1,2020

（日期）

2. 探究

　　探究任务：请根据任务书及以上内容，指导陈小姐填写一份装箱单（表3-45）和空运提单（表3-46）。

表3-45　装箱单

PACKING LIST（装箱单）

Sender's name（寄件人姓名）　　　　　　　　Consignee's name（收件人姓名）

Company's name（寄件人公司名）　　　　　　Company's name（收件人公司名）

Company's address（寄件人公司地址）　　　　Company's address（收件人公司地址）

Telephone Number(寄件人公司电话)			Telephone Number(收件人公司电话)		

Full Description of Goods 详细的商品名称	Manufacturer 生产厂商	No. of PKGS 箱数	No. of Items 每箱数量	Weight 重量	Size 每箱尺寸
合计					

I declare that the above information is true and correct to the best of my knowledge and that the goods are of _____ origin.

(本人确认以上提供的资料属实和正确,货物原产地是)

Reason for Export(出口理由) _____ .

表 3-46 空运提单

(1A)	(1)	(1B)		(1A)	(1B)
Shipper's Name and Address		Shipper's Account Number			
(2)		(3)	Copies 1,2 and 3 of this Air Waybill are originals and have the same validity.		
Consignee's Name and Address		Consignee's Account Number	It is agreed that the goods described herein are accepted for carriage in apparent good order and condition (except as noted)and subject to the conditions of contract on the reverse hereof. All goods may be carried by and other means including road or any other carrier unless specific contrary instructions are given hereon by the shipper. The shipper's attentionis drawn to the notice concerning carrier's limitation of liability. Shipper may increase such limitation of liability by declaring a higher value for carriage and paying a supplemental charge if required.		
(4)		(5)银行账户			
Issuing Carrier's Agent Name and City 承运人代理名称和城市			Accounting Information(10)结算注意事项		
(6)					
Agent's IATA Code		Account No.	现金、支票、旅行证号、原运单号		
(7)代理人航协代号		(8)			
Airport of Departure(Addr. of First Carrier) and Requested Routing					
(9)始发机场(全称)和航线					

To 目的地	By First Carrier Routing and Destination 第一程承运人（全称或代码）	To 第二中转站（代码）	By 第二承运人代码	To	By	Currency 币种	CHGS Code 支付方式	WT/VAL		Other		Declared Value for Carriage	Declared Value for Customs
								PPD	COLL	PPD	COLL		
(11A)代码	(11B)	(11C)	(11D)	(11E)	(11F)	(12)	(13)	(14A)	(14B)	(15A)	(15B)	(16)	(17)

Airport of Destination	Flight/Date For carrier Use Only Flight/Date		Amount of Insurance	Insurance-If Carrier offers insurance, and such insurance is(20A) requested in accordance with the conditions there-of, indicate amount (20B) to be insured in figures in box marked "Amount of Insurance. "
(18)目的地机场（全称）	(19A)	(19B)	(20)	

Handing Information 操作信息（仓储或运输中的注意事项）

(21)

(For USA only)These commodities licensed by U. S. for ultimate destination…………………………………………
Diversion contrary to U. S. law is prohibited(21A)

No of Pieces RCP	Gross Weight	kg lb	Rate Class		Chargeable Weight	Rate Charge	Total	Nature and Quantity of Goods (incl. Dimensions or Volume)
				Commodity Item No.				
(22A)	(22B)	(22C)	(22D)					
				(22E)			(22H)	(22I)
(22J)	(22K)				(22F)	(22G)	(22L)	

Weight Charge		Other Charges	
Prepaid	Collect		
(24A)	(24B)		
Valuation Charge(声明价值附加费)保价费			
(25A)	(25B)	(23)	
Tax			
(26A)	(26B)		
Total other Charges Due Agent		Shipper certifies that the particulars on the face hereof are correct and that insofar as any part of the consignment contains dangerous goods, such part is properly described by name and is in proper condition for carriage by air according to the applicable Dangerous Goods Regulations.	
(27A)	(27B)		
Total other Charges Due Carrier			
(28A)	(28B)	(31)	
Untitled Box (29A)	Untitled Box (29B)	………………………………………………………… Signature of Shipper or his Agent	
Total Prepaid	Total Collect		
(30A)	(30B)	(32A) (32B) (32C)	
Currency Conversion Rates	CC Charges in Dest. Currency		
(33A)	(33B)	………………………………………………………… Executed on(date) at(place) Signature of Issuing Carrier or its Agent	
For Carrier's Use only at Destination (33)	Charges at Destination	Total Collect Charges	
	(33C)	(33D)	

Signature （签名）：_____

Stamp （公章）：_____

三、展示分享

> 讨论：（1）小组代表展示探索任务成果，分享探索过程。
> （2）小组研讨分享，商业发票、装箱单、运单有哪些相同点和不同点。

四、评价感悟

学生在这个过程中不断地自我反思和相互学习，渐悟或顿悟出职业活动中解决问题的最佳方式（表 3-47）。

表 3-47 （　　　）班任务训练技能（　　　）评价表

被考评组别		被考评组别成员名单			
考评内容					
考评标准	项目	分值/分	自我评价（30%）	小组评价（40%）	教师评价（30%）	合计（100%）
	准确填制装箱单	40				
	准确填制运单	40				
	团队沟通与写作能力	20				
合计		100				

五、拓展升华

1. 航空货运单各栏填制说明

（1）始发站：填写国际航空运输协会出发机场（或不知道机场名称的城市）的三个字母代码。

（1A）航空公司代码：填写承运人三位数字的国际航空运输协会航空代码。

（1B）序列号/运单号。

（2）托运人（发货人/寄件人）的名称和地址：填写托运人（发货人/寄件人）的名称、地址和国家；下面可填写一种或多种联系方式（电话、电传）。

（3）托运人（发货人/寄件人）账号：托运人（发货人/寄件人）与国际航空运输公司签署运费月结等有关协议，在国际航空运输公司备案登记的月结账户号码。

（4）收货人（收件人）的名称和地址：填写收货人（收件人）的名称、地址和国家；下面可填写一种或多种联系方式（电话、电传）。

（5）收货人（收件人）账号：收货人（收件人）与国际航空运输公司签署运费到付月结等有关协议，在国际航空运输公司备案登记的月结账户号码。

（6）承运人代理名称和城市：填写承运人的国际航空运输协会货运代理的名称和地点（机场或城市）。

（7）代理的国际航空运输协会代码。

（8）国际航空运输协会货运代理的账户。

（9）始发机场（全称）和航线。

（10）结算注意事项。

（11A）由第一承运人送到：填写目的地机场或第一个中转点的国际航空协会三个字母代码。

（11B）由第一承运人运送：填写第一承运人名称（全称或 IATA 双字符代码）。

（11C）由第二承运人送到：填写目的地机场或第二个中转点的国际航空协会三个字母代码。

（11D）由第二承运人运送：填写第二承运人名称（全称或 IATA 双字符代码）。

（11E）由第三承运人送到：填写目的地机场或第三个中转点的国际航空协会三个字母代码。

（11F）由第三承运人运送：填写第三承运人名称（全称或 IATA 双字符代码）。

（12）货币：填写出发国适用货币的 ISO 三个字母代码。除在（33A）至（33B）中输入"以目的地货币收费"的金额外，航空运单上输入的所有金额均应使用出发国适用货币。

（13）收费代码——仅限于承运人使用。以电子方式传送航空货物运单数据时，此框应使用下列代码之一完成。

CA：部分信用证到付，部分预付现金；

CB：部分信用证到付，部分预付信用证；

CC：全部费用到付；

CE：部分信用卡到付，部分预付现金；

CG：所有费用通过 GBL 收取；

CH：部分信用卡到付，部分预付信用证；

CP：目的地到付现金；

CX：目的信用证到付；

CZ：所有费用通过信用卡收取；

NC：免费；

NG：无重量费用，其他费用通过 GBL 预付；

NP：无重量费用，其他费用通过现金预付；

NT：无重量费用，其他费用使用到付；

NX：无重量费用，其他费用通过预付信用证；

NZ：无重量费用，其他费用通过预付信用卡；

PC：部分现金预付，部分现金到付；

PD：部分预付信用证，部分现金到付；

PE：部分预付信用卡，部分现金到付；

PF：部分预付信用卡，部分信用卡到付；

PG：全部费用通过 GBL 预付；

PH：部分信用卡预付，部分信用证到付；

PP：所有费用预付现金；

PX：所有费用通过信用证预付；

PZ：所有费用通过信用卡预付。

（14A）重量/计费重量 PPD（预付）。

（14B）重量/计费重量 COLL（到付）。

（15A）其他始发地收费（预付）。

（15B）其他始发地收费（到付）。

（16）向承运人的申报价值：寄件人填写向承运人申报的货物价值，如无申报价值填写

"NCV"或留空该空格。

（17）向海关的申报价值：寄件人填写向海关申报的货物价值，如无申报价值填写"NCV"或留空该空格。

（18）目的地机场（全称）：最后承运人的目的地机场。

（19A）请求订舱航班/日期。

（19B）承运人确定订舱航班/日期。

（20）保险金额。

（21）操作信息（仓储或运输中的注意事项）：按照参与承运人的要求去填写清楚、简明的信息。

（22）These commodities licensed by U. S. for ultimate destination 这些商品经美国授权最终目的地；Diversion contrary to U. S. law is prohibited 禁止违反美国法律的转移。

（22A）件数。

（22B）毛重（含货物净重及货物内外包装的总重量）。

（22C）重量单位：千克/磅。

（22D）运价等级。根据以下代码之一填入。

M：最低收费；

N：普通运价；

Q：数量运价；

B：基本费用（选用）；

K：每千克运价（选用）；

P：全球有限服务费率；

C：指定商品运价；

R：等级运价（降低相应百分比）；

S：等级运价（增加相应百分比）；

U：装载设备单元基础收费或费率；

E：装载设备单元附加费；

X：装载设备单元附加信息；

Y：装载设备单元折扣优惠；

W：超重收费。

（22E）商品编码。

（22F）计费重量（一般情况，比较毛重和体积重，取大者）。

（22G）费率/收费。

（22H）各项小计费用。

（22I）货物的性质和数量（包括尺寸和体积）。

（22J）总件数。

（22K）总毛重。

（22L）所有项目合计费用。

（23）其他费用。

（24A）计费重量：预付。

（24B）计费重量：到付。

（25A）声明价值附加费：预付。

（25B）声明价值附加费：到付。

（26A）关税：预付。

（26B）关税：到付。

（27A）交代理人的其他费用总额：预付。

（27B）交代理人的其他费用总额：到付。

（28A）交承运人的其他费用总额：预付。

（28B）交承运人的其他费用总额：到付。

（29A）无标记箱子：预付。

（29B）无标记箱子：到付。

（30A）预付合计。

（30B）到付合计。

（31）寄件人或其代理人签章。

（32A）生效日期。

（32B）地点。

（32C）承运人或其代理人签章。

（33）在目的地仅限于承运人使用。

（33A）货币兑换比率。

（33B）以目的地货币结算收取的费用，换算到付金额。

（33C）目的地费用。

（33D）合计收取费用（33B＋33C）。

2. 巧记商品编码进行商品归类

自然世界动植矿，一二五类在取样；

三类四类口中物，矿产物料翻翻五；

化工原料挺复杂，打开六类仔细查；

塑料制品放第七，橡胶聚合酯烷烯；

八类生皮合成革，箱包容套皮毛造；

九类木秸草制品，框板柳条样样行；

十类木浆纤维素，报刊书籍纸品做；

十一税则是大类，纺织原料服装堆；

鞋帽伞杖属十二，人发羽毛大半归；

水泥石料写十三，玻璃石棉云母黏；

贵金珠宝十四见，硬币珍珠同类现；

十五查找贱金属，金属陶瓷工具物；

电子设备不含表，机器电器十六找；

光学仪器十八类，手表乐器别忘了；

武器弹药特别类，单记十九少劳累；

杂项制品口袋相，家具文具灯具亮；

玩具游戏活动房，体育器械二十讲；

二十一类物品贵，艺术收藏古物类；

余下运输工具栏，放在十七谈一谈；

商品归类实在难，记住大类第一环。

【技能 2　航空运输正式报关货物单证】

一、获取任务

> 任务 2：一票 500 箱玩具货物从中国广州运往美国，经确认，属于一般贸易，需要做正式报关。请列举所需要的单证。
>
> 境内发货人：陈红　　　　　　　　　　境外收货人：TOMMY
> 消费使用单位：New York B Co. Ltd　　合同协议号：S/C 38×××
> 　　（纽约 B 有限公司）
> 毛重：20kg/箱（每箱 10 件玩具）　　出口口岸：广州白云机场
> 运输方式：航空运输　　　　　　　　监管方式：一般贸易
> 贸易国（地区）：美国　　　　　　　运单号码：AWB81×××××
> 出口日期：2020 年 9 月 1 日　　　　申报日期：2020 年 9 月 1 日
> 货物存放地点：广州白云国际机场货运部 A 舱　启运地：广州白云机场
> 总毛重：10000kg　　　　　　　　　成交方式：CIF
> 申报价值：100 美元/件　　　　　　录入员：陈红
> 保管员：张力

二、体验探究

1. 体验

学生以个人或团队合作的方式，在教师的引导下利用"体验"和"拓展升华"里的学习资料，完成任务中职业任务的体验探究。

货物属于一般贸易报关，需要的单证如下。

出口收汇核销单；报关委托书，合同，发票，装箱单；海关要求的监管证件（如 B 证：出境货物通关单）；空运提单（航空公司或者货代公司提供）；载货车辆进闸单（航空公司或者货代公司提供）；航空公司的过磅单（航空公司或者货代公司提供）。

2. 探究

> 探究任务：请根据任务 2 的相关信息，填写一份海关出口货物报关单（表 3-48）。

三、展示分享

学生完成任务后，对自己体验过程中的所获、所感、所思与同学们和教师进行分享。

> 思考：一般贸易出口和加工贸易出口所需要的单证有何异同？

四、评价感悟

学生在这个过程中不断地自我反思和相互学习，渐悟或顿悟出职业活动中解决问题的最

表 3-48 中华人民共和国海关出口货物报关单

预录入编号：　　　　　　　　　　海关编号：

境内发货人：	出口口岸：	出口日期：	申报日期：	备案号：
境外收货人：	运输方式：	运输工具名称及航次：	运单号码：	货物存放地点：
消费使用单位：	监管方式：	征免性质：	许可证号：	启运地：
合同协议号：	贸易国（地区）：	启运国：	经停地：	入境口岸：
包装种类：	件数：	毛重/kg：	净重/kg：	成交方式：	运费：	保费：	杂费：
随附单证及备注：				
标记唛码及备注：				

项号	商品编号	商品名称及规格型号	数量及单位	单价（总价）/币制	原产国（地区）	最终目的国（地区）	出口地	征免

| 兹申明对以上内容承担如实申报、依法纳税之法律责任 申报单位（盖章） | 海关批注及签章 |

录入员：　　　　　　
报关人员：

佳方式（表3-49）。

表3-49　（　　　）班任务训练技能（　　　）评价表

被考评组别		被考评组别成员名单				
考评内容						
考评标准	项目	分值/分	自我评价（30%）	小组评价（40%）	教师评价（30%）	合计（100%）
	报关单信息填制是否完整	40				
	报关单信息填制是否准确	40				
	团队沟通与写作能力	20				
合计		100				

五、拓展升华

下面摘录《中华人民共和国海关进出口货物报关单填制规范》的部分内容。

1. 预录入编号

预录入编号指预录入报关单的编号，一份报关单对应一个预录入编号，由系统自动生成。

报关单预录入编号为18位，其中第1~4位为接受申报海关的代码（海关规定的《关区代码表》中相应海关代码），第5~8位为录入时的公历年份，第9位为进出口标志（"1"为进口，"0"为出口；集中申报清单"I"为进口，"E"为出口），后9位为顺序编号。

2. 海关编号

海关编号指海关接受申报时给予报关单的编号，一份报关单对应一个海关编号，由系统自动生成。报关单海关编号为18位，其中第1~4位为接受申报海关的代码（海关规定的《关区代码表》中相应海关代码），第5~8位为海关接受申报的公历年份，第9位为进出口标志（"1"为进口，"0"为出口；集中申报清单"I"为进口，"E"为出口），后9位为顺序编号。

3. 境内收发货人

填报在海关备案的对外签订并执行进出口贸易合同的中国境内法人、其他组织名称及编码。编码填报18位法人和其他组织统一社会信用代码，没有统一社会信用代码的，填报其在海关的备案编码。

4. 进出境关别

根据货物实际进出境的口岸海关，填报海关规定的《关区代码表》中相应口岸海关的名称及代码。

5. 进出口日期

进口日期填报运载进口货物的运输工具申报进境的日期。出口日期指运载出口货物的运输工具办结出境手续的日期，在申报时免予填报。无实际进出境的货物，填报海关接受申报的日期。进出口日期为8位数字，顺序为年（4位）、月（2位）、日（2位）。

6. 申报日期

申报日期指海关接受进出口货物收发货人、受委托的报关企业申报数据的日期。以电子数据报关单方式申报的，申报日期为海关计算机系统接受申报数据时记录的日期。以纸质报关单方式申报的，申报日期为海关接受纸质报关单并对报关单进行登记处理的日期。本栏目在申报时免予填报。

7. 境外收发货人

境外收货人通常指签订并执行出口贸易合同中的买方或合同指定的收货人。境外发货人通常指签订并执行进口贸易合同中的卖方。

8. 运输方式

运输方式包括实际运输方式和海关规定的特殊运输方式，前者指货物实际进出境的运输方式，按进出境所使用的运输工具分类；后者指货物无实际进出境的运输方式，按货物在境内的流向分类。

9. 运输工具名称及航次号

填报载运货物进出境的运输工具名称或编号及航次号。填报内容应与运输部门向海关申报的舱单（载货清单）所列相应内容一致。

10. 提运单号

填报进出口货物提单或运单的编号。一份报关单只允许填报一个提单或运单号，一票货物对应多个提单或运单时，应分单填报。

11. 货物存放地点

填报货物进境后存放的场所或地点，包括海关监管作业场所、分拨仓库、定点加工厂、隔离检疫场、企业自有仓库等。

12. 征免性质

根据实际情况按海关规定的《征免性质代码表》选择填报相应的征免性质简称及代码，持有海关核发的《征免税证明》的，按照《征免税证明》中批注的征免性质填报。一份报关单只允许填报一种征免性质。

加工贸易货物报关单按照海关核发的《加工贸易手册》中批注的征免性质简称及代码填报。特殊情况填报要求如下。

（1）加工贸易转内销货物，按实际情况填报（如一般征税、科教用品、其他法定等）。

（2）料件退运出口、成品退运进口货物填报"其他法定"。

（3）加工贸易结转货物，免予填报。

（4）免税品经营单位经营出口退税国产商品的，填报"其他法定"。

【任务巩固】

一、判断题（下面说法对的打√，错的打×）

（　　）1. 所有货物进出口都需要向海关填报报关单。

（　　）2. 所有样品、广告品进出口都不用征收关税。

（　　）3. 所有航空运单的托运单和收货人栏都填写实际的寄件人和收件人。

（　　）4. 航空运单、装箱单、发票等是进出口报关的重要单证。

二、简答题

商贸集团陈小姐有几票货要从中国运往美国，请列举各票货需要的主要单证。

1. 三份紧急的文件。

2. 十件不同款式的手机壳样品，申报价值 5USD/件。

3. 300 箱仪器配件（一般贸易）。

技能训练任务 5 配装货物

【任务目标】

航空货物的配装是航空货物运输过程中最重要的地面处理环节之一，从代理人或货主交运货物后到货运到站提货的中间所有环节均为配装业务。因此我们有必要对航空货物的装卸操作流程有一个较为清晰的认识。通过本任务的学习和训练，同学们能够达成以下目标。

(1) 了解航空运输散件货物装机的基本操作流程及注意事项。

(2) 了解航空运输货物装板、装机的基本操作流程及注意事项。

(3) 了解航空运输货物装箱、装机的基本操作流程及注意事项。

【任务准备】

1. 教师课前准备

课件、RF 一台、装机通知单、航空货物运输标识标签、限重表。

2. 学生课前任务

(1) 相关知识回顾。回顾航空运输的设施设备，并知道各种设备的特点。

(2) 思考。思考哪些设备会被应用于配装过程中。

任务书

A 货运物流公司装卸部接到通知，7 月 21 日早班要完成三批货物配装，所有货物均利用客运航班腹舱运输，从广州白云机场起飞，你作为装卸部早班装卸员工，需要顺利完成货物的配装，货物配装信息如下。

任务 1：第一批货物为斯达公司托运的 5 箱规格为 30cm×20cm×20cm 的货品，单箱重量约为 10kg，公司计划将这批货物用客运航班的腹舱运输，执飞航班机型为 B737-800，请你与同事合作完成这批货物的配装作业。

任务 2：第二批货物为斯通公司托运的 20 箱规格为 20cm×15cm×15cm 的货品，公司计划安排执飞航班机型为 A330-300 的客运航班腹舱运输这批货品，并要求用规格为 318cm×224cm 的 PA 集装板装载运输，请你与同事合作完成这批货物的配装作业。

任务 3：第三批货物为斯通公司另外托运的规格为 25cm×15cm×20cm 的货品，公司计划安排执飞航班机型为 B777-300 的客运航班腹舱运输这批货品，并要求用集装箱装载运输，请你与同事合作完成这批货物的配装工作。

获取任务 → 体验探究 → 展示分享 → 评价感悟 → 拓展升华

【任务过程】

【技能1 航空运输散件货物装机】

一、获取任务

> 任务1：斯达公司此次托运的货物为手机配件，属于易碎品，货物堆码极限为3层，单箱货物装箱规格为30cm×20cm×20cm，重量约为10kg，现场收运处的同事已完成收运，所有货物已被运至待运输区域。公司运控中心现场调度席位发布计划任务信息如下：
>
> 斯达公司手机配件5箱，合计重量50kg；
>
> 计划运输航班为客运航班腹舱，执飞机型为B737-800；
>
> 航班计划起飞时间为09:30，运输目的地为北京首都机场（PEK）；
>
> 计划装载舱位为后货舱，到达目的地后，需要优先卸货。
>
> 站坪保障部运输分部的同事预计08:50前可以将货物运抵机坪装卸区，货舱门需在09:15前关闭，请你与装卸分部的同事一起，完成这批货物在机底的装机操作。

二、体验探究

1. 体验

学生以个人或团队合作的方式，在教师的引导下利用"拓展升华"里的学习资料，根据既定操作规范和装卸规则，完成装卸员散货装机的职业体验。

（1）货物装载前的资料检查。在机坪装机前，装卸员应仔细核对待装载货物的种类、件数、重量、出港日期、航班号以及目的地，确保以上所有信息与事先获取到的装机单信息一致。斯达公司的这批货目的地为北京首都机场，5件，总重量50kg，且为易碎物品。除了核对以上信息外，需要注意观察包装箱上是否贴有易碎标识，如果没有贴易碎标识，需要补贴。

（2）货物体积检查。货物在装机前务必再次检查货物的体积是否符合要求，以确保可以正常装载。装载货物的最大尺寸不能超过货舱门尺寸，B737-800货舱门的尺寸为120cm×85cm。

航空货运对货物的最小尺寸要求是货物的三边之和不得低于40cm，最小一边不小于5cm，如果货物小于该尺寸，需要对货物进行二次包装，满足该条件后再装机运输。（各航空公司对货物的最小尺寸要求略有差异，具体以各航空公司公布为准。）

（3）货物重量检查。货物在装机前，需要特别注意所装载的货物重量不能超过飞机货舱地板的承受力，否则容易造成货舱地板变形，并引发飞行安全事故。货物装载后，飞机货舱地板的承受力与货物的接地面积和货物的受力面积相关。其中，接地面积主要是指货物摆放好后底部直接与货舱地板接触的面积；受力面积则是指装载后货物底部用于承受货物重量的面积；飞机货舱地板承受力是指单位面积（每平方米）飞机货舱地板能够承受的最大重量。由此可知，货物对飞机地板的压力计算公式为：

货物对飞机地板的压力(kg/m^2)＝货物重量(kg)/货物接地面积(m^2)

特别要注意的是，带有枕木的货物的受力面积不是货物底部面积，而是货物底部枕木的面积之和。主要机型的地板承受力数据见表3-50。

表3-50　各机型货舱地板承受力数据

地板承受力/(kg/m^2)				地板承受力/(kg/m^2)			
机型	主货舱	前、后货舱	散货舱	机型	主货舱	前、后货舱	散货舱
B747F	1952	976	732	A319	—	732	—
B777F	1464	976	732	A320	—	732	732
B777系列	—	976	732	A321	—	732	732
B787-8	—	976	732	B757系列	—	732	
A330系列	—	659	732	B737系列	—	732	
A380	—	659	732	E190	—	488	
A350	—	659	415	ARJ21	—	733	

由表3-50各机型货舱地板承受力数据可知，737系列的货舱地板承受力为$732kg/m^2$。需要装载的斯达公司的货物对飞机地板的压力为：

单件货物对飞机地板的压力＝$10kg/(0.3m×0.2m)=166.67kg/m^2$

货物堆叠3层后小于货舱装载高度限制，货物堆码在货舱后对飞机地板的压力为$166.67×3=500.01kg/m^2<732kg/m^2$。

因此，这批货物可以正常装载。

（4）加装垫板。垫板是为保护飞机安全，保证货物重量均匀分布，而在货物与集装容器之间或货物与飞机货舱之间加装的符合规定面积和厚度的木质板材或其他类似材料。当装载货物超过飞机货舱地板承受力时，务必要加装垫板。加装垫板不但可以分散货物重量，还能避免一些尖锐物或特殊货物对飞机结构的损坏。

垫板最小面积的计算公式为：

垫板最小面积(m^2)＝货物重量(kg)/货舱地板承受力(kg/m^2)

若货物超过2000kg，货物重量应包括垫板和网套重量，垫板和网套的重量一般按照货物重量的4%估算，此时垫板最小面积的计算公式应为：

垫板最小面积(m^2)＝1.04×货物重量(kg)/货舱地板承受力(kg/m^2)

垫板在使用时，还应注意以下两方面。

① 垫板材质应具备足够的强度、硬度、刚性，满足相应的抗压要求。如垫板为木质，还须在使用前进行熏蒸。

② 理论计算出的垫板长度、宽度和厚度是实际支撑货物所需的最小长度、宽度和厚度，在实际使用时应大于理论值。

（5）货舱装载码放要求。装机时，应当根据货物的形状、重量、体积、性质，合理调配堆码。在保证物件安全的基础上，充分利用货舱的容积和载重量。装机物件须堆紧牢固，凡超重、易滚动的货物，一定要使用系留设备予以固定，防止在飞行中发生物件翻转滚动。

对于任何物件，都应当轻拿轻放，确保物件不发生破损。搬运时，应当严格按照货物上的储运指示标识处理。堆放货物，要使标识外露，箭头向上，以便引起下一个装卸环节的注意。装放在机舱内的货物要堆码紧密整齐。

2. 探究

探究任务：如何完成货舱装载堆码任务？

假设你在货舱负责装机，所有散货按要求要码放整齐，且不能超过货舱底板承受力。已知货舱限高为 110cm，现有规格为 40cm×50cm×35cm，重量为 30kg/箱的若干箱货物要装载到后货舱。请根据前面讲解的相关知识回答如下问题：

① 货物能否正常装载？

② 若能正常装载，最多可以堆码几层？

三、展示分享

学生完成任务后，对自己体验过程中的所获、所感、所思与同学们和教师进行分享。

思考：(1) 散货配装过程中的关键点是什么？

(2) 通过前面的体验，你能否独立完成探究任务，并说明理由。

四、评价感悟

学生在这个过程中不断地自我反思和相互学习，渐悟或顿悟出职业活动中解决问题的最佳方式（表 3-51）。

表 3-51 （　　　）班任务训练技能（　　　）评价表

被考评组别		被考评组别成员名单				
考评内容						
考评标准	项目	分值/分	小组自我评价（30%）	其他组别评价（平均）（40%）	教师评价（30%）	合计（100%）
	是否能准确说出配装前货物应检查项目	25				
	是否会计算货物单位面积重量	30				
	是否会计算垫板面积	25				
	是否清楚加装垫板的注意事项	20				
	合计	100				

五、拓展升华

1. 在机坪进行装机操作时的安全操作规范

(1) 穿戴必要的反光工作服饰、防护手套、安全鞋等防护用品。

(2) 只能在允许作业区域作业，当飞机准备启动时，必须与飞机保持安全距离。

2. 货物机坪装机注意事项

普通客机腹舱装载货物时，应先装前舱，以防止机尾下沉。若是装载货机，在装载前需确保货机的尾撑杆已撑好。

【技能 2　航空运输货物装板、装机】

一、获取任务

任务 2：斯通公司此次托运的货物为精密仪器，单箱货物装箱规格为 20cm×15cm×15cm，重量约为 25kg，现场收运处的同事在完成斯通公司货物收运后已完成此批货物的组板，正在等待运输司机将其运抵基地待装卸区。公司运控中心现场调度席位发布计划任务信息如下：

斯通公司精密仪器 20 箱，合计重量 500kg；

已使用规格为 318cm×224cm 的 PA 集装板组装；

计划运输航班为客运航班腹舱，执飞航班机型为 A330-300；

航班计划起飞时间为 10:45，运输目的地为郑州新郑机场（CGO）；

计划装载舱位为后货舱，到达目的地后，需要优先卸货。

站坪保障部运输分部的同事预计 10:00 前可以将货物运抵机坪装卸区，货舱门需在 10:30 前关闭，请你与装卸分部的同事一起，完成这批货物在机底的装机操作。

二、体验探究

1. 体验

学生以个人或团队合作的方式，在教师的引导下利用"拓展升华"里的学习资料，根据既定操作规范和装卸规则，完成装卸员装板装机的职业体验。

（1）货物组板要点。

步骤一：铺设底层防水膜。在集装板上铺设防水膜，防水膜边角一般预留超过 80cm，便于集装板货物码放整齐后包裹货物。

步骤二：堆码货物。堆码货物时按照重下轻上、重不压轻的原则堆放，同时要注意货物本身的堆码层数限制。在堆码时要注意上下层之间的咬合，防止货物坍塌。货物码放总高度不能超过集装板的限高，PA 集装板货物码放最大高度为 163cm（图 3-5 和表 3-52），堆码货物的底面积也不能超过集装板的底面积。

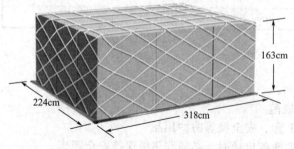

163cm

224cm

318cm

图 3-5　PA 集装板

表 3-52　PA 集装板参数

类型	PA 集装板
规格尺寸	318cm×224cm
净重	120kg

步骤三：包装挂网。货物码放完成后，需要在货物上面放置防水塑料膜，与集装板地下预留的防水膜交互结合，并用胶带固定结合处，使整板货物具有一定的防水性能。然后再挂

网，并在集装板四边扣上锁扣。

步骤四：填写货物组装单。货物组装完毕后，应在容器明显位置拴挂挂签，注明装物类别（货物或邮件）、出港日期和航班号、始发站和目的站、特种货物代码、容器编号、件数、货物重量或货物与集装容器总重等，并填写货物组装单（表3-53）。

表 3-53　货物组装单

货运单号	件数	重量	容器号	备注
×××-23232354	20	500kg	PAG32767××	精密仪器
—	—	—	—	—
—	—	—	—	—
合计	20	500kg		

货物组装单

出发站：　　　　　到达站：　　　　　日期：　　　　　航班号：

（2）系留绳的使用。货物重量超过150kg或在集装板上单独码放或无法用其他货物将其围放在集装板中央或货物单独装在集装容器内，但其体积小于集装箱的2/3时，必须使用系留绳。系留货物以对称为原则，即上、下（前、后）系留货物时，系留绳两端的锁扣数量必须相同，并固定在货物的相对应方向的相对位置，系留绳必须拉紧，但不能使集装容器变形。其中，PA/PM集装板的任何一角翘起的高度不得大于3cm。

上下限动所需系留绳数量的计算公式：

$$系留绳数量（条）=\frac{货物和垫板重量（kg）×3}{系留绳拉力（kg）×2}$$

前后和左右限动所需系留绳数量的计算公式：

$$系留绳数量（条）=\frac{货物和垫板重量（kg）×1.5}{系留绳拉力（kg）×2}$$

在集装板上系留货物所需的数量（表3-54和表3-55）

表 3-54　系留绳速查表（单根拉力为2250kg的尼龙带）

货物重量/kg	上下限动/条	前后限动/条	左右限动/条
300 以下	2	2	0
301～1000	2	2	0
1001～3000	2	1	0
3001～4500	3	1	0
4501～6000	4	2	1
6001～7500	5	3	1
7501～9000	6	3	2

表 3-55　系留绳速查表（单根拉力为900kg的尼龙带）

货物重量/kg	上下限动/条	前后限动/条	左右限动/条
300 以下	1	1	1
301～1000	2	1	1
1001～3000	3	2	2

货物重量/kg	上下限动/条	前后限动/条	左右限动/条
3001～4500	4	2	2
4501～6000	5	3	3
6001～7500	6	3	3
7501～9000	7	4	4
大于9000	8	4	4

（3）集装板装机。开启飞机货仓门，目视检查货舱是否有损坏，如发现货舱内装载系统卡扣以及隔网等组件缺失或不可用时，立即报告机务部门。

对照装载通知单，检查出仓单和容器挂签的信息，包括 ULD 编号，货物的种类、件数、重量，出港日期，航班号以及目的地，确保相符，并对集装器的帘子、锁扣以及网套等辅助设备进行安全检查。

检查无误，开始装载。集装板应采用升降平台车（图 3-6）进行装载，装载时务必按照装载通知单上的顺序，依次装载。

图 3-6 中国民航技术装备有限责任公司升降平台车

2. 探究

> 探究任务：如何用系留绳固定货物？
>
> 假设你在负责组板装机，有一批货物已经组板完成，共两个 PA 板，两板货物重量相同，均为 1130kg，现在需要采用系留绳固定货物。请根据前面讲解的相关知识回答如下问题：若用单根拉力为 2250kg 的尼龙带，需要几根？
>
> 现在货站暂时只有单根拉力为 900kg 的尼龙带，需要几根才能按要求完成货物固定？

三、展示分享

学生完成任务后，对自己体验过程中的所获、所感、所思与同学们和教师进行分享。

> 思考：（1）用集装板配装过程中的关键点是什么？
>
> （2）通过前面的体验，你能否独立完成探究任务，并说明理由。

四、评价感悟

学生在这个过程中不断地自我反思和相互学习，渐悟或顿悟出职业活动中解决问题的最佳方式（表 3-56）。

表 3-56　（　　　）班任务训练技能（　　　）评价表

被考评组别		被考评组别成员名单					
考评内容							
考评标准	项目		分值/分	小组自我评价（30%）	其他组别评价(平均)（40%）	教师评价（30%）	合计（100%）
	是否能准确说出组板的基本过程		25				
	是否会填制出组装单		25				
	是否会计算集装板系留绳使用数量		20				
	是否清楚机坪装卸集装板的一般流程		30				
合计			100				

五、拓展升华

1. 常见集装板类型及参数（表 3-57）

表 3-57　常见集装板类型及参数

类型	项目	参数
PR	规格尺寸	498cm×244cm
	净重	400kg
	最大毛重	11340kg
	适用机型	B747F、B747Combi 主货舱
PM	规格尺寸	318cm×244cm
	净重	135kg
	最大毛重	6804kg
	适用机型	B747/B747F/B767/B777、A330/A340 等机型下货舱 B747F/B747Combi 主货舱、下货舱
PGA	规格尺寸	606cm×244cm
	净重	500kg
	最大毛重	13608kg
	适用机型	B747F、B747Combi 主货舱
P8	规格尺寸	244cm×153cm
	净重	60kg
	最大毛重	2449kg
	适用机型	B767 下货舱

类型	项目	参数
PL	规格尺寸	318cm×153cm
	净重	68kg
	最大毛重	3175kg
	适用机型	B747/B747F/B747Combi/B777、A330/A340 等机型下货舱

2. A330-300 货舱参数表（表 3-58）

表 3-58　A330-300 货舱参数表

货舱	货舱门尺寸		容积 /m³	限重 /kg	地板承受力 /(kg/m²)
	宽/cm	高/cm			
前下货舱	270	170	76	22861	672
后下货舱	273	168	64	18507	672
散货舱	95	62	19.7	3465	732

【技能 3　航空运输货物装箱、装机】

一、获取任务

　　任务 3：斯通公司托运的这批货物为高附加值电子配件，单箱货物装箱规格为 25cm×15cm×20cm，重量约为 15kg，现场收运处的同事在完成斯通公司货物收运后已完成此批货物的装箱，正在等待运输司机将其运抵基地待装卸区。公司运控中心现场调度席位发布计划任务信息如下：

　　斯通公司高附加值电子配件 8 箱，合计重量 120kg；

　　计划使用 AKE 集装箱装箱；

　　计划运输航班为客运航班腹舱，执飞航班机型为 B777-300；

　　航班计划起飞时间为 12:05，运输目的地为上海浦东机场（PVG）；

　　计划装载舱位为后货舱，到达目的地后，需要中转至其他航班继续运抵其他目的地。

　　站坪保障部运输分部的同事预计 11:20 前可以将货物运抵机坪装卸区，货舱门需在 11:55 前关闭，请你与装卸分部的同事一起，完成这批货物在机底的装机操作。

二、体验探究

1. 体验

　　学生以个人或团队合作的方式，在教师的引导下利用"拓展升华"里的学习资料，根据既定操作规范和装卸规则，完成装卸员装箱装机的职业体验。

（1）货物装箱要点。

① 中转货物单独装箱。为了便于运输，相同目的站的中转货物尽量做到单独装箱，便于中转站可以快速处理。

② 堆码紧凑，合理放置。集装箱适用于装小件货物，小件货物装到集装箱内时，应码放紧凑，间隙越小越好，如果是装在软门集装箱内的货物，应注意避免货物挤压损坏箱门或使集装箱变形。

③ 使用捆绑带固定。如果集装箱内所装货物的体积小于或等于集装箱容积的2/3，或单件货物重量超过150kg时，应使用捆绑带对货物进行捆绑固定。

④ 集装箱组装完毕后必须将箱门关闭好。软门集装箱关门后必须保证箱内的货物不能突出门帘或网套的垂直面。

⑤ 贵重物品铅封。如果使用集装箱装载贵重物品，务必要按规定用铅封将箱门封好。

货物组装好之后需要填写组装单。

（2）集装箱装机单。在装箱时一定要按照装机单的指引进行装机，如果不按照指引进行装机会影响到飞机的载重平衡，导致飞机重心偏移，若重心偏移到安全线以外可能会导致安全事故。

常见的装机单一般包括航班和飞机的基本信息，以及货舱各个舱位的装载情况，示例如下（表3-59）。

表 3-59　装机单

FROM/TO	FLIGHT	A/C REG	VERSION	CREW	DATE	TIME
起始地/目的地	航班号	飞机注册编号	机型	机组人数	日期	时间
×　×						
LOADING　INSTRUCTIONS　　　　　　　WEIGHT　IN kg						
CPT　1　HLD　1　MAX　12696　　　　　CPT　1　TOTAL　2400						
11L　AKEXX　　　　　　　　11R　AKE71970XX						
（11R 位置装载集装箱号为 AKE71970XX，目的地为上海）						
SHA　B/356R　　　　　　　SHA　F/44R						
装机指引　　　　　　　　重量以 kg 计算						
CPT　1　HLD　1　MAX　12696　　　　　　CPT　1　TOTAL　2400						
11L AKEXX　　　　　　　11R AKE71970XX						
（11R 位置装载集装箱号为 AKE71970XX，目的地为上海）						
SHA B/356R　　　　　　SHA F/44R						
12L AKE00006XX　　　　　12R AKE00005XX						
（12R 位置装载集装箱号为 AKE00005XX，目的地为上海）						
SHA C/380R　　　　　　SHA C/360R						
13P PMC00004XX						
（13P 位置装载集装板号为　PMC00004XX，目的地为上海）						
SHA C/640R						

按照装机单进行装机时，务必看清楚集装器装载的舱位，并核对目的地，确认目的地和舱位信息一致后方可进行正常装载。

2. 探究

> 探究任务：T 公司托运一批规格为 30cm×45cm×40cm 的 20 箱货物，要求单独用 AKE 集装箱运输，重量约为 833kg，能否用 AKE 集装箱装载，为什么？

三、展示分享

学生完成任务后，对自己体验过程中的所获、所感、所思与同学们和教师进行分享。

> **思考**：(1) 集装箱配装过程中的关键点是什么？
> (2) 通过前面的体验，你能否独立完成探究任务，并说明理由。

四、评价感悟

学生在这个过程中不断地自我反思和相互学习，渐悟或顿悟出职业活动中解决问题的最佳方式（表 3-60）。

表 3-60　（　　　）班任务训练技能（　　　）评价表

被考评组别		被考评组别成员名单				
考评内容						
考评标准	项目	分值/分	小组自我评价（30%）	其他组别评价（平均）（40%）	教师评价（30%）	合计（100%）
	是否能准确说出货物装箱要点	25				
	能否准确说出装机单构成	10				
	是否会识别装机单中的航班基本信息	25				
	是否清楚装机单中集装箱的重量信息	20				
	是否清楚装机单中集装箱的装载位置信息	20				
	合计	100				

五、拓展升华

1. 集装器的识别

国际航协规定，集装器的识别代码由三部分共 10 个英文字母和数字组成。1~3 位字符为第一部分，第一个代码表示集装器种类，"A"表示集装箱，"P"表示集装板；第二个代码表示底板尺寸，即集装器底板尺寸；第三个代码表示适配性。第二部分为 5 位数字，表示集装器的编号。第三部分为两字代码，表示集装器的所属人（一般用 IATA 的两字代码表示）。

2. 常见集装箱的尺寸

集装箱常见参数表如表 3-61 所示。

表 3-61 集装箱常见参数表

型号	项目	参数
AKE	IATA 代码	LD3
	内部体积/m³	4.4
	外形(纵深×宽×高)/cm	156×153×163
	门尺寸(纵深×高)/cm	138×153
	箱自重/kg	71
	可搭载机型	B747、B747F、B747Combi、B767、B777、A330、A340、A380 等机型下货舱
	重量限制(含箱自重)/kg	1587
AKN	IATA 代码	LD3F
	内部体积/m³	3.8
	外形(纵深×宽×高)/cm	156×153×163
	门尺寸(纵深×高)/cm	143×142
	箱自重/kg	120
	可搭载机型	B777、B787、B767、A380 等机型下货舱
	重量限制(含箱自重)/kg	1587
DQP	IATA 代码	LD4
	内部体积/m³	5.5
	外形(纵深×宽×高)/cm	244×153×163
	门尺寸(纵深×高)/cm	231×148
	箱自重/kg	120~130
	可搭载机型	B777、B767 等机型下货舱
	重量限制(含箱自重)/kg	2449(5400)
AKH	IATA 代码	LD3
	内部体积/m³	3.3
	外形(纵深×宽×高)/cm	244×153×114
	门尺寸(纵深×高)/cm	137×105
	箱自重/kg	95
	可搭载机型	B777、B787、B767、A320、A321、A380 等机型下货舱
	重量限制(含箱自重)/kg	1134

3. 特殊处理的货物

特殊处理的货物是指在收运、仓储、装卸、运输及交付过程中有特殊要求或需采取某些特殊措施才能完好运达目的地的货物，包括贵重物品、动物和动物产品、鲜活易腐货物、水产品、冻肉类、药品、生物制品、人体捐献器官、植物和植物产品、温控货物、灵柩、骨灰、枪械、管制刀具、易制毒化学品、麻醉药品和精神药品、烟草、外交信袋、重要身份证件、作为货物运输的行李、酒类货物、公务货物、押运货物、超大超重货物/外探货物、危险物品等。

一、判断题（下面说法对的打√，错的打×）

（　　）1. 货物重量若超过货舱地板限重，可以直接装载到货舱。

（　　）2. 可以用集装器拖斗运输散货。

（　　）3. 集装板装完货物后系留绳的使用凭经验即可。

（　　）4. 集装板可以通过传送车直接从机底传送到货舱门口。

（　　）5. 集装箱在装载货物时，需要考虑集装箱的装载重量和尺寸限制。

（　　）6. 在确定货物运输的机型后，需要根据机型相关参数，选择合适的集装器。

二、简答题

1. 请简述用集装箱装载的要点。

2. 请简述货物装板要点。

技能训练任务6　在途跟踪

【任务目标】

　　航空货物的跟踪是航空货物运输过程中最重要的地面处理环节之一，为了确保货物始终处于可监控的运输状态，有必要对航空货物的运输过程进行监控，掌握在运输全流程中的货物运动轨迹。通过本任务的学习和训练，同学们能够达成以下目标。

（1）了解航空运输货物的常规跟踪操作流程及注意事项。

（2）了解航空运输货物修改地址的跟踪与处理操作流程及注意事项。

（3）了解无法联系收件人货物的跟踪与处理操作流程及注意事项。

（4）了解扣关货物的跟踪与处理操作流程及注意事项。

【任务准备】

1. 教师课前准备

课件、货运运输通知单、货运运输订单、航空公司 IATA 两字代码表。

2. 学生课前任务

（1）相关知识回顾。回顾航空货物收运的订单，并知道运输订单的基本元素；回顾货物报关的基本流程，并知道报关异常的处理方法。

（2）思考。如何提升航空货物追踪的效率和质量？

任务书

　　A 货运物流公司客户服务部在接到托运人托运追踪相关请求并记录后，反馈给后台生产调度部响应客户需求并及时反馈：

　　任务1：托运人 A 货代公司要求查询托运货物的运输状态。

　　任务2：托运人 B 物流公司要求修改托运货物的运输地址。

任务 3：现有一批货物始终无法联系到收货人，如何处理？

任务 4：现有一批货物被始发站海关暂扣，如何处理？

获取任务 → 体验探究 → 展示分享 → 评价感悟 → 拓展升华

📁 【任务过程】

【技能 1　航空运输货物的常规跟踪】

一、获取任务

任务 1：A 货代公司托运的是 20 箱定制精密仪器零部件，这 20 箱货物的货主是 G 公司，计划运往韩国首尔，G 公司非常关注这批货的运输状态。因此，A 公司客户经理小黄 8 月 31 日早上 09:50 紧急电话联系你，想知道该批货物什么时候可以到达首尔。作为客服中心客服经理的你，得知这批货的运单号为×××-12345678，通过系统查询这批货物的运输状态如下：

2020.8.31 07:00 已收货；

2020.8.31 07:35 已安检；

2020.8.31 07:55 已装载；

2020.8.31 08:10 运输中；

2020.8.31 08:35 运达机底；

2020.8.31 08:45 开始装机；

2020.8.31 09:10 完成装机；

2020.8.31 09:20 货舱门关闭；

2020.8.31 09:25 航班已起飞。

运输这批货物的运输航班为××165，起飞站为广州白云机场，目的站为首尔仁川机场，预计飞行时间为 4h10min。到达时间为 13:35。

请你与 A 公司小黄联系，告知这批货物的运输状态和预计飞行时间。

二、体验探究

1. 体验

学生以个人或团队合作的方式，在教师的引导下利用"体验"和"拓展升华"里的学习资料，完成任务中职业任务的体验探究。

（1）识别货物追踪状态信息。通过系统查询到的货物状态最后更新时间为 2020.8.31 09:25，状态为"航班已起飞"，由此可知运输这批货物的航班已经起飞，如果不发生备降、返航等特殊情况，货物可以按计划时间到达仁川机场。

（2）计算货物预计到达时间。预计到达时间＝航班起飞时间＋预计飞行时间，航班起飞时间为 09：25，预计飞行时间为 4h10min，因此预计到达仁川机场的北京时间是 13：35。

（3）反馈货物运输状态。将查询到的信息和预计到达时间反馈给查询者 A 公司小黄。

2. 探究

> 探究任务：A 货代公司前一天还托运了另外一批货物 10 箱到首尔，计划运输航班为 ××323，2020.8.31 06：35 起飞，且航班到首尔的飞行时间是固定的。A 公司小黄想知道该批货物预计到达首尔的时间，经过系统查询得知目前货物在系统中最新状态为：
>
> 2020.8.31 06：35 航班已起飞。
>
> 请你告知小黄这批货物预计到达首尔的时间。

三、展示分享

学生完成任务后，对自己体验过程中的所获、所感、所思与同学们和教师进行分享。

> **思考：**（1）货运运输状态查询过程中的关键点是什么？
> 　　　　（2）通过前面的体验，你能否独立完成探究任务，并说明理由。

四、评价感悟

学生在这个过程中不断地自我反思和相互学习，渐悟或顿悟出职业活动中解决问题的最佳方式（表3-62）。

表 3-62 （　　　）班任务训练技能（　　　）评价表

被考评组别		被考评组别成员名单				
考评内容						
考评标准	项目	分值/分	小组自我评价（30%）	其他组别评价(平均)（40%）	教师评价（30%）	合计（100%）
	能否准确识别货物的最后更新运输状态	25				
	能否准确判断货物预计到达时间	25				
	能否准确识别出特定时间点的运输状态	25				
	能否向客户准确反馈	25				
	合计	100				

五、拓展升华

为了便于内部管理和服务客户，航空公司一般会针对内部管理人员和客户提供两种不同详细程度的货物运输节点信息。提供给客户的节点信息一般以简单快捷形象为原则，用于内部管理的运输节点信息则更偏重流程控制和服务质量控制。航空公司内部货运完整状态节点信息通常包括收单、货物安检、收运组装、中转交接、空侧复磅、空侧合货、机下复核、机下拉货、库区拉货处理、机下作业、进港清点、进港清仓、发货确认等。

【技能2 修改地址的跟踪与处理】

一、获取任务

任务2：B物流公司托运的是30箱电子产品，计划运往韩国首尔。B公司客户经理小王8月31日早上09:50紧急电话联系你，想修改这批货物的地址。作为客服中心客服经理，你得知这批货的运单号为×××-52345678，通过系统查询这批货物的运输状态如下：

2020.8.31 07:20 已收货；

2020.8.31 07:45 已安检；

2020.8.31 07:55 已装载；

2020.8.31 08:15 运输中；

2020.8.31 08:25 运达机底；

2020.8.31 08:35 开始装载；

2020.8.31 09:05 完成装载；

2020.8.31 09:10 货舱门关闭；

2020.8.31 09:15 航班已起飞。

B公司这批货的原运输地址为韩国首尔特别市麻浦区上水洞72-1，收件人为金××，联系电话为0191234567，现在想修改为韩国首尔特别市东大门31-2，收件人和联系电话不变。请你协助B公司小王完成地址变更。

二、体验探究

1. 体验

学生以个人或团队合作的方式，在教师的引导下利用"体验"和"拓展升华"里的学习资料，完成任务中职业任务的体验探究。

（1）确定运单是否符合变更运输地址。由查询到的货物状态信息可以知道，货物已经运出，航班已起飞，但还未到达目的地，符合申请变更运输地址的基本条件。

（2）协助修改运单地址步骤如下。

步骤一：与目的站联系确认变更信息。

如改变目的地时，必须将变更后的运费金额总数通知有关航站；如运费也需变更时，始发站收到确认变更信息后，应向有关承运人发出"货物运费变更通知单（CCA）"。

步骤二：重新填开货运单或修改原货单。

表3-63为货运运费变更通知单。

货物运费变更通知单中各栏均已用数字标明，具体填写说明如下：

编号为（1）处填写运单的中转站、目的站、航班号等信息。

编号为（2）处填写货运单号码。

编号为（3）处填写货物始发地的全名。

编号为（4）处填写货物运输目的地的全名。

表 3-63　货运运费变更通知单

货运运费变更通知单						
填开运单代理人名称 ×××		代理人编号 ×××	填开日期(11)2020/8/31			
			填开地点(12)CAN			
			编号(13)×××-CAN0831001			
到1(1)首尔		航班号(1)××165	日期(1)2020/8/31			
到2(1)		航班号(1)	日期(1)			
中转站填写清楚运单运输状态,并将本通知单交下一承运人						
运单号(2)×××-52345678		从(3)广州	到(4)首尔		日期(5)2020/8/31	
航空运费更改如下						
货币代号	CNY	修正后收费		原始收费		备注变更原因及处理建议(8) 客户要求变更收件人地址
		预付	到付	预付	到付	
重量费		(7)7057.50	(7)—	(6)7057.50	(6)—	
申明价值		—	—	—	—	
其他代理费		—	—	—	—	
承运人其他费用		(7)—	(7)—	(6)—	(6)—	
合计		—	—	7057.50	—	如果无人提取,在本栏填写目的站产生的需由托运人承担的费用
接受部门 地址代码	1ICN××× 2 3			请根据要求更改文件,并将回执退回下一部门		
				航空公司×× 地址:广州市×××区××路××号 签名:××× (9)　　　从　　　　　　公司 　　　　在　　　　　　机场 日期: 我们已根据要求进行了调整,并采取了相应措施。 公章: 签字:		
运单号码　　×××-52345678(10) 通知单号码　×××-CAN0831001						

编号为（5）处填写货运单的填开日期。

编号为（6）处填写货运单上原列不正确的运费和填写货运单上原列运费具体项目及数额。

编号为（7）处填写变更后的运费数、货币代号和填写变更后的运费具体项目及数额，经测算此单运费未发生变更。

编号为（8）处填写需附注的事项，可以在此简单填写变更原因。

编号为（9）处填开变更通知单的单位、地址，加盖图章，经手人签字。

编号为（10）处由有关承运人填妥和签字后撕下退还原发单位，在这里填写的运单号码是变更之后的运单号码。

编号为（11）处填写变更通知单的日期。

编号为（12）处填写变更通知单的地点。

编号为（13）处填写变更通知单的编号。

2. 探究

探究任务：由于收货人金×××出现紧急情况，B公司经过考虑，决定将运单号为×××-52345678的该批货物暂时运到韩国庆尚北道庆山市珍良邑大邱大路101号暂存，收件人变更为朴××，联系电话为019-2222222。经测算，需要增加航空运费为0，其他附加费用为1000元，采用预付的形式支付，应如何填写运费变更通知单？

三、展示分享

学生完成任务后，对自己体验过程中的所获、所感、所思与同学们和教师进行分享。

思考：（1）货运运输地址容许变更的关键点是什么？

（2）通过前面的体验，你能否独立完成探究任务，并说明理由。

四、评价感悟

学生在这个过程中不断地自我反思和相互学习，渐悟或顿悟出职业活动中解决问题的最佳方式（表3-64）。

表3-64　（　　　）班任务训练技能（　　　）评价表

被考评组别		被考评组别成员名单					
考评内容							
考评标准	项目		分值/分	小组自我评价（30%）	其他组别评价(平均)（40%）	教师评价（30%）	合计（100%）
	能否准确判断运单是否可以更改运输地址		25				
	能否准确填写运费变更通知单		50				
	能否向客户准确反馈		25				
合计			100				

五、拓展升华

1. 航空运输自愿变更

由于托运人的原因改变运输，称为自愿变更运输。货物交运后和提取前，托运人可以申请退运、更改收货人、变更目的地等操作。

2. 航空运输非自愿变更

由于天气、机械故障、货物积压、禁运等原因而改变已订妥的航班和运输路线，称为非自愿变更运输。

3. 如何及时与第一中转站或目的站联系确认运单变更

（1）对于事先订妥吨位的货物，始发站可根据货物预计到达的日期和地点，直接发报通知有关承运人，要求变更运输，并请其复电证实。

（2）如货物未订妥吨位，也未指定承运人及运输路线，应首先与第一航班经停点取得联系，在查明运输路线后立即向有关站发电要求变更运输，并请其复电证实。

（3）有关航站在收到变更运输电报后，应根据情况，及时答复。

（4）电报中除一般变更按货运单电报格式填写外，可在电报更改部分用明语或简语说明需变更运输的内容，如退回始发站、变更收货人等。

【技能 3   无法联系收件人货物的跟踪与处理】

一、获取任务

任务 3：N 航空公司的仓库中有一板编号为×××-22222222 的货物，运单信息显示货物为 9 月 1 日××1234 航班从北京运抵广州，重量为 300kg。现场运行控制中心 9 月 15 日在巡查时发现了这板货物，要求你尽快完成这板货物的处理。你在系统中查询得知，这板货物为整板托运，托运人为杜某，联系电话为 138×××2332，联系地址缺失。收件人为李某，联系电话为 180×××7897，联系地址缺失，托运时未声明价值。经查询内部客户服务系统得知，货物到达当天，客服部小张已经通知李某提货，三天后再次联系李某，发现无法接通其电话，随即联系托运人杜某，杜某表示将尽快联系李某完成提货。请问接下来你应该如何处理？

二、体验探究

1. 体验

学生以个人或团队合作的方式，在教师的引导下利用"体验"和"拓展升华"里的学习资料，完成任务中职业任务的体验探究。

（1）如无法交付货物的判断条件如下。

① 货物从发出到货通知的次日起 14 日内无人提取或收货人拒绝接收货物，在通知征求托运人处理意见后，满 60 日仍无人提取，且未收到托运人其他处理意见。

② 因货运单丢失，货物标签脱落，经过查询而无法查明发货人或收货人，满 60 日仍无人提取。

本任务中已经于 9 月 1 日通知收货人，但后续无法联系到收货人，随即联系了托运人，托运人表示其将自行联系收货人完成提货。从 9 月 1 日通知收货人提货到 9 月 15 日，已经过去了 14 日。按照规定，应该再次联系托运人，获取托运人的处理意见，如果托运人仍然无法联系或者没有任何处理意见，60 日后，N 航空公司可以按照无法交付货物的处理程序进行处理。

（2）无法交付货物的处理程序。无法交付货物首要是联系收货人和托运人双方，征求相关处理意见，无法交付货物处理程序如下。

步骤一：通知货物托运人，征求处理意见。

步骤二：得到答复后，按托运人意见处理。如果托运人要求将货物退回始发站、变更目的站、变更收货人或放弃货物，因此发生的费用，由托运人承担。

步骤三：如未收到托运人处理意见则按照如下方式处理。

无法交付的是活体动物、鲜活易腐货物及其他保管有困难的货物。按照当地公安、卫生防疫、检验检疫等政府部门的要求处理，若当地无明确规定，则可根据承运人相关规定处理。

无法交付的是限制运输物品、珍贵文物、珍贵史料，移交当地政府主管部门处理。

无法交付的是贵重物品以及其他具有商业价值的货物，承运人须委托当地商业部门变卖或委托拍卖行拍卖。

步骤四：处理完成后要作好相关记录，在处理过程中产生的费用应向托运人收取。

2. 探究

探究任务：N公司在广州航站收到一条托运的斗牛犬，运单脱落，无法获知准确的托运人和收货人信息，连续2日没有收到任何关于货物丢失和查询的相关客户咨询。货运公司安排了仓管员A和B轮流照看这只斗牛犬，为了不耽误正常工作，货运现场运行中心将这两条斗牛犬的处理任务交给了你，你应如何处理？

三、展示分享

学生完成任务后，对自己体验过程中的所获、所感、所思与同学们和教师进行分享。

思考：（1）如何界定货物为无法交付货物？
（2）通过前面的体验，你能否独立完成探究任务，并说明理由。

四、评价感悟

学生在这个过程中不断地自我反思和相互学习，渐悟或顿悟出职业活动中解决问题的最佳方式（表3-65）。

表3-65　（　　　）班任务训练技能（　　　）评价表

被考评组别		被考评组别成员名单					
考评内容							
考评标准	项目		分值/分	小组自我评价（30%）	其他组别评价（平均）（40%）	教师评价（30%）	合计（100%）
	能否准确说出交付货物的判断条件		25				
	能否准确说出无法交付货物的处理程序		50				
	能否知道特殊无法交付货物的处理方法		25				
	合计		100				

五、拓展升华

无法交付货物作价或拍卖处理所得的货款，应交处理主体的财务部门保管。从处理之日起90日内，如托运人或收货人前来认领的，应当将货物保管费和处理费扣除，余款退给认领人；如90日后仍无人认领，应当将余款上交国库。

【技能 4　扣关货物的跟踪与处理】

一、获取任务

任务 4：N 航空公司 9 月 3 日从东京羽田机场运抵广州白云机场一箱编号为×××-33333333 的货物，正常运输至海关监管仓等待清仓，9 月 4 日海关告知，该箱货物申报价值远低于实际价值，需要重新提交报关资料。你作为货运控制中心的联检协调专席，立即从后台查询得知该箱货物的托运人为东京的曾某，国内手机号为 181×××1231，收件人为马某，手机号为 189×××1236。经查询该箱货物的托运单上并未体现货物申明价值，请问你接下来应该如何处理？

二、体验探究

1. 体验

学生以个人或团队合作的方式，在教师的引导下利用"体验"和"拓展升华"里的学习资料，完成任务中职业任务的体验探究。

（1）确定货物被扣关的原因。一般情况下，被扣关或者不允许清关的主要原因有：

① 商品货物名称不详、不清楚，需要提供证明函，具体说明货物的品名和用途；

② 申报价格偏低；

③ 单证不齐全，例如需要办理 3C 认证或者需要办理 O 证（自动进口许可证）；

④ 敏感货物，属于国家禁止或者限制进口的物品。

在本任务中，货物被扣原因为申报价格偏低，因此，应立即通知托运人曾某，要求其尽快补充提交报关材料。

（2）被扣关后的操作步骤如下。

步骤一：航空公司向海关了解被扣关的原因。

步骤二：通知托运人或收货人被扣关原因，并要求其提供补充报关材料。

步骤三：航空公司协助托运人或收货人向海关递交补充材料报关。

步骤四：航空公司协助收货人从监管区仓库提货。

步骤五：协助收货人或托运人办理清关。

2. 探究

探究任务：某航空公司从白云机场空运一批货值为 2 万美元的眼镜到美国洛杉矶机场交至一个亚马逊店家，在洛杉矶清关时候被海关查扣。经了解，海关要求补充提供眼镜的 Drop Ball Test 和 FDA 认证，否则需要将货物退回或者就地销毁，应如何处理？

三、展示分享

学生完成任务后，对自己体验过程中的所获、所感、所思与同学们和教师进行分享。

思考：（1）扣关货物跟踪处理过程中的关键点是什么？

（2）通过前面的体验，你能否独立完成探究任务，并说明理由。

四、评价感悟

学生在这个过程中不断地自我反思和相互学习，渐悟或顿悟出职业活动中解决问题的最佳方式（表3-66）。

表3-66 （　　）班任务训练技能（　　）评价表

被考评组别		被考评组别成员名单				
考评内容						
考评标准	项目	分值/分	小组自我评价(30%)	其他组别评价(平均)(40%)	教师评价(30%)	合计(100%)
	能否准确说出扣关货物处理的一般流程	50				
	能否准确确定被扣关货物的原因	50				
合计		100				

五、拓展升华

被扣关后，货物所在站点需要填制货物不正常运输处置报告单（表3-67），并马上将不正常运输情况、额外费用支付途径等向货物始发站报告，由始发站货运人员负责与客户沟通协调，要求客户先垫付该笔费用。

表3-67 货物不正常运输处置报告单

货运单号码		货物品名			
件数/重量		航班信息(头程)		航班信息(二程)	
始发站		中转站		目的站	
货物不正常情况及处置办法					
处置费用	项目1：			金额：	
	项目2：			金额：	
	项目3：			金额：	
合计(人民币大写)				总额	
经办单位意见	经办人：		领导签字：(盖章)		
货运部服务质量管理办公室意见	经办人：		领导签字：(盖章)		
货运部领导意见	经办人：		领导签字：(盖章)		

【任务巩固】

一、判断题（下面说法对的打√，错的打×）

（　　）1. 国际货物到达国内目的站后，超过 15 日即可由承运航空公司自行处理。

（　　）2. 货物被海关扣关后，承运航空公司只需要通知托运人即可。

二、简答题

1. 请简述自愿变更运输和非自愿变更运输的区别。

2. 请简述货物被扣关后的一般处理流程。

模块 4
水路运输作业实务

【案例导入】

十年来我国水运事业发展取得的成就

技能训练任务 1 认知水运

【任务目标】

水路运输是以船舶为主要运输工具，以港口或港站为运输基地，以水域包括海洋、河流和湖泊为运输活动范围的一种运输方式，是各主要运输方式中兴起最早、历史最长的运输方式，而港、船、货、线是水运四要素，因此有必要对其有个全面的认知。通过本任务的学习和训练，同学们能够达成以下目标。

（1）熟悉水运的港口布局、船舶种类、货物种类。

（2）熟悉集装箱的主要类型，能识别集装箱上各种标识的意义。

（3）了解常见的水运公司。

（4）能够根据客户的运输要求选择适合的水运公司、船型和集装箱。

（5）了解我国水运事业发展成就，树立学生科技报国志向。

【任务准备】

1. 教师课前准备

（1）教具：课件一个，地球仪一个，中国地图一份，世界地图一份，张贴板一块、水笔若干支、板钉一批、书写卡片（不同形状）若干。

（2）根据学生情况进行分组，也可要求学生独立完成。

2. 学生课前任务

（1）相关知识回顾：水路运输的特点（知识结构图）。

（2）查找各船公司所开设的航线，对比分析有什么特点。

任务书

任务1：请同学们仔细阅读"拓展升华"的知识点，结合网上查找的相关资料完成以下任务。

（1）根据你现有的认知，请列举你所知道的我国港口名称（不少于5个）。

（2）画出集装箱码头的平面图，并在平面图上规划出港口的各功能区域，在功能区域上注明相应的操作机器和设备，在平面图旁注明该集装箱码头经停哪些航线的船只，列出具体的集装箱航线。

（3）广州商贸公司以CPT成交了一批约8万美元货值的办公家具（组合书桌、1.5m会议桌、书柜等），计划集装箱装运出口到匈牙利首都布达佩斯，有一个月左右的运输时间，这批货物目前在佛山南海桂城，公司自己完成货物保管工作。请为该业务在水运船舶类型中选出最适合的船型，在八条世界上主要的水运航线中选出最适合的航线。

任务2：（1）某公司现接到以下业务：

① 100t散装大豆要从南沙港运到香港。

② 100辆汽车要从南沙港运到日本。

③ 400头牛从南沙港运到英国。

④ 10t、6m长钢材从黄埔港运到大连。

⑤ 10t新鲜水果从广州运到北京。

根据客户要求采用集装箱运输，请你根据以上货物的具体特性，为其选择相应的集装箱，并说明原因。

（2）公司现新订购一批集装箱，集装箱上面有如下标志：

①COSU 2473606。②CN22G1。③MAX GROSS 1234（kg）。④TARE 382（kg）。

请你为大家介绍一下这些标志的具体内涵，并详细说明集装箱外部的主要标记和意义。

任务3：（1）根据你现有的认知，请列举你所知道的中外专门从事水路运输的公司名称（不少于10个）。

（2）从以上列举的水运公司中选出一个你最熟悉的公司进行具体介绍，介绍内容包括公司名称、创办时间、所在地区、公司性质、历届董事长或总经理、经营的业务范围等。（可上网查找和制作PPT，要求老师事先布置任务。）

获取任务 → 体验探究 → 展示分享 → 评价感悟 → 拓展升华

📁 **【任务过程】**

【技能1　认知港船货线】

一、获取任务

任务1：请同学们仔细阅读"拓展升华"的知识点，结合网上查找的相关资料完成以下任务。

（1）根据你现有的认知，请列举你所知道的我国港口名称（不少于5个）。

（2）画出集装箱港口的平面图，并在平面图上规划出港口的各功能区域，在功能区域上注明相应的操作机器和设备，在平面图旁注明该集装箱港口经停哪些航线的船只，列出具体的集装箱航线。

（3）广州商贸公司以CPT成交了一批约8万美元货值的办公家具（组合书桌、1.5m会议桌、书柜等），计划集装箱装运出口到匈牙利首都布达佩斯，有一个月左右运输时间，这批货物目前在佛山南海桂城，公司自己已完成货物保管工作。请为该业务在水运船舶类型中选出最适合的船型，在八条世界上主要的水运航线中选出最适合的航线。

二、体验探究

学生以个人或团队合作的方式，在教师的引导下利用"拓展升华"里的学习资料，结合网上查找的相关资料，完成这个职业任务的体验探究。

1. 体验

（1）我国港口有秦皇岛港、连云港港、上海港、广州港、福州港、烟台港等。

（2）集装箱港口平面图如图4-1所示。

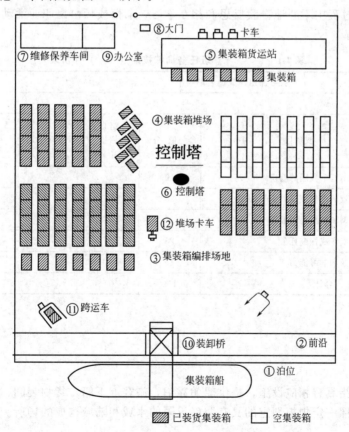

图 4-1　集装箱港口平面图

（3）为该业务选择集装箱船；综合考虑行程距离的远近、运输成本和运输时间，为该批货物选择亚欧航线：佛山—香港—马六甲海峡—印度洋—曼德海峡—红海—苏伊士运河—地中海—科佩尔（斯洛文尼亚）—布达佩斯（匈牙利）。

2. 探究

探究任务1：根据你现有的认知，请列举你所知道的美国港口名称（不少于5个）。

探究任务2：画出件杂货港口的平面图，并在平面图上规划出港口的各功能区域，在功能区域上注明相应的操作机器和设备。

三、展示分享

学生完成任务后，对自己体验过程中的所获、所感、所思与同学们和教师进行分享。

思考： （1）集装箱码头、散煤码头、件杂货码头、油码头之间的港口平面图有哪些区别？

（2）通过前面的体验，你能否独立完成探究任务，并说明理由。

四、评价感悟

学生在这个过程中不断地自我反思和相互学习，渐悟或顿悟出职业活动中解决问题的最佳方式（表4-1）。

表 4-1 （   ）班任务训练技能（   ）评价表

被考评组别		被考评组别成员名单				
考评内容						
考评标准	项目	分值/分	小组自我评价（30%）	其他组别评价（平均）（40%）	教师评价（30%）	合计（100%）
	能否说出五个我国的港口	10				
	能否大致画出集装箱码头平面图	25				
	选择船型和航线是否准确	25				
	能否正确完成探究任务	25				
	综合沟通和学习能力	15				
合计		100				

五、拓展升华

1. 关于港口

（1）港口是指具有相应设施，提供船舶靠泊，旅客上下船，货物装卸、储存、驳运以及相关服务，并按照一定规模划定的具有明确界限的水域和陆域构成的场所。港口分为基本港和非基本港。

① 基本港是指班轮运价表中载明的班轮定期或经常靠泊的港口。大多是航线上较大的口岸，货载多而稳定。在计算运费时，只按基本运费率和有关附加费计收，不论是否转船，不收转船附加费或直航附加费。

② 非基本港，凡基本港口以外的港口都称为非基本港口。非基本港口一般除按基本港

口收费外，还需另外加收转船附加费，达到一定货量时则改为加收直航附加费。

（2）我国的主要港口，分为海港和内河港。我国沿海港口布局如下。

① 三个层次的港口布局，即主要港口、地区性重要港口和一般港口。全国沿海布局规划了 24 个主要港口，另外还划分有区域性枢纽港口 8 个、24 个地区性重要港口。

② 五大区域港口布局，即以天津港领衔的环渤海港口群、以上海港领衔的长江三角洲港口群、以香港港领衔的珠江三角洲港口群、东南沿海港口群和西南沿海港口群。

③ 四大货类运输系统布局，即集装箱运输系统、煤炭运输系统、外贸进口原油运输系统和外贸进口铁矿石运输系统。

我国濒临大海，沿海是具有不冻、不淤、深水、风浪小等特点的天然良港，为我国海上运输事业的发展提供了优越的条件。这些港口有上海港、天津港、广州港、深圳港、宁波港、大连港、青岛港和香港港等。

（3）世界上的主要贸易港口共有 2500 多个，其中分布在太平洋沿岸的港口约占世界港口的 1/6；大西洋沿岸的港口约占世界港口的 3/4；印度洋沿岸的港口约占世界港口的 1/10。其中比较有名的属于全球的几大国际航运中心有：荷兰的鹿特丹港；美国的纽约港、新奥尔良港和休斯敦港；日本的神户港和横滨港；比利时的安特卫普港；新加坡的新加坡港；法国的马赛港；英国的伦敦港。

（4）港口的组成。港口由水域和陆域组成。

① 港口水域是指港界线以内的水域面积。一般须满足两个基本要求：船舶能安全地进出港口和靠离码头；能稳定地进行停泊和装卸作业。水域部分平面图如图 4-2 所示。

图 4-2 水域部分平面图

港口水域主要包括以下几部分。

a. 码头前水域（港池）：码头前供船舶靠离和进行装卸作业的水域。

b. 进出港航道：保证船舶安全方便地进出港口的通道。

c. 船舶转头水域：又称回旋水域，船舶在靠离码头、进出港口需要转头或改换航向时专设的水域。

d. 锚地：指底质、水深、范围和避风浪条件等适合于船舶抛锚停泊的水域。专供船舶在水上停泊及进行各种作业的水域，如装卸锚地、停泊锚地、避风锚地等。

e. 助航设施——航标：分为视觉航标和音响航标。

f. 灯塔：灯塔大都建在重要航道附近的岛屿或陆岸上，是塔状建筑物，塔身涂有明显颜色，顶部装有强力光源，夜间发射规定颜色和性质的灯光。一般装有雾警设备，在能见度不良时，发出规定的音响信号，以引起来往船舶的注意。有的灯塔还设有无线电装置，提供船舶定位或导航用。

g. 灯桩：灯桩与灯塔的作用相同，但构造简单。一般是用钢架、混凝土或石块砌成的建筑物，顶部装有发光的装置，但照射距离较近。

h. 灯船：灯船大多设置在不能设置灯塔的重要航道附近，用以指示船舶进出港或指示浅滩等险区。多涂红色，两侧标有灯船名称或号码。

i. 灯浮标：灯浮标大多设在无法设置灯塔的港口、航道或内河上，用来指示航道或障碍物的位置，灯浮标下装有沉锤或铁锚等设备。

② 港口陆域指港口供货物装卸、堆存、转运和旅客集散之用的陆地面积。陆域上有进港陆上通道（铁路、道路、运输管道等）、码头前方装卸作业区和港口后方区。码头前方装卸作业区供分配货物，布置码头前沿铁路、道路、装卸机械设备，快速周转货物的仓库或堆场（前方库场）及候船大厅等之用。港口后方区供布置港内铁路、道路、较长时间堆存货物的仓库或堆场（后方库场）、港口附属设施（车库、停车场、机具修理车间、工具房、变电站、消防站等）以及行政、服务房屋等。为减少港口陆域面积，港内可不设后方库场。陆域部分平面图如图4-3所示。

图 4-3　陆域部分平面图

港口码头按照不同货物运输具体可分为集装箱码头、散煤码头、件杂货码头等。下面以集装箱码头为例对港口陆域进行详细解说。

a. 泊位：是供船舶停靠、货物装卸作业的场所。通常有三种形式：顺岸式、突堤式和栈桥式。集装箱码头通常采用顺岸式。

b. 码头前沿：是指泊位岸线至堆场的这部分区域，主要用于布置集装箱装卸桥和集装箱牵引车通道。

c. 堆场：是集装箱码头堆放集装箱的场地，为提高码头作业效率，堆场又可分为前方堆场和后方堆场两个部分。前方堆场位于码头前沿与后方堆场之间，主要用于出口集装箱或进口集装箱的临时堆放；后方堆场紧靠前方堆场，是码头堆放集装箱的主要部分，用于堆放和保管各种重箱和空箱。

d. 控制室：又称中心控制室，简称"中控"，是集装箱码头各项生产作业的中枢，集组织指挥、监督、协调、控制于一体，是集装箱码头重要的业务部门。

e. 检查口：是公路集装箱进出码头的必经之处，也是划分交接双方对集装箱责任的分界点，同时检查口还是处理集装箱进出口有关业务的重要部分。

f. 集装箱货运站：码头的集装箱货运站主要工作是装箱和拆箱，作为集装箱码头的辅助功能，集装箱货运站通常设于码头的后方。

g. 集装箱码头主要装卸设备如下。

岸边装卸设备：装卸桥、多用途门座起重机、高架轮胎式起重机。

水平运输机械：牵引车、挂车、跨运车。

场地装卸机械：叉车、龙门起重机、正面吊运机。

2. 关于船舶

（1）船舶是水路运输系统的重要组成部分，是水路运输的必要运输工具。海上货物运输船舶的种类繁多，按照其用途不同，可分为干货船和油槽船两大类。各类船舶的特征及其适用的货物类型，见表 4-2。

表 4-2　海运船舶分类

海运船舶类型		适用货物类型	船舶特征
干货船	杂货船/普通货船（图 4-4）	以各种包装（如一般包装、袋装、箱装和桶装）的普通货物和裸装货为主	较定期航行于货运繁忙的航线，船上配有起吊设备，有多层甲板把船舱分隔成多层货柜，可装载不同的货物。载重量一般较小，吨位为 5000～20000t
	干散货船（图 4-5）	煤、矿砂、盐、谷物等散装（无包装）的大宗散货	按装载货物的种类分为粮谷船、煤船和矿砂船，吨位大但通用性差；散货不怕压，为装卸方便，货船均为单甲板，舱内不设支柱，设有隔板，通常采用码头专用设备装运，卸货效率高
	冷藏船（图 4-6）	肉类、水果等冷冻易腐货物	设有良好的隔热和冷藏系统，货舱口较小，吨位不大，几百吨至几千吨
	木材船（图 4-7）	木材或原木	货舱长而大，舱内无支柱，船舱及甲板上均可装载木材或原木
	滚装船（图 4-8）	汽车、集装箱和大型设备	船本身无须装卸设备，在船侧或船的首、尾有开口斜坡连接码头，由牵引车或叉车直接进行装卸
	集装箱船（图 4-9）	各种货物	航速较快，货舱内有格栅式货架以固定集装箱
	载驳货船/子母船（图 4-10）	在大船上搭载驳船，驳船内装载货物的船舶	不受港口水深限制，不占用码头泊位，装卸货物均在锚地进行，装卸效率高
油槽船/液货船	油船（图 4-11）	石油及石油产品（柴油、汽油和重油等）	为防火防爆，甲板上不允许用带电拖动设备，通常用蒸汽机。结构上也不设双层底，尾机型，干舷很小，船型丰满，船速不高
	液化天然气船（图 4-12）	经过液化的天然气	液舱有严格的隔热结构，有球场形和矩形形状
	液化石油气船（图 4-13）	经过液化的石油气	分为全加压式液化石油气船、全冷冻式液化石油气船和半加压半冷冻式液化石油气船三种
	液体化学品船（图 4-14）	载运醚、苯、醇、酸等有毒、易燃、腐蚀性强的液化物	多为双层底，货舱多且小

图 4-4　杂货船　　　　　图 4-5　干散货船　　　　　图 4-6　冷藏船

图 4-7　木材船

图 4-8　滚装船

图 4-9　集装箱船

图 4-10　载驳货船

图 4-11　油船

图 4-12　液化天然气船

图 4-13　液化石油气船

图 4-14　液体化学品船

（2）国际水运船舶经营方式可分为班轮运输和租船运输。

① 班轮运输也称定期船运输，指班轮公司将船舶按固定的航线和预先公布的船期表在固定港口间运送旅客和货物，并按相对固定的运费率收取运费的运输。适合于货流稳定、货种多、批量小的杂货运输。

② 租船运输也称不定期船运输，根据租船协议，船东将船舶出租给租船人使用，以完成特定的运输任务，费用按照协议事先商定收取。其中包括航次租船、定期租船、包运租船和光船租船。

3. 关于货物

（1）海运货物是指经海上运输部门承运的货物。根据不同依据可以分成不同的种类，详见表 4-3。

表 4-3　国际海运货物常见分类

分类			货物类型
按货物装运形态分类	散装货	液体散装货	石油、成品油、液化燃气、液态化学品、其他液体货物等
		干质散装货	大宗散货：煤炭、金属矿石、粮食等
			小宗批量散货：钢铁、木材、化肥、水泥等
	件杂货		主要包括机电设备、化工、轻工医药及其他工业制成品、农牧渔业产品等。这些货物一般以"件""箱""捆"等形式托运

分类		货物类型	
按货物性质分类	普通货物	清洁货物	清洁、干燥；可以供人食用；不能受压，易破碎
		液体货物	装于桶、瓶、坛等容器内的流质或半流质
		粗劣货物	能散发气味，有扬尘污染
		危险货物	
	特殊货物	冷藏货物	
		贵重货物	
		活的动物、植物	
		长、大、笨重的货物	

（2）货物的标志。在货物或包装表面、专用的号牌或标签上，用颜料、印痕、烙印或其他办法，记载的任何有一定含义的图形、文字和数字统称为标志。

货物标志的作用是便于工作人员在运输的每个环节中识别和区分货物，以利于货物的分票、理货和交接；同时，显示出货物重量、尺码、性质及注意事项等，在装运中启示工作人员正确操作，以保证货物的完整和人身及船舶安全。货物标志分成以下三类。

① 运输标志。也称识别标志、发货人标志。它是印写在货物外包装上的文字或符号，是水上运输及库场理货、交接、堆垛、保管的重要依据。运输标志分为主标志和副标志。

a. 主标志表示发货人或收货人的名称，即为货物的代号。常被称为货物的"唛头"（MARK）。主标志通常以简单的几何图形（如三角形、圆形、菱形等）配以文字表示，包括收货人名称、贸易合同编号或信用证编号及发货符号。货物主标志在有关货运单证如装货单、提单、舱单（载货清单）等均应全部记载它的内容。

b. 副标志是主标志的补充，包括货名、目的港、发货港、件号（货物编号、批号）、货物重量和尺码、原产国等。

常见的运输标志列举如下：

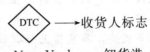

New York ——→卸货港

225/340 ——→装货单编号/货物数量（此批货物共 340 件，此件为第 225 件）

② 指示性标志。根据货物特性提醒有关人员在装卸、保管、开启等过程中应注意的事项，以确保货物质量完整。如向上、防潮、小心轻放、由此吊起等。

③ 警告性标志。又称危险品标志，是指在易燃品、爆炸品、有毒品、腐蚀性物品、放射性物品的运输包装上标明其危险性质的文字或图形说明。

4. 关于航线

航线是指船舶在两个或多个港口之间从事货物运输的路线。常见的分类有以下三种。

① 按航程的远近分类如下。

a. 远洋航线：指航程距离较远，船舶航行跨越大洋的运输航线，如远东至欧洲和美洲的航线。我国习惯上以亚丁港为界，把去往亚丁港以西，包括红海两岸和欧洲以及南北美洲广大地区的航线划为远洋航线。

b. 近洋航线：指本国各港口至邻近国家港口间的海上运输航线的统称。我国习惯上把航线在亚丁港以东地区的亚洲和大洋洲的航线称为近洋航线。

c. 沿海航线：指本国沿海各港之间的海上运输航线，如上海/广州、青岛/大连等。

② 按照经营方式分类如下。

a. 定期航线：固定的船舶，按固定的船期和港口航行，并以相对固定的运价经营客货运输业务的航线。定期航线又称班轮航线，主要装运杂货物。

b. 不定期航线：临时根据货运的需要而选择的航线。船舶、船期、挂靠港口均不固定，是以经营大宗、低价货物运输业务为主的航线。

③ 按照航行的水域范围分类：太平洋航线、大西洋航线、印度洋航线和北冰洋航线。

知识小栏目

1. 区别重货与轻货的临界标准：积载因数。

积载因数大于 1 为轻货，小于 1 为重货。

积载因数＝体积÷毛重（单位：立方米/公吨；立方英尺/长吨）

2. 载重量在 25 万吨以上的巨轮无法通过苏伊士运河，需绕过非洲南端的好望角。

【技能 2　认知集装箱】

一、获取任务

任务 2：（1）某公司现接到以下业务：

① 100t 散装大豆要从南沙港运到香港。

② 100 辆汽车要从南沙港运到日本。

③ 400 头牛从南沙港运到英国。

④ 10t、6m 长钢材从黄埔港运到大连。

⑤ 10t 新鲜水果从广州运到北京。

根据客户要求采用集装箱运输，请你根据以上货物的具体特性，为其选择相应的集装箱，并说明原因。

（2）公司现新订购一批集装箱，集装箱上面有如下标志：

①COSU 2473606。②CN22G1。③MAX GROSS 1234（kg）。④TARE 382（kg）。

请你为大家介绍一下这些标志的具体内涵，并详细说明集装箱外部的主要标记和意义。

二、体验探究

学生以个人或团队合作的方式，在老师的引导下利用"拓展升华"里的学习资料，根据任务中的要求完成这个职业任务的体验探究。

1. 体验

（1）根据拓展升华中各集装箱类型的特点及适合装运的货物为业务选择的集装箱如下：①散货集装箱。②平台集装箱。③动物集装箱。④平台集装箱。⑤冷藏集装箱。

（2）集装箱标志含义如下。

① COSU 2473606：COS 是箱主代号，中国远洋运输（集团）总公司的简称；U 是设备识别代号，表示常规集装箱；247360 是箱号；6 是核对数。

② CN22G1：CN 为集装箱登记所在国的代号（中国），"22G1"为集装箱尺寸与类型代号，

"22"表示箱长为20ft，箱宽为8ft，箱高为8ft6in❶；"G1"表示上方有透气罩的通用集装箱。

③ MAX GROSS 1234（kg）：表示该集装箱的最大总重为1234kg。

④ TARE 382（kg）：表示该集装箱的皮重为382kg。

2. 探究

> 探究任务1：为以下业务选择合适类型的集装箱装运。
> ① 100桶某原料药从广州运到天津。
> ② 200箱日用百货。
> ③ 一批散装砂石。
> ④ 50箱巧克力。
> ⑤ 2000件需要挂晾的男士衬衣。
> 探究任务2：自己或者小组合作动手制作一个纸质集装箱，并在集装箱上标注相关标识。

三、展示分享

学生完成任务后，对自己体验过程中的所获、所感、所思与同学们和教师进行分享。

> **思考**：（1）总结一下各类集装箱运输货物的特点。
> （2）集装箱的标识类别有哪些？

四、评价感悟

学生在这个过程中不断地自我反思和相互学习，渐悟或顿悟出职业活动中解决问题的最佳方式（表4-4）。

表4-4 （　　　　）班任务训练技能（　　　　）评价表

被考评组别	被考评组别成员名单					
考评内容						
考评标准	项目	分值/分	小组自我评价（30%）	其他组别评价（平均）(40%)	教师评价（30%）	合计（100%）
	能否正确选择集装箱类型	25				
	能否识别集装箱上的各类标识	25				
	能否自己制作相应的集装箱标识	25				
	综合沟通和学习能力	25				
合计		100				

五、拓展升华

1. 集装箱的定义

集装箱是指具有足够强度，能装载包装或无包装货进行运输，便于用机械设备进行装卸

---

❶ 1in＝2.54cm。

搬运可长期反复使用的一种成组工具。

2. 集装箱的分类

集装箱有多种材质、类型和规格型号，分类方法多种多样，这里介绍在海上运输中常见的按所装货物种类分类的国际货运集装箱类型，如表 4-5 所示。

表 4-5　集装箱类型和适运货物对照表

集装箱类型	适合装运的货物	特点
杂货集装箱(干货集装箱)(图 4-15)	以装运件杂货为主，如文化用品、日用百货、医药、纺织品、工艺品、五金交电、电子机械等	这类集装箱占总集装箱的 70%～80%
散货集装箱(图 4-16)	适宜装粮食、水泥、粉末、颗粒状货物等各种散装的货物，若要进行植物检疫，还可在箱内熏舱蒸洗	一般在顶部设有 2～3 个小舱口，以便装货，底部有升降架，以便卸货
罐式集装箱(液体货集装箱)(图 4-17)	运输食品、药品、化工品等液体货物	在一个金属钢架内固定上了一个液罐
冷藏集装箱(图 4-18)	运输冷藏冷冻食品、新鲜果蔬或特种化工产品，或夏天运送黄油、巧克力、冷冻鱼肉等物品	附有冷冻机设备，并在内壁敷设热传导率较低的材料，分外置式和内置式两种
开顶集装箱(图 4-19)	适合装载体积高大的物体，如玻璃板等	没有箱顶，可用起重机从箱顶上面装卸货物，装运后用防水布覆盖顶部
框架集装箱(图 4-20)	主要运载超重货物，如钢材之类可以免除外包装的裸装货	没有箱顶和两侧，从集装箱侧面进行装载
平台集装箱(图 4-21)	装运汽车等超长超重货物	形状类似铁路平板车
动物集装箱(图 4-22)	装运牛、马等活动物	箱子侧面采用金属网，有通风设施，带有喂料和除粪装置
服装集装箱(挂式集装箱)(图 4-23)	装运服装类商品	箱内上侧梁上装有许多根横杆，每根横杆上垂下若干条皮带扣、尼龙带扣或绳索。成衣利用衣架上的钩，直接挂在带扣或绳索上

图 4-15　杂货集装箱

图 4-16　散货集装箱

图 4-17　液体货集装箱

图 4-18　冷藏集装箱

图 4-19　开顶集装箱

图 4-20　框架集装箱

图 4-21　平台集装箱

图 4-22　动物集装箱

图 4-23　服装集装箱

3. 常见的各类集装箱规格尺寸（表 4-6）

表 4-6　常见的各类集装箱规格尺寸

集装箱(货柜)类型	内容积	内容积/m	配货毛重/t	体积/m³
20ft 普通箱(20GP)	20ft×8ft×8ft6in	5.69×2.13×2.18	17.5	24～26
40ft 普通箱(40GP)	40ft×8ft×8ft6in	11.8×2.13×2.18	22	54
40ft 高箱(40HQ)	40ft×8ft×9ft6in	11.8×2.13×2.72	22	68
45ft 高箱(45HQ)	45ft×8ft×9ft6in	13.58×2.34×2.71	29	86

4. 集装箱的标识

为了方便集装箱运输管理，国际标准化组织拟定了集装箱标志方案。国际标准化组织规定的集装箱标记有"必备标记"和"自选标记"两类；每一类标记中，又分"识别标记"和"作业标记"两种。

（1）必备标记——识别标记

① 箱主代号，即集装箱所有人代号。国际标准化组织规定，箱主代号由大写的拉丁文字母表示，前三位由箱主自己规定。表 4-7 是世界主要班轮公司箱主代号。

表 4-7　世界主要班轮公司箱主代号

船公司名称	英文缩写	箱主代码	船公司名称	英文缩写	箱主代码
丹麦马士基	MAEERSK	MSKU/MAEU	中海集运	CSC/CSL	CCLU
瑞士地中海	MSC	MSCU	中国台湾万海	WHL	WHLU
中国台湾长荣	EVERGREEN	EMCU	智利北欧亚	NCL	NCLU
中国远洋	COSCO	CBHU/COSU	韩国韩进	HAJIN	HJSU
法国达飞	CMA	ECMU	韩国现代	HMM	HMMU
中国香港东方海外	OOCL	OOLU	中国山东海丰	SITC	SITU
美国总统	APL	APLU	以色列以星	ZIM	ZIMU
日本邮船	NYK	NYKU	中国宁波远洋	NBSCO	NBSU
日本川崎	K-LINE	KKFU	新加坡太平	PIL	PILU

② 设备识别代号。用 1 位大写拉丁字母表示：U 表示常规集装箱；J 表示带有可装卸设备的集装箱；Z 表示集装箱拖车和底盘车。

③ 顺序号，又称箱号，由 6 位阿拉伯数字组成。如数字不是 6 位时，则在有效数字前用"0"补足 6 位。如"053842"。

④ 核对数字，由一位阿拉伯数字表示，列于 6 位箱号之后，置于方框之中。是箱主代号和顺序号中的每一个数字，通过一定方式换算而得。

集装箱标识1如图4-24所示。

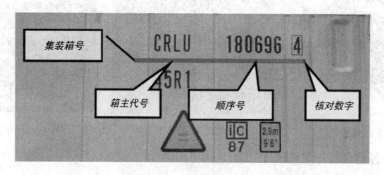

图 4-24　集装箱标识1

（2）必备标记——作业标记

① 额定重量和自重标记。集装箱的额定重量（空箱重量）和箱内装载货物的最大容许重量之和，即最大工作总重量，简称最大总重，以 R 表示。集装箱的自重又称空箱重量，以 T 表示。集装箱重量，ISO688 规定应以千克（kg）和磅（lb）同时表示。

额定重量和自重标记表示如表 4-8 所示。集装箱标识 2 如图 4-25 所示。

表 4-8　额定重量和自重标记表示

英文名称	中文名称
GROSS；Max Gross	最大总重
TRAE	皮重
NET，PAYLOAD	净重，货重
KG/KGS，LB/LBS	千克，磅
CUBE	立方
CU. M，CU. FT	立方米，立方英尺

图 4-25　集装箱标识2

② 空陆水联运集装箱标记。由于该集装箱的强度仅能堆码两层，因而国际标准化组织对该集装箱规定了特殊的标志，该标记为黑色，位于侧壁和端壁的左上角，并规定标记的最小尺寸为高 127mm、长 355mm，字母标记的字体高度至少为 76mm。

③ 登箱顶触电警告标记。该标记为黄色底各色三角形，一般设在罐式集装箱和位于登顶箱顶的扶梯处，以警告登体者有触电危险。

（3）自选标记——识别标记（图4-26）

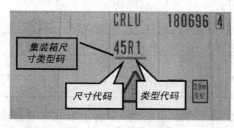

图 4-26　集装箱标识3

① 国籍代号。所使用的国家和地区代号应按 ISO3166 所确定的两字母代号表示。如中国用 CN、美国用 US。

② 尺寸代号和类型代号（箱型代码）（表4-9 和表4-10）。

表 4-9	常见集装箱尺寸类型码第一、二位	
箱长/ft	尺寸代码	箱高/ft
20	20	8'
	22	8'6"
	25	9'6"
40	40	8'
	42	8'6"
	44	9'
	45	9'6"

表 4-10	常见集装箱尺寸类型码第三位
代码	箱型
G	通用集装箱(无通风装置)
R	冷藏集装箱
U	开顶式集装箱
P	平台和台架式集装箱
T	罐式集装箱

集装箱的尺寸和类型代号，前两位数字表示尺寸，后两位数字表示类型，类型代号中第一个字符表示集装箱的类型，第二个字符表示某类型集装箱的特征。

（4）自选标记——作业标记

① 超高标记。该标记为在黄色底上标出黑色数字和边框，此标记贴在集装箱每侧的左下角，距箱底约 0.6m 处，同时要贴在集装箱主要标记的下方。凡高度超过 2.6m 的集装箱应贴上此标记。

② 国际铁路联盟标记。凡符合《国际铁路联盟条例》规定的集装箱，可以获得此标记。该标志是在欧洲铁路上运输集装箱的必要通行标志。

若要使集装箱在运输过程中能顺利地通过或过境，箱上必须贴有按规定要求的各种通行标志，否则，必须办理烦琐证明手续，会延长集装箱的周转时间。集装箱上主要的通行标记有安全合格牌照、集装箱批准牌照、防虫处理板、检验合格徽及国际铁路联盟标记等。集装箱标记代号的位置如图 4-27 所示。

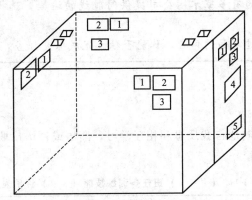

图 4-27　集装箱标记代号的位置

1—箱主代号；2—箱号或顺序号、核对数字；3—集装箱尺寸及类型代号；
4—集装箱总量、自重和容积；5—集装箱制造厂名及出厂日期

【技能 3　认知水运公司】

一、获取任务

任务 3：（1）根据你现有的认知，请列举你所知道的中外专门从事水路运输的公司名称（不少于 10 个）。

（2）从以上列举的水运公司中选出一个你最熟悉的公司进行具体介绍，介绍内容包括公司名称、创办时间、所在地区、公司性质、历届董事长或总经理、经营的业务范围等。（可上网查找和制作 PPT，要求老师事先布置任务。）

二、体验探究

学生以个人或团队合作的方式，在教师的引导下利用"拓展升华"里的学习资料，根据任务中的要求，完成这个职业任务的体验探究。

1. 体验

本任务没有统一的标准答案，学生根据自己的认知和查看资料进行作答。

2. 探究

探究任务：请列举出五个我国专门从事水路运输的公司名称，并选择其中一个详细了解其公司发展历程和经营范围。

三、展示分享

学生完成任务后，对自己体验过程中的所获、所感、所思与同学们和教师进行分享。

思考：（1）如遇有多家水运公司提供同航线的运输，选择要考虑哪些因素？
（2）通过前面的体验，你能否独立完成探究任务，并说明理由。

四、评价感悟

学生在这个过程中不断地自我反思和相互学习，渐悟或顿悟出职业活动中解决问题的最佳方式（表 4-11）。

表 4-11 （　　）班任务训练技能（　　）评价表

被考评组别		被考评组别成员名单					
考评内容							
考评标准	项目		分值/分	小组自我评价（30%）	其他组别评价（平均）（40%）	教师评价（30%）	合计（100%）
	能否说出几个常见水运公司的名字		25				
	能否自主查询资料了解到水运公司的相关资料		25				
	能否认识几个全球知名的水运公司		25				
	综合沟通和学习能力		25				
合计			100				

五、拓展升华

水运包括远洋运输、近海运输、海河联运、内河运输。除了远洋运输外，提供内河运输等的水运公司多且杂，大小公司都特别多，在这里就不列举了。主要介绍一下全球主要国际班轮运输公司，详见表 4-12。

表 4-12　全球主要国际班轮运输公司

英文缩写	公司全称及标志	经营范围
APL	美国总统轮船有限公司 APL Moving Business Forward	为公司自有、租用或经营的船舶提供下列服务：①揽货、订舱；②准备、确认、缮制和签发提单（含全程提单）；③收取和汇寄运费及其他收入；④谈判和签订服务合同（含货物装卸、卡车运输和铁路运输服务合同）；⑤为自有、租用或经营船舶提供船舶代理服务，包括报关和报验；⑥使用商业上通用的提单或联运单证开展多式联运或联合运输
CMA	达飞轮船（中国）有限公司 CMA CGM The French Line	为法国达飞轮船股份有限公司自有或经营的船舶提供揽货、订舱、缮制和签发提单、收取和汇寄运费以及其他相关费用、签订服务合同；国际船舶代理；企业管理咨询服务；信息技术服务
COSCO	中国远洋海运集团有限公司 中国远洋海运 COSCO SHIPPING CHINA COSCO SHIPPING	国际船舶运输、国际海运辅助业务；从事货物及技术的进出口业务；海上、陆路、航空国际货运代理业务；自有船舶租赁；船舶、集装箱、钢材销售；海洋工程装备设计；码头和港口投资；通信设备销售，信息与技术服务；仓储（除危险化品）；从事船舶、备件相关领域内的技术开发、技术转让、技术咨询、技术服务，股权投资基金
EMC	长荣海运股份有限公司 長榮海運	经营约150艘全货柜轮，采用全新的微电脑控制的冷冻、冷藏货柜，为全球货主提供了更具保障的专业生鲜运输服务，该项服务网络已经遍及亚洲、美洲、欧洲、地中海、非洲及大洋洲等各主要地区；自行投资兴建货柜码头；"电子船期查询"，提供客户互动式"点到点"的最新船期资讯；"货柜动态追踪"，提供货主最即时、最正确的货物动态；"电子提单"，提供客户直接上网查询提单内容与线上列印提单等服务功能
ZIM	以星轮船有限公司 ZIM	受母公司及其所投资企业的委托，提供投资经营决策服务、资金运作和财务管理服务、管理咨询服务、市场营销服务、信息服务、研发和技术支持服务，以及承接本公司集团内部的共享服务及境外公司的服务外包、员工培训和管理；为以色列以星综合航运有限公司自有或经营的船舶提供以下服务：揽货、缮制和签发提单、收取和汇寄运费、签订服务合同
HMM	现代商船有限公司 HMM	为韩国现代商船有限公司自有或经营的船舶揽货、缮制和签发海运提单、收取和汇寄运费、签订服务合同；船务领域内企业管理系统软件的开发、设计、制作，销售自产产品，并提供相关的技术咨询和技术服务

英文缩写	公司全称及标志	经营范围
MSC	地中海航运有限公司	经营约 255 艘集装箱船,880000TEU 的运力,在全球五大洲 215 个码头停靠,提供 175 条直航和组合航线服务;提供进口和出口的海运物流服务到/从欧洲地区、地中海、黑海、亚得里亚海、斯堪的纳维亚半岛、非洲、澳大利亚、新西兰、北美、南美、中东、南亚和东南亚地区
MAERSK	马士基航运有限公司	国际船舶代理业务;国际货运代理;国内货运代理;仓储服务
YML	阳明海运股份有限公司	拥有约 94 艘营运船舶,承运能量高达 400 万载重吨,年营运货柜逾 240 万 TEUS,船队包括货柜船、散装船及代营台电运煤轮
HPL	赫伯罗特货柜航运有限公司	为赫伯罗特股份公司自有或经营的船舶提供揽货、订舱、缮制和签发提单、收取和汇寄运费、签订服务合同
PIL	太平船务有限公司	受母公司及其所投资企业的委托,为其提供下列服务:投资经营决策、资金动作和财务管理、国内分销及进出口、供应链管理等物流运作,承接本公司集团内部的共享服务及境外公司的服务外包、员工培训与管理;向集团内部关联公司提供自有房屋的出租、管理;为新加坡太平船务有限公司自有或经营的船舶揽活、签发提单、结算运费、签订服务合同
OOCL	东方海外货柜航运有限公司	为东方海外货柜航运有限公司自有或经营的船舶提供下列服务:揽货、缮制和签发东方海外货柜航运有限公司提单、收取和汇寄运费、签订服务合同。为东方海外货柜航运有限公司自有或经营的船舶提供国际船舶代理服务及相关信息技术服务
ONE	海洋网联船务(中国)有限公司	为海洋网联船务有限公司并代表海洋网联船务有限公司提供揽货、缮制和签发提单、收取和汇寄运费、签订服务合同

知识小栏目

截至 2020 年 1 月 7 日,全球集装箱班轮公司运力排名位列排行榜前十名的分别是:马士基航运(第 1 名)、地中海航运(第 2 名)、中远海运集团(第 3 名)、达飞轮船(第 4 名)、赫伯罗特(第 5 名)、ONE(第 6 名)、长荣海运(第 7 名)、阳明海运(第 8 名)、太平船务(第 9 名)、现代商船(第 10 名)。

【任务巩固】

一、选择题（将正确答案填在下面的括号里）

1. 下列适合用干散货船运输的货物是（　　）。

A. 矿砂　　　　　　B. 木材　　　　　　C. 冻鸡腿　　　　　　D. 汽车

2. 箱装服饰适合用下列哪种船型运输（　　）。

A. 杂货船　　　　　B. 滚装船　　　　　C. 干散货船　　　　　D. 木材船

3. 集装箱是指符合一定规定的（　　）。

A. 包装　　　　　　B. 运输工具　　　　C. 容器　　　　　　　D. 运输设备

4. 以下哪类不属于特殊货物（　　）。

A. 贵重货物　　　　B. 活体动物　　　　C. 干质散装货　　　　D. 易腐蚀货物

5. 全球石油运量最大的航线（　　）。

A. 北太平洋航线　　B. 好望角航线　　　C. 南大西洋航线　　　D. 亚欧航线

6. 以下货物适合用杂货集装箱的是（　　）。

A. 巧克力　　　　　B. 散装水泥　　　　C. 钢材　　　　　　　D. 日用百货

7. 下列标志中哪项不属于警告性标志（　　）。

A. 小心轻放　　　　B. 氧化剂　　　　　C. 杂类　　　　　　　D. 腐蚀品

8. 集装箱号 EMCU2473606 中核对号是（　　）。

A. 6　　　　　　　　B. 0　　　　　　　　C. 4　　　　　　　　D. 2

二、查阅《中国港口交通地图》，完成以下任务（表4-13）

表 4-13　港口群的主要港口

港口群名称	包括的主要港口
环渤海地区港口群体	
长江三角洲地区港口群体	
东南沿海地区港口群体	
珠江三角洲地区港口群体	
西南沿海地区港口群体	

三、请根据以下任务（出发港和目的港），选择合适的航线

1. 伦敦—美国波特兰　　　　　　（　　　　　　）
2. 广州—鹿特丹（20万吨货轮）　（　　　　　　）
3. 新加坡—伦敦（30万吨货轮）　（　　　　　　）
4. 横滨—长滩　　　　　　　　　（　　　　　　）

技能训练任务 2　业务受理

【任务目标】

水路运输至今仍是世界许多国家最重要的运输方式之一，在外贸货物的进出口运输中起着其他运输方式无可比拟的优越性，在基本掌握海运四要素知识点后，首先要了解如何办理水路运输接单手续。通过本任务的学习和训练，同学们能够达成以下目标。

（1）了解水路运输业务的分类。

（2）熟悉水路运输三种方式各自的特点。

（3）掌握各种水路运输业务的接单流程。

✏【任务准备】

1. 教师课前准备

（1）教具：课件一个，水路运输合同若干份、张贴板一块、水笔若干支、板钉一批、书写卡片（不同形状）若干。

（2）根据学生情况进行分组，也可要求学生独立完成。

2. 学生课前任务

相关知识回顾。

① 我国的主要港口分布。

② 海运船舶的类型。

③ 海运货物的分类。

④ 主要的海运航线。

任务书

公司现接到如下三批业务：

（1）从重庆运送200t盐（二级货物）到涪陵，已知运价里程为120km，停泊基价为1.5元/t。

（2）从上海港运1000t水泥（四级货物）到青岛，已知运价里程为404n mile，停泊基价为2.60元/t。

（3）上海某公司向日本出口鸡肉23t，共需装1200箱，每箱毛重20kg，每箱体积为20cm×20cm×25cm。该货物对应的上海到神户航线的运价为100美元/运费吨，计费标准为W/M，另加收燃油附加费为10美元/运费吨、港口附加费为12美元/运费吨。

请同学们仔细阅读拓展升华的知识点，结合网上查找的相关资料完成以下任务。

任务1：请根据合同必备的内容设计出一份按月签订货物运输合同的水路运输合同模板。

任务2：请判断以上三种业务分别属于水路运输中的哪种？并列出三种水路运输业务的具体操作流程。

（可小组讨论完成以上的任务，也可独立完成，并将结果写在书写卡片上，便于下一步的展示。）

【任务过程】

【技能1　认识水路运输合同】

一、获取任务

任务1：请根据合同必备的内容设计出一份按月签订货物运输合同的水路运输合同模板。

二、体验探究

学生以个人或团队合作的方式，在教师的引导下利用"拓展升华"里的学习资料，根据合同必备的内容设计出一份按月签订货物运输合同的水路运输合同模板，完成这个职业任务的体验探究。

1. 体验（根据拓展升华中水路运输合同中必备的内容自行设计，可用表格可用文字，没有固定答案）（表4-14）

表4-14　水路运输合同（样本）

水路运输合同(样本)

甲方：＿＿＿＿＿＿＿

乙方：＿＿＿＿＿＿＿

双方经充分协商,达成如下协议。

1. 运输货物：

2. 运输方法：

乙方调派＿＿＿＿＿＿吨位船舶一艘(船舶＿＿＿＿＿＿吊货设备),应甲方要求由＿＿＿＿＿＿港运至＿＿＿＿＿＿＿港,按现行包船运输规定办理。

3. 货物集中：

甲方应按乙方指定时间,将＿＿＿＿＿＿货物于＿＿＿＿＿＿日内集中于＿＿＿＿＿＿港,货物集齐后,乙方应在五日内派船装运。

4. 装船时间：

甲方联系到达港同意安排卸货后,经乙方落实并准备接收集货(开集日期由乙方指定)。装船作业时间,自船舶抵港已靠好码头时起于＿＿＿＿＿＿h内装完货物。

5. 运到期限：

船舶自装货完毕办好手续时起于＿＿＿＿＿＿h内将货物运到目的港。否则按货规第三条规定承担滞延费用。

6. 启航联系：

乙方在船舶装货完毕启航后,即发报通知甲方做好卸货准备,如需领航时亦通知甲方按时派引航员领航,费用由＿＿＿＿＿＿方负担。

7. 卸船时间：

甲方保证乙方船舶抵达_____港锚地,自下锚时起于_____h内将货卸完。否则甲方按超过时间向乙方交付滞延金每吨时_____元,在装卸货过程中,因天气影响装卸作业的时间,经甲方与乙方船舶商议,可按实际影响时间扣除。

8. 双方权利义务:(略)

9. 运输费用:

按省水运货物一级运价率以船舶载重吨位计货物运费_____元,空驶费按运费的_____%计_____元,全船运费为_____元,一次计收。

港口装船费用,按省港口收费规则有关费率计收。卸船等费用,由甲方直接到到达港办理。

10. 费用结算:(略)

11. 违约责任:

本合同经双方签章后,甲方应先付给乙方预付运费用_____元。乙方在船舶卸完后,以运输费用凭据与甲方一次结算,多退少补。

12. 附则:

本合同甲乙双方各执正本一份,副本_____份。

双方签字:

甲方:_____   乙方:_____

法定代表人:_____   法定代表人:_____

开户银行:_____   开户银行:_____

账号:_____   账号:_____

签约日期:_____年___月___日   签约日期:_____年___月___日

2. 探究

> 探究任务:请设计出一份以货物运单作为运输合同的水路运输合同模板。

三、展示分享

学生完成任务后,对自己体验过程中的所获、所感、所思与同学们和教师进行分享。

> **思考:**(1)按月签订货物运输合同和以货物运单作为运输合同的合同有哪些区别?
>
> (2)通过前面的体验,你能否独立完成探究任务,并说明理由。

四、评价感悟

学生在这个过程中不断地自我反思和相互学习,渐悟或顿悟出职业活动中解决问题的最佳方式(表4-15)。

五、拓展升华

1. 水路运输的分类

水路运输的分类具体如图4-28所示,其中租船运输的方式比较多,且灵活性较大,因此在这里主要学习内河运输、沿海运输和班轮运输三种运输方式的业务受理。

表 4-15 （　　　）班任务训练技能（　　　）评价表

考评内容						
考评标准	项目	分值/分	小组自我评价（30%）	其他组别评价（平均）(40%)	教师评价（30%）	合计（100%）
	能否根据合同必备内容草拟出水路运输合同	30				
	能否掌握水路运输的分类	25				
	能否准确说出水路运输合同必备的内容	25				
	综合沟通和学习能力	20				
合计		100				

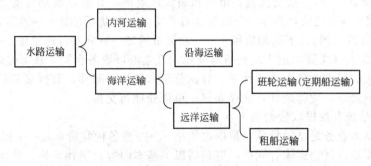

图 4-28　水路运输的分类

（1）内河运输是使用船舶在陆地内的江河湖川等天然或人工水道运送客货的一种方式，主要使用中、小型船舶，它是内陆腹地和沿海地区的纽带。

（2）沿海运输是使用船舶通过大陆附近沿海航道运送客货的一种方式，一般使用中、小型船舶。

（3）班轮运输又称定期船运输，是按照规定的时间，在一定航线上，以既定的港口顺序，经常地从事航线上各港口间的运输。

2. 水路货物运输合同的形式及其主要条款

水路货物运输合同，是指国内沿海港口、沿海与内河港口，以及内河港口之间由承运人收取运费，负责将托运人托运的货物经水路由一港运至另一港的合同。运单是国内水路货物运输最基本的合同形式。

《水路货物运输合同实施细则》规定："大宗物资运输，可按月签订货物运输合同。对其他按规定必须提送月度托运计划的货物，经托运人和承运人协商同意，可以按月签订货物运输合同或以运单作为运输合同。零星货物运输和计划外整批货物运输，以货物运单作为运输合同。""如承、托运双方当事人无须商定特约事项的，可以用月度托运计划表代替运输合同。""在实际办理承托运手续时，托运人还应向承运人按批提出货物运单，作为运输合同的组成部分。"

根据这一规定，水路货物运输形式有两种：一种是月度货物运输合同；另一种是运单。前者适用于计划内大宗物资运输，后者适用于零星货物运输和计划外货物运输。在按月签订货物运输合同的情况下，也必须签发运单，作为运输合同的组成部分。

以运单作为运输合同，托运人只需根据货物的基本情况以及承托双方商定的运输条件填写运单，承运人在运单上加盖承运日期戳，运输合同即告成立。

（1）合同涉及的关系人与当事人如下。

① 托运人是指本人或以其名义或其代表与承运人订立海上货物运输合同或将货物交给

海上货物运输合同有关承运人的人。

托运人的基本业务是询价——→成交——→订舱——→办理单证——→交付托运，分别如下所述。

a. 询价是了解船公司船期、能否运输、运输时间、货物种类、数量、价格和其他运输条件等。

b. 成交是签订托运合同。

c. 订舱是在规定的时间内（一般是船舶到港前5日）向船公司或其代理人订舱填制订舱单。

d. 办理单证是提供各种托运单据和准运证明。

e. 交付托运是托运人将货物按约定的方式交给承运人或其代理人。

② 承运人是指本人或者委托他人以本人名义与托运人订立海上货物运输合同的人。

承运人的基本业务如下。

a. 面对发货方（国）：接受托运、审核和确认订舱单，并据以编制订舱清单——→船舶配载——→船舶积载——→下达装货指示——→编制和对外寄发各种货运单证——→确定运费。

b. 面对收货方（国）：下达卸货指示——→发提货通知——→分发各种单证——→签发提货单。

③ 港口经营人（实际承运人）是指与委托人订立港口业务合同，从事经营性业务的人。

港口经营人的基本业务：理货计量、分拣分票；驳运、搬移；装拆集装箱；货运信息服务；货物运输前处理；货物装卸；堆存仓储；单证处理与交接。

④ 收货人是指有权提取货物的人。

收货人的基本业务是结付货款，换取提货单——→办理各种收货单证——→提货——→索赔。

（2）按月度签订货物运输合同的，应包括以下基本内容：货物名称；货物托运人和收货人名称；起运港和到达港、海、江、河联运货物应载明换装港；货物重量，按体积计费的货物应载明体积；违约责任；特殊条款。

合同条款经双方协商一致，并在合同上签字后，合同即告成立。承、托运双方当事人无须商定特约事项的，可以用月度托运计划表代替运输合同，经双方在计划表上签认后，合同即告成立。

（3）以货物运单作为运输合同，货物运单应包括以下主要内容：货物名称；重量、件数、按体积计费的货物应载明体积；包装；运输标志；起运港和到达港、海、江、河联运货物应载明换装港；托运人、收货人名称及其详细地址；运费、港口费和有关的其他费用及其结算方式；承运日期；运到期限（规定期限或商定期限）；货物价值；双方商定的其他事项。

以货物运单作为运输合同的，经承、托双方商定货物的集中时间、地点，由双方认真验收、交接，并经承运人在托运人提出的货物运单上加盖承运日期戳记后，合同即告成立。

知识小栏目

水路运输合同没有完全固定的模板，各企业可根据各自需要调整，但合同中的基本内容大致相同。

【技能2　内河、沿海、班轮运输业务受理】

一、获取任务

（1）从重庆运送200t盐（二级货物）到涪陵，已知运价里程为120km，停泊基价为1.5元/t。

（2）从上海港运 1000t 水泥（四级货物）到青岛，已知运价里程为 404n mile，停泊基价为 2.60 元/t。

（3）上海某公司向日本出口鸡肉 23t，共需装 1200 箱，每箱毛重 20kg，每箱体积为 20cm×20cm×25cm。该货物对应的上海到神户航线的运价为 100 美元/运费吨，计费标准为 W/M，另加收燃油附加费 10 美元/运费吨、港口附加费 12 美元/运费吨。

任务 2：请判断以上三种业务分别属于水路运输中的哪种？并写出三种水路运输方式业务受理流程。

二、体验探究

学生以个人或团队合作的方式，在教师的引导下利用"拓展升华"里的学习资料，根据任务中的要求完成这个职业任务的体验探究。

1. 体验

（1）根据三种运输方式的特点判断。第一个业务即重庆市位于中国西南部、长江上游，辖区主要分布在长江沿线；涪陵居重庆市中部、三峡库区腹地，位于长江、乌江交汇处，采用内河运输；第二个业务采用沿海运输；第三个业务采用班轮运输。

（2）三种水路运输方式的操作流程详见"拓展升华"中的流程。

2. 探究

探究任务：请判断以下三种业务在内河、沿海和班轮运输中，使用哪种运输方式最合适。

（1）从宜宾运送 100t 木材到重庆。

（2）出口 6000 桶油漆至澳大利亚的墨尔本，每 12 桶装一纸箱，纸箱尺码为 30cm×40cm×20cm，毛重 60kg，净重 58kg。

（3）从大连港运 2000t 木材到上海，已知运价里程为 562n mile。

三、展示分享

学生完成任务后，对自己体验过程中的所获、所感、所思与同学们和教师进行分享。

思考：（1）看到客户业务根据什么来判断选择用哪种运输方式？

（2）通过前面的体验，你能否独立完成探究任务，并说明理由。

四、评价感悟

学生在这个过程中不断地自我反思和相互学习，渐悟或顿悟出职业活动中解决问题的最佳方式（表 4-16）。

五、拓展升华

1. 我国内河航线与港口布局规划

内河水运是综合运输体系和水资源综合利用的重要组成部分，是实现经济社会可持续发

表 4-16 （　　　）班任务训练技能（　　　）评价表

被考评组别			被考评组别成员名单			
考评内容						
考评标准	项目	分值/分	小组自我评价（30%）	其他组别评价（平均）（40%）	教师评价（30%）	合计（100%）
	能否正确判断业务选择运输方式	25				
	能否掌握三种运输方式的特点和之间的区别	25				
	能否掌握三种运输方式的业务流程	30				
	综合沟通和学习能力	20				
合计		100				

展的重要战略资源。我国的内河航运可以归纳为：一纵三横两网。一纵指京杭运河主通道，三横指长江水系主通道、珠江水系主通道和黑龙江—松花江水系主通道，两网指长三角和珠三角航道网。我国主要的内河航道：长江航道、珠江航道、京杭运河航道、松花江航道。我国重要的河港：重庆、武汉、南京、上海、广州、哈尔滨。

2. 内河、沿海货物运输的流程

内河货物运输工作，按照时间先后顺序排列，环节包括签订运输合同、托运货物、承运货物、运送货物、交付货物五个主要环节。

（1）签订运输合同。水路运输合同是指承托双方之间达成的有关水路运送货物的权利和义务的协议，主要内容是承运人收取运输费用，负责将托运人托运的货物经水路运送。这里的水路货物运输合同指在我国沿海、沿江、湖泊及其他通航水域中一切营业性的货物运输，不包括国际海洋货物运输。

（2）托运货物。托运业务主要包括：审核（填写）货物运单、验收（提交）货物、收取（支付）费用。

（3）承运货物。起运港对货物验收完毕（托运人自行装船的，货物装船完毕）在运单上加盖港口日期戳时即为承运。为保证运输质量，起运港应按运单认真验收托运货物。

（4）运送货物。货物装船后，即可开始运送。承运人在运送货物的准备和执行过程中，要严格遵守合同的要求。

（5）交付货物。货物到达港口后，由到达港制定卸货地点，并向收货人及时发出到货通知。

3. 班轮运输业务流程（图 4-29）

（1）揽货。揽货是指从事班轮运输经营的船公司为使自己所经营的班轮运输船舶能在载重量和舱容上得到充分利用，做到"满舱满载"，以期获得最好的经营效益而从货主那里争取货源的行为。

（2）订舱。订舱是指托运人或其代理人向承运人，即班轮公司或它的营业所或代理机构等申请货物运输，承运人对这种申请给予承诺的行为。

（3）接受托运申请。承运人接受托运申请，托运人备货。

（4）接货，换取提单，装船。装船往往是由承运人在各装货港指定装船代理人接收托运货物，办理交接手续，采取集中交接，集中装船。

（5）海上运输。承运人负有对船内货物保管、照料及安全抵达目的港的责任和义务，启航后电告到达港卸货代理人，通报到达时间和货物装载信息。

（6）卸货。承运人在卸货港的代理人根据船舶的到港时间编制有关单证，约定泊位，约定装卸公司准备卸货，同时通知收货人准备接货，通常采用集中卸船，仓库交付的办法。

（7）交付货物。收货人将提单交给承运人或其卸货港的代理人，代理人审核后签发提货单（D/O），收货人凭提货单提取货物。

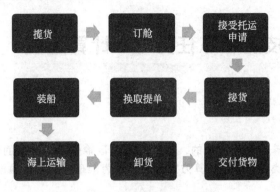

图 4-29 班轮运输业务流程

从以上技能训练中我们知道，水路运输业务受理中，我们要熟悉水路运输的合同，掌握三种运输方式的特点，能够根据业务判断选择并操作业务受理流程。

⦿【任务巩固】

选择题（将正确答案填在下面的括号里）

1. 通常被称为海上货物运输合同的国际航线的水路货物运输合同是以（　　）作为合同当事人。

A. 承运人　　　　　　　　　　　　　　B. 托运人

C. A 或 B 都可以　　　　　　　　　　　D. A 和 B 联合

2. 托运人是指（　　）。

A. 与承运人订有合同的人　　　　　　　B. 货运代理人

C. 买方　　　　　　　　　　　　　　　D. 无船承运人

3. 收货人是指（　　）。

A. 船公司代理　　　B. 提单持有人　　　C. 无船承运人　　　D. 货运代理人

4. 水路运输的业务流程是（　　）。

A. 揽货→申报舱位计划→理货→装船→承运→到货通知

B. 货运代理与船公司达成托运合同→承运→到货通知

C. 填写托运单→提交托运货物→装船承运→到货通知

D. 托运→审证与验货→装船→运输→卸船→到达交货

5. 我国内河航运最发达、运输量最大的河流是（　　）。

A. 长江　　　　　　B. 黄河　　　　　　C. 珠江　　　　　　D. 京杭大运河

6. 下列沿海航线中，经过我国四个临海的是（　　）。

A. 天津—宁波　　　B. 青岛—广州　　　C. 大连—上海　　　D. 秦皇岛—海口

7. 班轮运输是指由班轮运输企业按照事先制订的（　　）。

A. 船期表　　　　　B. 定期班表　　　　C. 不定期班表　　　D. 弹性班表

8. （　　）是托运人或其代理人向班轮公司或其代理人申请货物运输，承运人对这种申请给予承诺的行为。

  A. 订舱   B. 提单   C. 运输   D. 送货

9. 托运人申请货物运输可以称之为（ ）。

  A. 订舱   B. 揽货   C. 合同   D. 要约

技能训练任务 3 计算运费

【任务目标】

  水路运输的运费计算是比较复杂的，不同的水路运输类别，运费的计算方式不一样。因此我们有必要对主要运输类别的运费计算方式有一个较为准确的把握。通过本任务的学习和训练，同学们能够达成以下目标。

  (1) 掌握内河运输和沿海运输运费的计算公式、步骤和原理。

  (2) 掌握班轮运输运费的计算公式、步骤和原理。

  (3) 了解内河运输和沿海运输的货物基价的确定、货物运价里程与计算里程的确定。

  (4) 了解货物的级别系数的相关知识点。

【任务准备】

1. 教师课前准备

  (1) 教具：课件一个，国内各航区基价表，北方沿海、长江干线停泊基价表，长江航道主要港口里程表，沿海、长江、黑龙江航区各货类级别系数表，水路运输货物等级表，沿海航区里程区段划分表等，张贴板一块、水笔若干支、板钉一批、书写卡片（不同形状）若干。

  (2) 根据学生情况进行分组，也可要求学生独立完成。

2. 学生课前任务

  (1) 相关知识回顾：水路运输的分类（知识结构图）；毛重、净重、体积重；计费重量。

  (2) 查找各船公司关于长江、沿海、班轮的报价表，对比分析有什么特点。

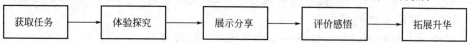

【任务过程】

任务书

公司经过业务谈判后，需要开展以下水路运输水运业务，请你为公司的业务进行运费的确定。
 	
  任务 1：从重庆运送 200t 盐到涪陵。
 	
  任务 2：从上海港运 1000t 水泥到青岛，已知运价里程为 404n mile。

任务3：上海某公司向日本出口鸡肉23t，共需装1200箱，每箱毛重20kg，每箱体积为20cm×20cm×25cm。该货物对应的上海到神户航线的运价为100美元/运费吨，计费标准为W/M，另加收燃油附加费10美元/运费吨、港口附加费12美元/运费吨。

（可小组讨论完成以上的任务，也可独立完成，并将结果写在书写卡片上，便于下一步的展示。）

【技能1 内河运输的运费计算】

一、获取任务

任务1：从重庆运送200t盐到涪陵。

二、体验探究

学生以个人或团队合作的方式，在教师的引导下利用"拓展升华"里的学习资料，计算运费，完成这个职业任务的体验探究。

1. 体验

（1）确定航区：重庆到涪陵属于长江航区。

（2）确定基价：根据表4-17长江航行基价表得知航行基价为0.0280元/(t·km)，根据表4-18北方沿海、长江干线停泊基价表可知停泊基价为1.5元/t。

表4-17 长江航行基价表

运输区段		重庆—宜昌	宜昌—武汉	武汉—上海
航行基价 /[元/(t·km)]	W	0.0280	0.0136	0.0070
	M	0.0195		

表4-18 北方沿海、长江干线停泊基价表

航区	停泊基价/(元/t)	航区	停泊基价/(元/t)
北方沿海	2.6	长江	1.5

（3）确定里程：根据表4-19长江航道（部分）主要港口里程表可知里程为123km，由于长江航区运价起码里程为10km，不足10km的尾数，按10km进整，则运价里程为130km。

表 4-19 长江航道（部分）主要港口里程表

上海	上海																																	
南通	99	南通																																
江阴	157	58	江阴																															
镇江	273	174	116	镇江																														
南京	347	248	190	74	南京																													
马鞍山	396	297	239	123	49	马鞍山																												
芜湖	443	344	286	170	96	47	芜湖																											
铜陵	547	448	390	274	200	151	104	铜陵																										
安庆	639	540	482	366	292	243	196	92	安庆																									
九江	793	694	636	520	446	397	350	246	154	九江																								
黄石	910	811	753	637	563	514	467	363	271	117	黄石																							
汉口	1043	944	886	770	696	647	600	496	404	250	133	汉口																						
城陵矶	1274	1175	1117	1001	927	878	831	727	635	481	364	231	城陵矶																					
石首	1431	1332	1274	1158	1084	1035	988	884	792	638	521	388	157	石首																				
沙市	1521	1422	1364	1248	1174	1125	1078	974	882	728	611	478	247	90	沙市																			
枝城	1613	1514	1456	1340	1266	1217	1170	1066	974	820	703	570	339	182	92	枝城																		
巫山	1839	1740	1682	1566	1492	1443	1396	1292	1200	1046	929	796	565	408	318	226	巫山																	
奉节	1878	1779	1721	1605	1531	1482	1435	1331	1239	1085	968	835	604	447	357	265	39	奉节																
云阳	1941	1842	1784	1668	1594	1545	1498	1394	1302	1148	1031	898	667	510	420	328	102	63	云阳															
万州	2001	1902	1844	1728	1654	1605	1558	1454	1362	1208	1091	958	727	570	480	388	162	123	60	万州														
丰都	2152	2053	1995	1879	1805	1756	1709	1605	1513	1359	1242	1109	878	721	631	539	313	274	211	151	丰都													
涪陵	2206	2107	2049	1933	1859	1810	1763	1659	1567	1413	1296	1163	932	775	685	593	367	328	265	205	54	涪陵												
长寿	2252	2153	2095	1979	1905	1856	1809	1705	1613	1459	1342	1209	978	821	731	639	413	374	311	251	100	46	长寿											
洛碛	2271	2172	2114	1998	1924	1875	1828	1724	1632	1478	1361	1228	997	840	750	658	432	393	330	270	119	65	19	洛碛										
重庆	2329	2230	2172	2056	1982	1933	1886	1782	1690	1536	1419	1286	1055	898	808	716	490	451	388	328	177	123	77	58	重庆									
猫儿沱	2381	2282	2224	2108	2034	1985	1938	1834	1742	1588	1471	1338	1107	950	860	768	542	503	440	380	229	175	129	110	52	猫儿沱								
江津	2400	2301	2243	2127	2053	2004	1957	1853	1761	1607	1490	1357	1126	969	879	787	561	522	459	399	248	194	148	129	71	19	江津							
兰家沱	2410	2311	2253	2137	2063	2014	1967	1863	1771	1617	1500	1367	1136	979	889	797	571	532	469	409	258	204	158	139	81	29	10	兰家沱						
合江	2511	2412	2354	2238	2164	2115	2068	1964	1872	1718	1601	1468	1237	1080	990	898	672	633	570	510	359	305	259	240	182	130	111	101	合江					
泸州	2583	2484	2426	2310	2236	2187	2140	2036	1944	1790	1673	1540	1309	1152	1062	970	744	705	642	582	431	377	331	312	254	202	183	173	72	泸州				
纳溪	2604	2505	2447	2331	2257	2208	2161	2057	1965	1811	1694	1561	1330	1173	1083	991	765	726	663	603	452	398	352	333	275	223	204	194	93	21	纳溪			
江安	2651	2552	2494	2378	2304	2255	2208	2104	2012	1858	1741	1608	1377	1220	1130	1038	812	773	710	650	499	445	399	380	322	270	251	241	140	68	47	江安		
南溪	2668	2569	2511	2395	2321	2272	2225	2121	2029	1875	1758	1625	1394	1237	1147	1055	829	790	727	667	516	462	416	397	339	287	268	258	157	85	64	17	南溪	
宜宾	2713	2614	2556	2440	2366	2317	2270	2166	2074	1920	1803	1670	1439	1282	1192	1100	874	835	772	712	561	507	461	442	384	332	313	303	202	130	109	62	45	宜宾

上海—十六铺 28km	江阴—高港 58km	高港—大港 32km	大港—镇江 24km	铜陵—贵池 30km
贵池—安庆 62km	安庆—湖口 144km	湖口—九江 10km	九江—武穴 46km	武穴—黄石 71km
汉口—牌周 86km	牌周—城陵矶 145km	城陵矶—监利 82km	监利—石首 75km	石首—郝穴 39km
郝穴—公安 18km	公安—沙市 33km	枝城—宜都 20km	宜都—宜昌 36km	宜昌—茅坪 54km
茅坪—巴东 60km	万州—西沱 52km	西沱—忠县 37km	忠县—高镇 43km	高镇—丰都 19km
重庆—鱼洞溪 32km	鱼洞溪—猫儿沱 20km	兰家沱—中白沙 30km	中白沙—合江 71km	纳溪—江安 47km
江安—南溪 17km	南溪—宜宾 45km			

（4）确定货物的级别系数。根据表 4-20 水路运输货物等级表，可知盐为二级货物，从表 4-21 航区各货类级别系数表可知二级货物的级别系数为 105%。

表 4-20　水路运输货物等级表

级别	货物名称	计费单位
一级	（1）肥料、农药及其他用作肥料和农药的货物；（2）石料；（3）泥土砂；（4）铁渣、炉渣、水渣、灰烬、垃圾；（5）农业耕作手工用的锹、锄、镐、镰、犁、耙、木铣、叉及其柄把；（6）麸皮、糠、豆粕、榨饼及用作饲料的糟渣、鱼粉、骨粉、叶粉	W
	（7）外轮胎；（8）洗衣粉；（9）麻袋、麻及其他植物纤维；（10）棉、毛线；（11）各种材料的布匹、呢绒、绸缎；（12）各种材料制的衣服、被褥、毡、毯帐、枕、床单、被面、被里、窗帘、台布、毛巾、围巾、袜子、手套、手帕；（13）棉花；（14）生丝；（15）棉纱；（16）玩具、体育用品、乐器	W/M
二级	（1）生铁、铸铁；（2）砖瓦；（3）水、蒸馏水；（4）盐、盐卤	W
三级	（1）各种粮谷、粮谷粉；（2）散装的矿石、矿砂、矿粉；（3）木薯，地瓜（红薯）；（4）钢坯、钢锭；（5）牲畜、家畜、家禽、野兽（笼装除外）	W
	（6）笼装的牲畜、家畜、家禽、野兽；（7）鲜水果；（8）干鲜蔬菜（不包括咸酱菜及罐头）、海带、粉丝、粉条；（9）茶叶；（10）烟叶；（11）蛋；（12）火柴；（13）各种籽实（仁）	W/M
四级	（1）钢铁制的型材、钢铁的板条、皮、盘元、钢轨及其配件、火车轮箍；（2）有色金属块、锭、板、棒；（3）废碎金属；（4）包装的矿石、矿砂、矿粉；（5）石灰；（6）合金铁	W
	（7）中西成药；（8）禽、畜、兽的毛、绒；（9）橡胶	W/M
五级	（1）煤、焦炭、可燃性片岩、石油焦、腐植酸；（2）水泥；（3）纯碱、土碱；（4）沥青（柏油）；（5）搬家物品；（6）钢铁管及其接头；（7）地瓜干、木薯干；（8）蜜枣；（9）肠衣；（10）蜂蜜；（11）平板玻璃	W
	（12）电机；（13）钢丝绳、电线、电缆、电焊条；（14）五金及五金工具；（15）钢瓶；（16）罐头；（17）木材；（18）竹；（19）肥皂	W/M
六级	（1）硫黄；（2）食糖；（3）瓷砖、玻璃瓦；（4）大理石、水磨石；（5）散装的铜精砂、硫精砂、硅砂	W
	（6）桶装的动物、植物、矿物油；（7）猪鬃、人发；（8）炭黑；（9）卷筒纸、夹板纸，纸浆；（10）胶合板；（11）香烟；（12）明矾；（13）包装的葡萄糖液体	W/M
七级	（1）散装的甲醇、乙醇、苯；（2）松香	W
	（3）桶装的煤集油；（4）油漆、生漆、颜料染料；（5）烈性危险货物；（6）酒（包括药酒）	W/M
八级	列名外货物	W/M
九级	（1）热水瓶、保温瓶及其胆、壳；（2）灯泡、灯管；（3）铝锅、铝壶；（4）杀虫器具；（5）缝纫机台板；（6）鞋、帽；（7）废棉、废碎布、废纸；（8）回收的包装木箱板；（9）木质家具；（10）不能套摞的塑料、铝、玻璃、搪瓷器皿；（11）不能套摞的空桶	W/M
十级	（1）干辣椒；（2）芦苇、芦苇花、草、荷叶；（3）草、竹、芦苇制的席、帘包、垫、绳、鞯、扫帚、葵扇、羽毛扇；（4）树皮、树叶、竹叶、栓皮、棕衣（棕皮）、棕丝、棕骨；（5）中药材；（6）红根、野棉皮、烟杆皮；（7）茶梗；（8）蜜蜂；（9）蚕茧；（10）泡沫塑料；（11）珍珠岩膨胀粉；（12）藤、竹制的几、书架衣架、椅、凳；（13）卫生纸	W/M

表 4-21　航区各货类级别系数表

级别	一级	二级	三级	四级	五级	六级	七级	八级	九级	十级
级别系数/%	100	105	110.25	115.76	134	155.14	216.8	125	85	60

（5）将以上数据代入下面公式。

内河运费的计算公式：

$$运费＝运价率×货物吨数$$
$$运价率＝（航行基价×里程＋停泊基价）×级别系数$$
$$运价率＝（航行基价×里程＋停泊基价）×级别系数$$
$$＝（0.0280×130＋1.5）×105\%$$

$$=5.397(元/t)$$
$$运费＝运价率×货物吨数＝5.397×200＝1079（元）$$

2. 探究

> 探究任务1：查汉口到云阳计价里程有多少千米，计算里程为多少千米？
>
> 探究任务2：从宜宾运送100t木材到重庆，请确定其运费是多少？

三、展示分享

学生完成任务后，对自己体验过程中的所获、所感、所思与同学们和教师进行分享。

> **思考：**（1）内河运输运费的计算关键点是什么？
>
> （2）通过前面的体验，你能否独立完成探究任务，并说明理由。

四、评价感悟

学生在这个过程中不断地自我反思和相互学习，渐悟或顿悟出职业活动中解决问题的最佳方式（表4-22）。

表 4-22　（　　　）班任务训练技能（　　　）评价表

被考评组别		被考评组别成员名单				
考评内容						
考评标准	项目	分值/分	小组自我评价（30%）	其他组别评价（平均）（40%）	教师评价（30%）	合计（100%）
	航区确定是否正确	25				
	基价和里程查找是否准确	30				
	货物级别和系数确定是否准确	15				
	最后计算是否准确	15				
	综合沟通和学习能力	15				
合计		100				

五、拓展升华

1. 关于航区

（1）我国国内水路货物运价按不同航区分别制订，具体划分为北方沿海、华南沿海、长江和黑龙江航区，各航区以不同货种和不同运输距离各自制订相应范围的货物运价。

（2）我国《国航行海船法定检验技术规则》（2011）总则中对营运船舶航区划分为以下4类。

① 远海航区：系指国内航行超出近海航区的海域。

② 近海航区：系指中国渤海、黄海及东海距岸不超过200n mile的海域；台湾海峡；南海距岸不超过120n mile（台湾岛东海岸、海南岛东海岸及南海岸距岸不超过50n mile）的

海域。

③ 沿海航区：系指台湾岛东海岸、台湾海峡东西海岸、海南岛东海岸及南海岸距岸不超过 10n mile 的海域和除上述海域外距岸不超过 20n mile 的海域；距有避风条件且有施救能力的沿海岛屿不超过 20n mile 的海域。但对距海岸超过 20n mile 的上述岛屿，将按实际情况适当缩小该岛屿周围海域的距岸范围。

④ 遮蔽航区：系指在沿海航区内，由海岸与岛屿、岛屿与岛屿围成的遮蔽条件较好、波浪较小的海域。在该海域内岛屿之间、岛屿与海岸之间的横跨距离应不超过 10n mile。

2. 关于货物的基价

（1）确定基价的方式。货运基本价格，简称基价，亦称基本价率，是指基准的运价率。基价确定方法有两种，即综合基价和组合基价。

① 综合基价。综合基价是指以综合运输成本为基础进行测算的货运基本价格。其理论公式为：

$$综合基价 ＝（运输成本＋利润＋税金）/计划期换算货物周转量[元/(t·km)]$$

式中：运输成本为计划期部门或航区预计货运成本；利润为按规定利润率计算办法所得的利润额；税金为计划期按国家规定的工商税率计算出来的税金；计划期换算货物周转量是以基本货类、基本船型为基础，各货类、船型按运输生产效率的一定比例换算而得的货物周转量。

综合基价确定后，不同货种、不同运距的货物运价率可按下式确定：

$$运价率 ＝ 综合基价 × 里程 × 级别系数（元/t）$$

以综合基价为基础而确定的货物运价，是一种均衡里程运价。它既能反映货物运价的总体水平，也能反映不同运距、不同货种的运价差别，测算也比较方便。但是此法不能较好地体现运输成本随运距变化的情况，不能反映运距的变化对停泊成本和航行成本的不同影响。

② 组合基价。组合基价是指由航行基价和停泊基价组合而成的货运基本价格。它是递远递减运价的基础。比综合基价（均衡里程运价）合理。其理论计算公式为：

$$组合基价 ＝ 航行基价 × 里程 ＋ 停泊基价（元/t）$$

$$航行基价 ＝（航行成本＋利润＋税金）/计划期换算周转量[元/(t·km)]$$

$$停泊基价 ＝（停泊成本＋利润＋税金）/计划期换算货运量（元/t）$$

式中：航行成本、停泊成本分别指与船舶航行、停泊有关的成本；航行基价、停泊基价中的利润、税金为船舶在航行、停泊期间应分摊的利润和税金；计划期换算周转量、货运量是以基本货类、基本船型为基础，各货类、船按运输生产效率进行换算而得的货物周转量、货运量。

组合基价确定后，不同货种、不同运距的货物运价率按下式计算：

$$运价率 ＝ 组合基价 × 级别系数（元/t）$$

以组合基价为基础而确定的货物运价，是一种递远递减运价。随着运距的增加，每吨千米停泊基价在逐步减少，而航行基价为不变值，从而每吨千米运价随运距的增加逐渐减少。采用递远递减运价能较好地体现运输成本随运距变化的情况，比均衡里程运价更为合理。

（2）航行基价与停泊基价

① 航行基价：从理论上说，由于航行成本基本上随运输距离的增加而同步增加，故每吨千米（或每吨海里）的航行成本可视为不变值。但运距的变化与单位航行成本并不绝对相等，一般是运距短的单位航行成本高，运距长的单位航行成本低。自然条件和地理位置不同的某些航区，各航行区段的单位航行成本有显著差别，因此长江以上游区段、中游区段、下游区段分别规定有差别的航行基价，沿海以运距的长短分别规定不同的航行基价。

② 停泊基价：停泊基价的制订主要依据单位停泊成本。由于行驶在各航区船舶的结构、装备等有较大差异，分摊到每货运吨的停泊成本也不同，沿海航区的船舶停泊基价一般小于内河航区。

3. 关于运价里程

运价里程是指由水运主管部门统一颁布的为测定两港间运价率而特设的里程。它不同于实际里程和航行里程，比较稳定，不得任意更改，只有在航道或港区发生永久性变化时，才由水运主管部门统一修订。

知识小栏目

(1) 里程区段的划分。长江航区里程区段的划分，是以每10km为一里程区段，即1~10km、11~20km、21~30km等，依此类推。

(2) 各里程区段计算里程的确定。按各区段的终值为准，即不足10km的尾数，按10km进整。

例如，上海—张家港运价里程为170km，计算里程即为170km；南京—南通运价里程为264km，计算里程即为270km。

某一个港口到达另一个港口的里程可通过长江航道主要港口里程表查找，然后再根据"知识小栏目"中两个原则确定运价里程。

4. 关于货物级别系数

(1) 货物分级。对货物分级应主要从运输效率和运输成本上来分析确定，通常要考虑货物的积载因数、货物运输及装卸的难易程度、货物的理化性质、货物的运费承担能力及与其他运输方式的比价等。不同级别的货类在运价上是有差别的，贵重货物高于普通货物，危险货物高于一般货物，成品货物高于原材料，轻质货物高于重质货物。

(2) 货物分级数的确定。货物分级数的多少要能合理体现各种货类在运价上的差别和便于计算核收。我国沿海（包括北方沿海、华南沿海）、长江、黑龙江及部分地方航区采用十级分类制。沿海、长江、黑龙江航区各货类级别系数见表4-21。

【技能2　沿海运费计算】

一、获取任务

任务2：从上海港运1000t水泥到青岛，已知运价里程为404n mile。

二、体验探究

学生以个人或团队合作的方式，在教师的引导下利用"拓展升华"里的学习资料，计算运费，完成这个职业任务的体验探究。

1. 体验

(1) 确定航区：上海港到青岛属于北方沿海航行。

(2) 确定基价：根据表4-23北方沿海航行基价表确定各距离的航行基价。根据表4-18

北方沿海、长江干线停泊基价表可知停泊基价为 2.6 元/t。

表 4-23　北方沿海航行基价表

运输距离/n mile	1～200	201～400	400 以上
航行基价/[元/（t·n mile）]	0.0075	0.0070	0.0065

（3）确定计算里程：任务中的运价里为 404n mile，则计费里程为 430n mile，因为北方沿海航区各里程区段按表 4-24 沿海航区里程区段划分表划分。

表 4-24　沿海航区里程区段划分表

里程区段/n mile	区段数	每段里程/n mile
1～50	1	50
51～100	5	10
101～200	5	20
201～400	5	40
401～1000	10	60
1000 以上	/	100

将运价里程转化为计费里程时，一般分为三个步骤，具体见"拓展升华"。

（4）确定货物的级别系数：根据表 4-20 水路运输货物等级表，可知水泥为五级货物，从表 4-21 航区各货类级别系数表可知二级货物的级别系数为 134%。

（5）将以上数据代入沿海运费的计算公式：

$$运价率 = （航行基价 \times 里程 + 停泊基价） \times 级别系数$$
$$= （0.0075 \times 200 + 0.007 \times 200 + 0.0065 \times 30 + 2.6） \times 134\%$$
$$= 7.6313（元/t）$$

$$运费 = 运价率 \times 货物吨数 = 7.6313 \times 1000 = 7631.3（元）$$

2. 探究

探究任务 1：大连—天津运价里程为 247n mile，天津—青岛运价里程为 461n mile，其计费里程分别为多少？

探究任务 2：从大连港运 2000t 木材到上海，已知运价里程为 562n mile，计算运费为多少？

三、展示分享

学生完成任务后，对自己体验过程中的所获、所感、所思与同学们和教师进行分享。

思考：沿海运输运费的计算如何快速地确定其计费里程？里程代入公式时要注意什么样的关键点？

四、评价感悟

学生在这个过程中不断地自我反思和相互学习，渐悟或顿悟出职业活动中解决问题的最

佳方式（表 4-25）。

表 4-25 （　　　　）班任务训练技能（　　　）评价表

被考评组别		被考评组别成员名单				
考评内容						
考评标准	项目	分值/分	小组自我评价（30%）	其他组别评价(平均)（40%）	教师评价（30%）	合计（100%）
	区段确定是否正确	25				
	计算计费里程是否准确	30				
	货物级别和系数确定是否准确	15				
	最后计算是否准确	15				
	综合沟通和学习能力	15				
合计		100				

五、拓展升华

（1）北方沿海航行基价是以距离来划分的，前 200n mile 是 0.0075 元/(t·n mile)，201～400n mile 是 0.0070 元/(t·n mile)，400n mile 以上是 0.0065 元/(t·n mile)。也就是在 1～200n mile 航行以一个标准来计算，以 201～400n mile 以另一个计算标准，400n mile 以上又以一个标准来计算。例如，如果计费里程为 620n mile，距离就要拆分成："200＋200＋220"，代入公式时再与之对应的基价相乘"200×0.0075＋200×0.0070＋220×0.0065"。

（2）沿海运输中运价里程转化为计费里程的步骤如下。

a. 找大区段：例如 404 是属于 401 至 1000 这个里程区段的。

b. 找小区段：各里程区段又划分为若干小区段。如 401～1000n mile 区段中，以每 60n mile 划分为 10 个小区段，即 401～460、461～520 直至 941～1000，404 属于 401～460 这个小区段的。

c. 计算小区段的中间值：其计算里程以各区段的中间值为准，并仅保留整数。404n mile 属于 401～460n mile 区段，取 (401＋460)/2＝430n mile，其计算里程为 430n mile。

【技能 3　班轮运费计算】

一、获取任务

> 任务 3：上海某公司向日本出口鸡肉 23t，共需装 1200 箱，每箱毛重 20kg，每箱体积为 20cm×20cm×25cm。该货物对应的上海到神户航线的运价为 100 美元/运费吨，计费标准为 W/M，另加收燃油附加费 10 美元/运费吨、港口附加费 12 美元/运费吨。

二、体验探究

学生以个人或团队合作的方式，在老师的引导下利用"拓展升华"里的学习资料，计算运费，完成这个职业任务的体验探究。

1. 体验

（1）确定货物的计费标准，任务中要求计费标准为 W/M。

（2）比较大小，确定计费重量。由于任务中要求计费标准为 W/M 意味着可以用体积来计算，也可以用重量来计算，因此要对其进行比较，将货物体积转化为体积重，然后与货物毛重进行比较，以谁大以谁为标准来进行运费的计算。

① 该批货物的毛重为：$0.02 \times 1200 = 24$（t）。

② 将该批货物的体积转发为体积重：$0.2 \times 0.2 \times 0.25 \times 1200 = 12(\text{m}^3) = 12(\text{t})$。

③ 将货物的体积重和毛重进行比较得知体积重小于毛重，因此运费吨 Q 取该批货物的毛重 24t。

（3）选择计算公式。

班轮运费的计算公式有三种：

① 在没有任何附加费情况下的运费计算公式为：

$$F = f \cdot Q$$

式中，f 表示基本运价；Q 表示计费吨。

② 在有附加费，而且各项附加费按基本费率的百分比收取的情况下，运费的计算公式为：

$$F = f \cdot Q(1 + S_1 + S_2 + \cdots + S_n)$$

式中，S_1，S_2，$\cdots$，S_n 为各项附加费的百分比。

③ 在有附加费，而且各项附加费按绝对数收取时的情况下，运费的计算公式为：

$$F = (f + S_1 + S_2 + \cdots + S_n) \cdot Q$$

式中，S_1，S_2，$\cdots$，S_n 为各项附加费的绝对数。

从任务中我们可以判断，本任务适用的公式是第 3 种情况，因此选用的公式为：

$$F = (f + S_1 + S_2 + \cdots + S_n) \cdot Q$$

（4）将各项数据代入公式。

$$F = (f + S_1 + S_2) \cdot Q = (100 + 10 + 12) \times 24 = 2928（美元）$$

2. 探究

探究任务 1：公司出口 6000 桶"白象"牌油漆至澳大利亚的墨尔本。每 12 桶装一纸箱，纸箱尺码为 30cm×40cm×20cm，毛重 60kg，净重 58kg，求 6000 桶油漆的总运费为多少美元？（注：油漆的计费标准为 W/M；上海至墨尔本十级货的散货运费率为 66 美元/运费吨）。

探究任务 2：出口箱装货物共 100 箱，每箱 2000kg，每箱的尺寸：长 140cm，宽 120cm，高 110cm，基本运费率为 26 美元/运费吨，按重量（W）计算运费。加收燃油附加费 10%，货币贬值附加费 20%，转船附加费 40%，请计算这批货物的运费是多少？

三、展示分享

学生完成任务后，对自己体验过程中的所获、所感、所思与同学们和教师进行分享。

> 思考：（1）如何准确快速地记住班轮运输运费的三种计算公式？
>
> （2）班轮运输运费的三种计算标准是什么？

四、评价感悟

学生在这个过程中不断地自我反思和相互学习，渐悟或顿悟出职业活动中解决问题的最佳方式（表 4-26）。

表 4-26 （　　）班任务训练技能（　　）评价表

被考评组别	被考评组别成员名单				
考评内容					
考评标准	项目	分值/分	小组自我评价（30%）	其他组别评价（平均）（40%）	教师评价（30%）	合计（100%）
	计费标准是否正确	25				
	计费重量是否准确	30				
	选择计算公式是否正确	15				
	最后计算是否准确	15				
	综合沟通和学习能力	15				
合计		100				

五、拓展升华

1. 班轮运输的计费标准

（1）按货物重量（weight）计算，以"W"表示。如 1 吨（1000 千克）、1 长吨（1016 千克）或 1 短吨（907.2 千克）为一个计算单位，也称重量吨。

（2）按货物尺码或体积（measurement）计算，以"M"表示。如 1 立方米（约合 35.3147 立方英尺）或 40 立方英尺为一个计算单位，也称尺码吨或容积吨。

（3）按货物重量或码（或体积），选择其中收取运费较高者计算运费，以"W/M"表示。

（4）按货物 FOB 价收取一定的百分比作为运费，称为从价运费，以"AD VALOREM"或"ad. val."表示，这原是拉丁文，按英文是按照价值（according to value）的意思。

（5）按货物重量或尺码或价值，选择其中一种收费较高者计算运费，用"W/M or ad. val."表示。

（6）按货物重量或尺码选择其高者，再加上从价运费计算，以"W/M plus ad. val."表示。

（7）按每件为一单位计收，如活牲畜和活动物，按"每头"（per head）计收；车辆有时按"每辆"（perunit）计收；起码运费按"每提单"（per B/L）计收。

（8）临时议定的价格（open rate），由承、托运双方临时议定的价格收取运费。一般多用于低价货物。

（9）根据一般费率表规定，不同的商品如混装在一个包装内（集装箱除外），则全部货物按其中收费高的商品计收运费。

（10）包装和托运时应该注意，同一种货物因包装不同计费标准不同，但托运时如未申明具体包装形式时，全部均要按运价高的包装计收运费。同一提单内有两种以上不同计价标准的货物，托运时如未分列货名和数量时，计价标准和运价全部要按高者计算。

（11）对无商业价值的样品，凡体积不超过 0.2m^3，重量不超过 50kg 时，可要求船方免费运送。

知识小栏目

从以上技能训练中我们知道，通常水路运费用由船舶货物运费和港口使用费两部分组成。计算运费首先要了解业务类型，它究竟是属于水路运输的哪种方式，从前面水路运输的类型我们可以判断，第一个任务是内河运输，第二个任务是沿海运输，第三个任务是班轮运输。

---

2. 班轮运费由基本费率和各种附加费构成

（1）基本费率。它是指每一计费单位货物收取的基本运费，是航线内基本港之间对每一种货物规定必须收取的费率。

（2）附加费。由于水运的变化因素较多，船公司为了应对这些影响因素，同时也为了保持在一定时期内基本费率的稳定，因而额外加收的费用。附加费一般以百分比或绝对数表示。

主要的附加费如下。

① 燃油附加费：在燃油价格突然上涨时加收。

② 货币贬值附加费：在货币贬值时，船方为实际收入不减少，按基本运价的一定百分比加收。

③ 转船附加费：凡运往非基本港的货物，需转船运往目的港，船方收取的附加费，其中包括转船费和二程运费。

④ 直航附加费：当运往非基本港的货物达到一定的货量，船公司可安排直航该港而不转船时所加收的附加费。

⑤ 超重附加费、超长附加费和超大附加费：当一件货物的毛重或长度或体积超过或达到运价本规定的数值时加收的附加费。

⑥ 港口附加费：有些港口由于设备条件差或装卸效率低，以及其他原因，船公司加收的附加费。

⑦ 港口拥挤附加费：有些港口由于拥挤，船舶停泊时间增加而加收的附加费。

⑧ 选港附加费：货方托运时尚不能确定具体卸港，要求在预先提出的两个或两个以上港口中选择一港卸货，船方加收的附加费。

⑨ 变更卸货港附加费：货主要求改变货物原来规定的港口，在有关当局准许，船方又同意的情况下所加收的附加费。

⑩ 绕航附加费：由于正常航道受阻不能通行，船舶必须绕道才能将货物运至目的港时，

船方所加收的附加费。

💬【任务巩固】

一、填空题（将正确答案填在下面的括号里）

1. 我国国内水路货物运价按不同航区分别制订，具体划分为（　　　　）航区、（　　　　）、（　　　　）航区和黑龙江航区。

2. 我国《国航行海船法定检验技术规则》（2011）总则中对营运船舶航区划分4类，包括（　　　）、（　　　）、（　　　）和（　　　）。

3. 沿海运输中运价里程转化为计算里程时，如果计费里程为620n mile，距离就要拆分成（　　　）。

4. 水路运费的计算，计算运费首先要了解（　　　　），它究竟是属于水路运输的哪种方式。

5. 班轮运费的计算时，包装和托运时应该注意，同一种货物因包装不同计费标准不同，但托运时如未申明具体包装形式时，全部均要按运价（　　　　）的包装计收运费。

二、判断题（下面说法对的打√，错的打×）

（　　　）1. 上海—张家港运价里程为170km，计算里程即为170km；南京—南通运价里程为264km，计算里程即为270km。

（　　　）2. 以组合基价为基础而确定的货物运价，是一种递远递减运价。

（　　　）3. 沿海运输中运价里程转化为计算里程时，计算小区段的中间值：其计算里程以各区段的中间值为准，并保留小数。

（　　　）4. 对无商业价值的样品，凡体积不超过 $0.2m^3$，重量不超过 50kg 时，可要求船方免费运送。

（　　　）5. 根据一般费率表规定，不同的商品如混装在一个包装内（集装箱除外），则全部货物按其中收费低的商品计收运费。

三、计算题

1. 从上海运送200t干辣椒到镇江，请确定其运费是多少？

2. 从广州南沙港运300t大理石到上海港，已知运价里程为912n mile，请确定其运费是多少？

3. 从青岛到神户使用杂货班轮运输货物500t，每吨运费100美元，收取10%的停泊附加费和20%的装卸附加费，请问运费是多少？

4. 某公司出口货物一批，纸箱包装，共500箱。纸箱的尺寸：长45cm，宽40cm，高25cm，每箱30kg，以体积（M）计算运费，基本费率是120美元/运费吨。加收燃油附加费10%，货币贬值附加费20%，请计算这批货物的运费是多少？

技能训练任务4　单证处理

⚡【任务目标】

水路运输涉及的当事人和关系人较多，为了保证进出口货物的安全交接，在整个运输过程中需要编制各种单据，这些单证不仅是联系工作的凭证、划分风险责任的依据，也起着买卖双方以及货承双方办理货物交接的证明作用。本任务以班轮运输为例介绍，对其主要的和通用的单证有一个全面的把握。通过本任务的学习和训练，同学们能够达成以下目标。

(1) 熟悉水路运输流程中涉及的单证名称及作用。

(2) 掌握海运进出口单证的流转程序。

(3) 能掌握海运进出口中重要单证的主要内容并正确填制。

✐【任务准备】

1. 教师课前准备

(1) 教具：课件一个，相关单证（托运单、装货单、海运提单）、张贴板一块、水笔若干支、板钉一批、书写卡片（不同形状）若干。

(2) 根据学生情况进行分组，也可要求学生独立完成。

2. 学生课前任务

(1) 相关知识回顾：水路运输的业务流程；水路运输业务流程中涉及的关系人及其职责。

(2) 查找各水运公司的托运单，对比分析有什么异同点。

任务书

　　广州商贸服装有限公司（以下简称商贸，GUANGZHOU TRADE GARMENTS CO.，LTD. 地址：1 Huayuan East Road，Baiyun District，Guangzhou）是一家具有进出口经营权的纺织品公司（广州），该公司与美国纽约布鲁克林 MONSE 服饰有限公司（以下简称 MONSE，AMERICAN BROOKLYN MONSE DRESS CO.，LTD. 地址：46；2211 Brooklyn20328 NEW YORK；USA）欲建立合作关系，双方通过交谈与沟通，在经过反复磋商与谈判后，从价格、装卸条款、货款结算、保险以及相关费用等方面达成一致。2019 年 11 月 4 日双方签订了交易合同，约定 2020 年 4 月 20 日前商贸将 1700 件印花连衣裙运送到 MONSE。商贸将货物全部准备完成，并顺利租到舱位，有了详细的船名航次、提单号。

　　货物名称：印花连衣裙（PRINTED DRESS）；货物总体积：$26m^3$；

　　货物总重：3500kg；净重：3300kg；单价：USD250 PER PC CIF NEW YORK；

　　货物数量：1700 件，207 箱；船名航次：TABAKO MIRUKU 102；

　　装货港：新港（XINGANG）；目的港：纽约港（NEW YORK）；

　　提单号：ZHX55936；集装箱号：YOCK9635861；

　　货代公司（广州国际货运代理公司）；运输方式：水路运输；

　　批准文号：489784645；运费：3225，502/3225/3；保费：000/0.03/1；

　　包装种类：纸箱；商品编号：62044300.90；合同协议号：GST0012258。

　　任务 1：根据你现有的认知，请列举你所知道的水路运输中涉及有哪些单证。

　　任务 2：根据水路运输业务中的流程请描述这些单证的流转顺序是怎么样的。

任务3：请根据上述所给资料及所给单据模板用中文填写海运出口货物托运单。

获取任务 → 体验探究 → 展示分享 → 评价感悟 → 拓展升华

📁【任务过程】

【技能1　水路运输单证分类】

一、获取任务

> 任务1：根据你现有的认知，请列举你所知道的水路运输中涉及有哪些单证。

二、体验探究

学生以个人或团队合作的方式，在教师的引导下利用"拓展升华"里的学习资料，根据任务中的要求完成这个职业任务的体验探究。

1. 体验

水路运输中涉及的单证有贸易合同、托运单、装货单、收货单、海运提单、提货单、商业发票等。

2. 探究

> 探究任务：水路运输海运出口和进口业务中需要的单证有什么区别？

三、展示分享

学生完成任务后，对自己体验过程中的所获、所感、所思与同学们和教师进行分享。

> 思考：(1) 这些单据在水路运输过程中是怎么流转的？
>
> (2) 通过前面的体验，你能否独立完成探究任务，并说明理由。

四、评价感悟

学生在这个过程中不断地自我反思和相互学习，渐悟或顿悟出职业活动中解决问题的最佳方式（表 4-27）。

表 4-27 （　　）班任务训练技能（　　）评价表

被考评组别		被考评组别成员名单				
考评内容						
考评标准	项目	分值/分	小组自我评价（30%）	其他组别评价(平均)（40%）	教师评价（30%）	合计（100%）
	能否列出五个单证名称	15				
	能否简单说出海运出口和进口需要的单证区别	15				
	能否掌握主要单证对应的英文缩写名	25				
	能否掌握各种单据的作用	30				
	综合沟通和学习能力	15				
合计		100				

五、拓展升华

班轮运输货运单证主要有以下几种。

1. 装船单证

（1）托运单（Booking Note，B/N）。它是托运人根据贸易合同或信用证条款内容填写的向承运人或其代理办理货物托运的单证。

（2）装货联单。托运人将托运单交船公司办理托运手续，船公司接受承运后在托运单上签章确认，然后发给托运人装货联单。在实际操作中，通常由货运代理人向船舶代理人申请托运，然后由货运代理人根据托运人委托，填写装货联单后提交给船公司的代理人。货运代理人填写装货联单的依据是托运人提供的买卖合同或信用证的内容以及货运委托书或货物明细表等。主要由以下各联组成。

① 装货单（Shipping Order，S/O）。装货单是接受了托运人提出装运申请的船公司，签发给托运人，凭此将承运的货物装船的单据。

② 收货单（Mate's Receipt，M/R）。收货单是指船舶收到货物的收据及货物已经装船的凭证。

③ 货物积载图（Cargo Plan，C/P）。货物积载图是按货物实际装舱情况编制的舱图，是船方进行货物运输、保管和卸货工作的参考资料，也是卸货港以理货、安排泊位、货物进舱的依据。

④ 海运提单（Bill of Loading，B/L）。海运提单是指承运人已接管货物或已将货物装船并保证在目的地交付货物的单证。提单是一种货物所有权凭证。

⑤ 装货清单（Loading List，L/L）。装货清单是根据装货清单中的托运单留底联，将全部待运货物按照目的港和货物性质归类，依航次靠港顺序排列编制的装货单的汇总单。

⑥ 载货清单（Manifest，M/F）。载货清单也称舱单，是在货物装船完毕后，根据大副收据或提单编制的一份按卸货港顺序逐票列明全船实际载运货物的汇总清单。

⑦ 运费清单（Freight Manifest，F/M）。运费清单是船舶装载出口货物有关资料及其运费的汇总清单，是船方的随船单证之一。

2. 卸船单证

① 提货单（Delivery Order，D/O）。提货单是收货人凭正本提单或副本提单随同有效的担保向承运人或其代理人换取的，可向港口装卸部门提取货物的凭证。

② 货物过驳清单（Boat Note）。货物过驳清单是以驳船卸货时证明货物交接的单据，根据卸货时的理货单编制，由收货人、装卸公司、驳船经营人等收取货物的一方与船方共同签字确认。

③ 货物溢短单（Overlanded/Shortlanded Cargo List）。货物溢短单是一批货物在卸货时，所卸货物与提单中的数字不符，发生溢卸或短卸的证明单据，由理货员编制，经船方和收货人、仓库等有关方共同签字确认。

④ 货物残损单（Broken and Damaged Cargo List）。货物残损单是指卸货时，理货人员根据卸货过程中发现的货物破损、水渍、渗漏、霉烂等情况，记录编制的，表明货物残损情况的单据。

⑤ 货物品质检验证书（Quality Inspection Certificate）。货物品质检验证书是指卸货时，收货人申请商品检验机构对货物进行检验后，由商品检验机构出具的证明。

知识小栏目

海运进出口业务流程中涉及单证种类比较多，这里讲的主要是运输中的单证。

【技能 2　水路运输单证流程】

一、获取任务

任务 2：根据水路运输业务中的流程请描述业务中涉及的这些单证的流转顺序是怎么样的。

二、体验探究

学生以个人或团队合作的方式，在教师的引导下利用"拓展升华"里的学习资料，根据任务中的要求描述这些单证在水路运输业务中的流转顺序是怎么样的，完成这个职业任务的体验探究。

1. 体验
详见拓展升华中的流程。

2. 探究

探究任务：请你个人或小组合作尝试根据"拓展升华"中的货运单证流转图详细描述出单据流程的整个过程。

三、展示分享

学生完成任务后，对自己体验过程中的所获、所感、所思与同学们和教师进行分享。

> **思考：**（1）在所有货运单证中，有哪些是每次业务中都必须要有的？
> （2）通过前面的体验，你能否独立完成探究任务，并说明理由。

四、评价感悟

学生在这个过程中不断地自我反思和相互学习，渐悟或顿悟出职业活动中解决问题的最佳方式（表 4-28）。

表 4-28 （　　　）班任务训练技能（　　　）评价表

被考评组别		被考评组别成员名单				
考评内容						
考评标准	项目	分值/分	小组自我评价（30%）	其他组别评价(平均)（40%）	教师评价（30%）	合计（100%）
	能否掌握货运单证流程中涉及的关系人	20				
	能否掌握单证的整体流程	30				
	能否掌握各单证的流转程序	30				
	综合沟通和学习能力	20				
合计		100				

五、拓展升华

班轮运输货运单证流程见图 4-30。

（1）托运人向船公司或其在装货港的代理人提出货物装运申请，递交托运单，填写装货单（S/O）。

（2）船公司或其代理同意承运后，指定船名，核对 S/O 与托运单上内容无误后，签发装货单（S/O），要求托运人将货物送至指定的装船地点。

（3）托运人持装货单（S/O）和二联（收货单 M/R）送海关办理出口报关手续、验货放行手续，然后把装货单和收货单送交理货公司。

（4）船公司在装货港的代理人根据 S/O 留底编制装货清单（L/L）送船舶理货公司、装卸公司。

（5）大副根据 L/L 编制货物配载图（C/P）交代理公司分送理货、装卸公司等按计划装船。

（6）托运人将经过检验的货物送至指定的码头仓库准备装船。

（7）货物装船后，理货组长将 S/O 交大副核对无误后，留下 S/O，签发收货单（M/R），理货组长将大副签发的 M/R 交托运人。

（8）托运人持 M/R 到船公司在装货港的代理人处支付运费（在预付运费情况下）换取正本已装船提单（B/L）。

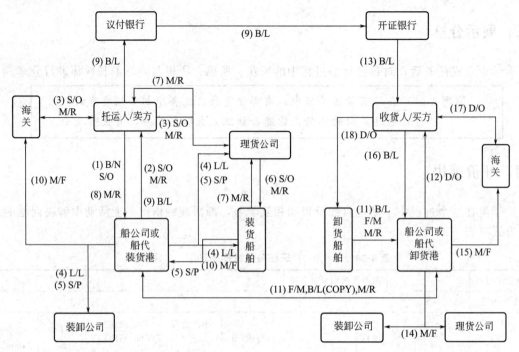

图 4-30　班轮运输货运单证流程

（9）托运人持 B/L 到议付银行结汇（在信用证支付方式下），取得货款，议付行将 B/L 邮寄开证银行。

（10）货物装船完毕后，船公司或其代理人编制载货清单（M/F），向海关办理船舶出口手续，并将 M/F 交船随带，船舶开航。

（11）代理公司根据 B/L 副本编制出口载货运费清单（F/M），连同 B/L 副本、M/R 送交船公司，并将卸货港所需单证邮寄至卸货港的代理公司。

（12）卸货港的代理公司接到船舶抵港电报后，通知收货人船舶到港日期，做好提货准备。

（13）收货人到银行付清贷款，取回 B/L。

（14）卸货港代理公司根据装货港代理公司寄过来的单证编制进口载货清单（M/F），约定装卸公司和理货公司，做好卸货准备。

（15）卸货港船舶代理公司携 M/F 到海关办理船舶进口报关手续。

（16）收货人向卸货港代理公司付清应付费用后，以正本提单（B/L）换取提货单（D/O）。

（17）收货人持提货单（D/O）到海关办理进口报关手续，支付进口关税，海关核准后放行。

（18）收货人持提货单（D/O）到卸货港码头仓库提取货物。

【技能 3　水路运输单证填制】

一、获取任务

任务 3：请根据上述所给资料及所给单据模板用中文填写海运出口货物托运单。

二、体验探究

学生以个人或团队合作的方式，在教师的引导下利用"拓展升华"里的学习资料，根据任务中的要求用中文填写海运出口货物托运单，完成这个职业任务的体验探究。

1. 体验（表4-29）

表4-29　中文填写的海运出口货物托运单

Shipper(发货人)广州商贸服装有限公司				NO.：	
Consignee(收货人)美国纽约布鲁克林 MONSE 服饰有限公司					
Notify Party(通知人)					
Pre-carriage by (前程承运人)		Place of Receipt (收货地点) NEW YORK；USA		集装箱货物托运单	
Ocean Vessel(船名) Voy. No.(航次) TABAKO MIRUKU 102		Port of Loading (装货港)新港			
Port of Discharge (卸货港)纽约港		Place of Delivery (交货地点)		Final Destination for the Merchant's Reference(目的地)	
Container No. (集装箱号) YOCK9635861	Seal No. (铅封号) Marks&Nos. (标记与号码)N/M	No. of Containers or Pkgs (箱数或件数) 207 箱	Description of Goods (货物描述) 印花连衣裙	Gross Weight 毛重(千 克)3500	Measurement 尺码 (立方米) 26
Total Number of Containers or Packages (Jin Words)集装箱数或件数合计(大写)					
Freight&Charges (运费与附加费)	Revenue Tons (运费吨)	Rate (运费率)	Per (每)	Prepaid (运费预付)	Collect (运费到付)
Ex Rate	Prepaid at(预付地点)		Payable at(到付地点)		Place of Issue (签发地点)
	Total Prepaid(预付总额)		No. of Original B(s) (正本提单份数)		
Service Type on Receiving (收货服务类型) □-CY(堆场)，□-CFS(集装箱货运站)， □-DOOR(装/卸货点)		Service Type on Delivery (交货服务类型) □-CY(堆场)，□-CFS(集装箱货运站)， □-DOOR(装/卸货点)		Refreeze Temperature Required (冷藏温度)	℉　　℃
Type of Goods (货类)	□Ordinary□Refreeze□Dangerous□Auto (普通)　(冷藏)　(危险品)　(裸装车辆)			危 险 品	IMCO Class. UN NO.： IMDG Code Page： Property：
	□Liquid□Live Animal□Bulk (液体)　(活动物)　(散货)				
可否转船:不允许	可否分批:不允许	装运期:	备注:		
货价:	信用证号码:	合同号码:GST0012258			
	特约事项		托运人盖章		

2. 探究

> 探究任务：请根据任务书中的资料信息用中文完成海运提单的填制。

三、展示分享

学生完成任务后，对自己体验过程中的所获、所感、所思与同学们和教师进行分享。

> **思考：**（1）水路运输中的托运单及海运提单跟航空运输中的托运单有哪些不同点？
>
> （2）通过前面的体验，你能否独立完成探究任务，并说明理由。

四、评价感悟

学生在这个过程中不断地自我反思和相互学习，渐悟或顿悟出职业活动中解决问题的最佳方式（表 4-30）。

表 4-30 （　　　）班任务训练技能（　　　）评价表

考评内容						
考评标准	项目	分值/分	小组自我评价（30%）	其他组别评价（平均）（40%）	教师评价（30%）	合计（100%）
	能否掌握托运单中的填写要点	20				
	能否掌握海运提单中的填写要点	20				
	能否正确填写托运单	20				
	能否正确填写海运提单	20				
	综合沟通和学习能力	20				
合计		100				

五、拓展升华

1. 托运单（Booking Note，B/N）（表 4-29）

主要填写说明：

（1）发货人/托运人（Shipper 或 Consignor）。一般情况下，填写出口公司的名称和地址。如由中国对外贸易运输公司代理货主租船订舱，则此栏填写"中国对外贸易运输公司"。

（2）收货人（Consignee）。在 L/C 方式下记名收货人，直接填写收货人。指示收货人，空白指示和记名指示填写 TO ORDER。

（3）通知人（Notify Party）。填写接受船方发出货到通知的人的名称与地址。

注意：被通知人由买方或其代理确定；职责是将到货通知转告真实的收货人；被通知人无权提货。

（4）运输标志/标记与号码（Shipping Marks）。按合同和信用证的规定填写，显示内容和形式与规定一致。如果没有规定唛头，则填写"N/M"或自行选择合适的唛头。

（5）箱数或件数（No. of Containers or Pkgs）。填写最大包装的件数。例，出口10000PCS，包装成100CTNS，则填写100CTNS。

（6）货物描述（Description of goods）。允许填写大类名称或统称。如果出口不同的商品应分别填写。

（7）重量（Gross weight/Net weight）。填写毛重或净重。如果有几种不同的包装材料或完全不同的货物，则先分别填写，然后合计毛重和净重。

（8）尺码（Measurement）。填写货物尺码总数，一般单位为立方米。总尺码不仅包括各件货物尺码之和，还包括件与件之间堆放时的合理空隙所占体积。

（9）可否转船（Transhipment）。是否同意中途转船，只能在"允许"和"不允许"中选择。

（10）可否分批（Partial shipments）。是否同意货物分批装运，只能在"允许"和"不允许"中选择。

2. 装货单（Shipping Order，S/O）（表 4-31）

表 4-31　装货单

装货单
SHIPPING ORDER

船名 S/S ＿＿＿＿＿＿＿＿＿　目的港 For ＿＿＿＿＿＿＿＿＿

托运人 Shipper ＿＿＿＿＿＿＿＿＿＿＿＿＿＿＿＿＿＿＿

收货人 Consignee ＿＿＿＿＿＿＿＿＿＿＿＿＿＿＿＿＿＿＿

通知 Notify ＿＿＿＿＿＿＿＿＿＿＿＿＿＿＿＿＿＿＿

兹将下列完好状况之货物装船并签署收货单据。

Received on board the under mentioned goods apparent in good order and condition and sign the accompanying receipt for the same.

标记与号码 Marks & Nos.	件数 Quantity	货名 Description of Goods	毛/净重量(千克) Weight In Kilos		尺码 Measurement 立方米
			Net	Gross	
共计件数(大写) Total Number of Packages in writing					

日期 Date ＿＿＿＿＿＿＿＿＿　时间 Time ＿＿＿＿＿＿＿＿＿

装入何舱 Stowed ＿＿＿＿＿＿＿＿＿＿＿＿＿＿＿＿＿＿＿

实收 Received ＿＿＿＿＿＿＿＿＿＿＿＿＿＿＿＿＿＿＿

理货员签名　　　　　　　经办员

Tallied By ＿＿＿＿＿＿＿＿＿　Approved By ＿＿＿＿＿＿＿＿＿

3. 海运提单（Bill of Loading，B/L）（表 4-32）

主要填写说明：

（1）托运人（Shipper）。托运人是指委托运输的人，即将卖方的名称和地址填入此栏。若信用证规定要求某一第三者作为托运人，则应按要求填制。

（2）收货人（Consignee）。这一栏的填写应严格按照 L/C 的规定在记名收货人、凭指示和记名指示中选一个。

表 4-32 海运提单

(1)Shipper 托运人		(4)B/L No. ××××××公司
(2)Consignee 收货人		
(3)Notify Party 通知人		
(5)Place of Receipt 收货地	(6)Ocean Vessel 船名	
(6)Voyage No. 航次	(7)Port of Loading 装货港	
(8)Port of Discharge 卸货港	(9)Place of Delivery 交货地点	

(10)Marks 唛头	(11)Nos. & Kinds of Pkgs 包装和件数

(12)Description of Goods 商品描述	(13)G. W. (kg)毛重	(14)MEAS(m³) 体积

(15)Total Number of Containers or Packages(In Words)总件数					
(16)Freight & Charges 运费支付	Revenue Tons 计费吨数	Rate 价格	Per Prepaid 预付	Collect	到付
Prepaid at	Payable at	(17)Place and Date of Issue 签发地点与日期			
Total Prepaid 总额预付		(18)Number of Original B(S)/L 正本提单份数			
Loading on Board the Vessel Date		(19)By			

（3）通知人（Notify Party）。通知栏为接受船方发出货到通知的人的名址。它可以由买方选择，既可以是买方本人或其代理，又可以是第三方，但被通知人无权提货。如果来证未说明哪一方为被通知人，那么就将 L/C 中的申请人名称、地址填入副本 B/L 中，正本先保持空白。如果来证要求两个或两个以上的公司为被通知人，出口公司应把这两个或两个以上的公司名称和地址完整地填入。若地方太小，则应在结尾部分打"＊"，然后在提单中"描述货物内容"栏的空白地方做上同样的记号"＊"，接着写完应填写的内容。这一方法对其他栏目的填写也适用。

（4）提单号码（B/L No.）。提单上必须注明承运人及其代理人规定的提单编号，以便核查，否则提单无效。在 SimTrade 中，该编号由系统自动产生。

（5）收货地（Place of Receipt）。填写船公司或者承运人的收货地，本栏只有在转船运输时填写，如货物不需要转运，则保持空白。

（6）船名航次（Ocean Vessel Voy. No.）。如货物需要转运，填写第二程船的船名与航次（但信用证并无要求时，则不需填写第二程船的船名）；如果货物不需要转运，填写第一程船的船名与航次。

（7）装货港（Port of Loading）。如果货物需要转运，填写中转港口名称；如果货物不需要转运，填写装运港名称。

（8）卸货港（Port of Discharge）。填写货物实际卸下的港口名称。如属于转船，第一程提单上的卸货港填写转船港，收货人填写第二程的船公司；第二程提单装货港填写上述转船港，卸货港可填写最后目的港。

（9）交货地点（Place of Delivery）。填写船公司或承运人的交货地，如果货物的目的地就是目的港，空白这一栏。

（10）唛头（Marks）。信用证有规定的，必须按规定填，信用证没有规定的，则填"N/M"。

（11）包装和件数（Nos. & Kinds of Pkgs）。写明包装箱（袋）的数量和包装材质，如麻袋、木箱等，如散装时，可表示为"in bulk"（散装）。包装种类一定要和信用证一致，如"320 CARTONS"。

（12）商品描述（Description of goods）。商品的具体描述。

（13）毛重（Gross Weight kgs）。填写货物总毛重，以千克计。同托运单内容。

（14）体积（Measurement）。填写货物的总体积，用立方米表示。

（15）总件数［Total Number of containers and/or packages (in words)］。用大写填写货物或者包装的总量，一般以 SAY……ONLY 填写，如"SAY TWO HUNDRED AND SEVEN ONLY"。

（16）运费支付（Freight and charges）。信用证项下提单的运费支付情况，按其规定填写。一般根据成交的价格条件分为两种：若在 CIF 和 CFR 条件下，则注明"Freight Prepaid"或"Freight Paid"；FOB 条件下则填"Freight Collect"或"Freight Payable at Destination"。若租船契约提单有时还要求填："Freight Payable as Per Charter Party"。有时信用证还要求注明运费的金额，按实际运费支付额填写即可。

（17）签发地点与日期（Place and date of issue）。提单的签发地点指货物实际装运的港口或接受监管的地点，日期指货物实际装运的时间或已经接受船方监管的时间，按信用证的装运期要求，一般要早于或与装运期为同一天，如："Shanghai, Sep. 17th, 2014"。

（18）正本提单份数［No. of Original B (s)/L］。收货人凭正本提单提货，为避免因正本提单在递交过程中丢失而造成提货困难，承运人多签发两份或两份以上的正本提单，正本提单的份数应在提单上注明。信用证规定要求出口方提供"全套海运提单"（Full set or Complete set B/L），实务中一般提供三份或两份海运提单正本，格式如：THREE（3）。

（19）By。如要求提供已装船提单，必须由船长签字并注明开船时间 Date:... 和"Laden on Board"字样。

知识小栏目

水路运输中的装箱单和商业发票与航空运输中的没有大区别，单证模板和填制方法基本一致。

从以上技能训练中我们知道，水路运输中的单证起着非常重要的作用，熟悉各单证的作用及流转程序并能正确填制至关重要。

⚫⚫⚫【任务巩固】

选择题（将正确答案填在下面的括号里）

1. 北京某贸易公司一批进口货从美国波士顿装运经中国香港中转，运抵中国天津塘沽港报关进境，该公司填写进口报关时，应在装货港一栏中填报：（　　　）

A. 中国香港　　　　　　　　　　B. 中国天津

C. 美国波士顿　　　　　　　　　D. 中国塘沽港

2. 以下不属于货运单证的是（　　　）。

A. 国际货物托运委托书　　　　　B. 海运装货单

C. 集装箱场站收据　　　　　　　D. 装货通知

3. 出口商安排海运的正确顺序是（　　　）。

A. 办理托运，领取装船凭证，装船，装货，向买方发出《装船通知》

B. 向买方发出《装船通知》，办理托运，领取装运凭证，装船，装货，提取提单

C. 办理托运，领取装运凭证，装船，装货，提取提单，向买方发出《装船通知》

D. 向买方发出《装船通知》，办理托运，装船，装货，领取装运凭证，提取提单

4. 杂货班轮运输中的收货单由（　　　）签署。

A. 托运人　　　　　　B. 收货人　　　　　　C. 船长　　　　　　D. 大副

5. 具有物权凭证作用的单据是（　　　）。

A. 商业发票　　　　　B. 提单　　　　　　　C. 空运单　　　　　D. 铁路运单

6. 收货人是指（　　　）。

A. 船公司代理　　　　B. 提单持有人　　　　C. 无船承运人　　　D. 货运代理人

7. 证明货物已装船的单证是（　　　）。

A. B/L　　　　　　　 B. D/O　　　　　　　 C. S/O　　　　　　 D. M/R

8. 收货单是远洋运输中主要货运单证之一，下列不属于其主要作用的是（　　　）。

A. 是海关对出口货物进行监管的凭证

B. 是划分船货双方责任的重要依据

C. 是据以换取已装船提单的单证

D. 是承运船舶的大副签发给托运人，表示已收到货物并已装船的货物收据。

技能训练任务 5　配装货物

⚡【任务目标】

　　水路运输中的配装货物就是指把预定要装载的货物或集装箱，按船舶的运输要求和码头的作业要求而制订的具体装载计划。水路运输中根据货物和船舶不同，配载的要求和方法也不一样，一般来说可分为杂货船舶货物配载、散货船舶货物配载和集装箱船舶配载，还有专门的汽车、油类和气体等特殊的货物配载。配装货物是一个非常复杂的问题，涉及船舶性能、货物知识等多种因素。本任务主要研究杂货船舶和集装箱船舶配载，通过本任务的学习，同学们能够达成以下目标。

　　(1) 掌握简单的"杂货船配载图"的制作步骤。

　　(2) 能识别"杂货船配载图"各票货物的具体位置。

　　(3) 识别集装箱船装箱的位置。

　　(4) 看懂"集装箱船配载图"。

✏【任务准备】

1. 教师课前准备

　　(1) 教具：课件一个、杂货船配载图和集装箱船配载图样板、张贴板一块、水笔若干支、板钉一批、书写卡片（不同形状）若干。

（2）根据学生情况进行分组，也可要求学生独立完成。

2. 学生课前任务

相关知识回顾：水路运输的业务类型；各种船舶类型。

任务书

任务1：有一批货物，2021年1月6号要从广州港运到美国的纽约港，货物清单如下（同港卸货）（表4-33）。

表4-33　货物清单1

S/O	货名	重量/t	体积/m³	说明	卸货港
1	钢管	380	500	长6m	纽约港
2	水泥	320	260	袋装	纽约港
3	棉花	500	1500	捆	纽约港
4	松香	625	1000	桶	纽约港
5	硝铵炸药	375	600	危险品	纽约港
6	玻璃器	200	400	易碎品	纽约港

货物装在中国远洋集团红山轮（航次06W）的底舱和二层舱，底舱能装货物的重量为1600t；体积为3500m³，二层舱能装货物的重量为900t，体积为2500m³。已知船舶的各项参数和安全系数已达标，船首（dF）吃水为14.50m、船尾（dA）吃水为15.00m。

根据以上资料制作这批货物的"配载图"（图4-31）。

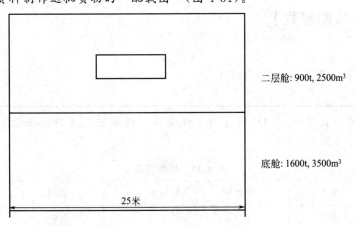

图4-31　配载图1

任务2：中远集团的中日航线班轮集装箱"红山号"停泊在广州，广州南沙海港集装箱码头有限公司负责装运V21航次的出口集装箱货物。该船本航次第31行结构如图4-32所示。现有A、B、C、D、E、F共6个重箱需要装在第31行，且应装位置如下：A箱310482；B箱310204；C箱310208；D箱310584；E箱310586；F箱310688。

请你识读箱位图，将6个集装箱装上对应的位置。

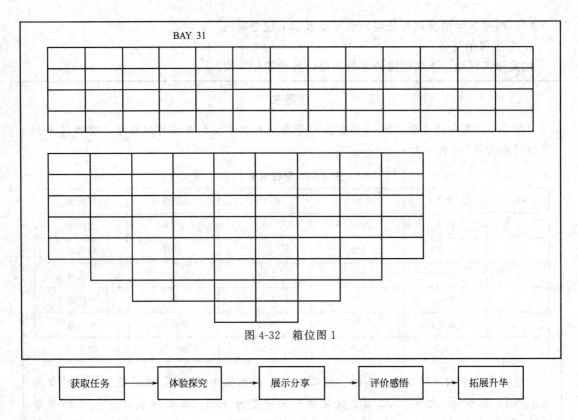

图 4-32　箱位图 1

获取任务　→　体验探究　→　展示分享　→　评价感悟　→　拓展升华

📁【任务过程】

【技能 1　杂货船配载】

一、获取任务

任务 1：有一批货物，2021 年 1 月 6 号要从广州港运到美国的纽约港，货物清单如下（同港卸货）（表 4-34）：

表 4-34　货物清单 2

S/O	货名	重量/t	体积/m³	说明	卸货港
1	钢管	380	500	长 6m	纽约港
2	水泥	320	260	袋装	纽约港
3	棉花	500	1500	捆	纽约港
4	松香	625	1000	桶	纽约港
5	硝铵炸药	375	600	危险品	纽约港
6	玻璃器	200	400	易碎品	纽约港

货物装在中国远洋集团红山轮（航次06W）的底舱和二层舱，底舱能装货物的重量为1600t；体积为3500m³，二层舱能装货物的重量为900t，体积为2500m³。已知船舶的各项参数和安全系数已达标，船首（dF）吃水为14.50m、船尾（dA）吃水为15.00m。

根据以上资料制作这批货物的"配载图"。

二、体验探究

学生以个人或团队合作的方式，在教师的引导下利用"拓展升华"里的学习资料，进行制作货物的"配载图"，完成这个职业任务的体验探究。

1. 体验

（1）第一步，核算总载重量和总舱容：计算货物总重量和总体积与航次净载重量和货舱总容积（表4-35和表4-36）。

表4-35　各舱装货重量核查

舱别	中国远洋集团红山轮		合计/t
	底舱载重量/t	二层舱载重量/t	
允许装货重量	1600	900	2500
货物总重量	380＋320＋500＋625＋375＋200		2400

经核查，货物总重量2400t小于船舶载重量2500t，总体满足要求。

表4-36　配货体积核查表

舱别	中国远洋集团红山轮		合计/m³
	底舱舱容/m³	二层舱舱容/m³	
舱容	3500	2500	6000
货物总体积	500＋260＋1500＋1000＋600＋400		4260

经核查，货物总体积4260m³小于船舶总舱容6000m³，总体满足要求。

（2）第二步，货物分舱：根据货物的物理化学性能等要求向各舱配载货物。

底舱：钢管、松香、棉花；二层舱：硝铵炸药、水泥、玻璃器。

（3）第三步，核算各舱载重量和舱容：计算各舱货物重量和体积与各舱载重量和货舱容积（表4-37）。

表4-37　重量和体积比较表

舱别	中国远洋集团红山轮		合计
	底舱	二层舱	
舱容/m³	3500	2500	6000
货物体积/m³	500＋1000＋1500＝3000	600＋400＋260＝1260	4260
船舶载重量/t	1600	900	2500
货物重量/t	380＋625＋500＝1505	375＋200＋320＝895	2400

经核查，各舱载重量和舱容都符合船舶要求。

（4）第四步，绘制货物的"配载图"（图4-33）。

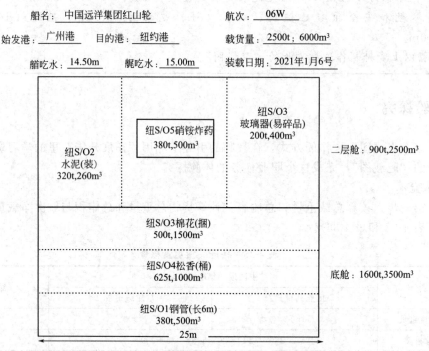

货物配载图

船名：__中国远洋集团红山轮__   航次：__06W__

始发港：__广州港__ 目的港：__纽约港__   载货量：__2500t；6000m³__

艏吃水：__14.50m__ 艉吃水：__15.00m__   装载日期：__2021年1月6号__

备注：棉花和松香之间用草席或帆布隔票，钢管和松香之间用木板隔票。

玻璃器和硝铵炸药、硝铵炸药和玻璃器之间各用草席或帆布隔票。

大副签章：__×××__

图4-33　配载图2

2. 探究

探究任务：请说出下面配载图（图4-34）中各票货物在船舱中的具体位置。

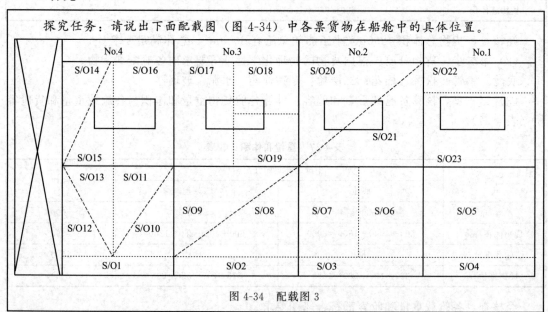

图4-34　配载图3

三、展示分享

学生完成任务后，对自己体验过程中的所获、所感、所思与同学们和教师进行分享。

思考：（1）在杂货船货物配载图中，斜线和虚线各代表什么意义？

（2）如何快速地识别货物在船舱中的具体位置？

（3）绘制杂货船货物配载图时主要注意些什么？

四、评价感悟

学生在这个过程中不断地自我反思和相互学习，渐悟或顿悟出职业活动中解决问题的最佳方式（表 4-38）。

表 4-38　（　　　）班任务训练技能（　　　）评价表

被考评组别	被考评组别成员名单					
考评内容						
考评标准	项目	分值/分	小组自我评价（30%）	其他组别评价(平均)（40%）	教师评价（30%）	合计（100%）
	是否能够识别船首和船尾	15				
	是否能够识别底舱和二层舱	15				
	是否能够区分斜线和虚线	15				
	是否能够识别俯视图和侧视图	30				
	是否能够识别最后位置	25				
	合计	100				

五、拓展升华

1. 杂货船配载图的理解

杂货船配载图指货物配载计划，是以图示形式表明拟装货物的计划装舱位置的货物计划图。一般是为满足货物装卸的需要，标明每票货物在舱内的具体位置，包括货名、装货单号、卸货港、重量、件数及包装形式等。

2. 杂货船配载图的制作步骤

（1）第一步，核算总载重量和总舱容。

根据货物清单计算货物总重量和总体积，并与航次净载重量和货舱总容积的情况进行对比，如果货物总重量和总体积远远大于航次净载重量和货舱总容积则要进行适当的调整，减少货物的票数。如果货物总重量和总体积远远小于航次净载重量和货舱总容积，也要进行调整，适当增加货物票数，提高船舱租用率，增加经济效益。只有两者相当，才是最好的选择。

（2）第二步，货物分舱。

根据货物的物理化学性能等要求向各舱配载货物。货物分配的基本原则如下。

① 特殊货物应首先配装。在对货物归类的基础上，首先安排特殊货物的舱位，如危险货物、贵重品、扬尘污染货、气味货等均应根据其特性和装运要求安排合理的舱位，同时应注意它们间的合理搭配和适当隔离。不同港口的特殊货，也应遵循先末港后初港的原则配装，以确保卸货港序。

② 如果是异港卸货，按后卸先装、先卸后装的原则进行，即按到达港口的相反顺序配装。

③ 底舱和二层舱的装配顺序。对一般杂货船来说，底舱高度可达 8～10m，载货数量大，配装层次多，对货物配装的难度较二层舱大，因此，底舱首先配装，各方面要求则较易满足。另外，从卸货港序考虑，也应先配底舱，后配二层舱。

④ 货物批量不同时，先大票后零担。为便于理货和装卸，避免货差事故，应首先将整票大宗货物相对集中配装于一个或两个货舱内，然后再将数量较少的货物根据具体情况选择适当舱位。否则，若先把一些批量较小的零担货物分散于各舱中，那么，最后整票的大批量货物会因找不到合适集中的舱位而被迫分散拆票配装。

⑤ 易碎货物，易碎货物应配装在基础平稳、不受挤压、易于装卸的舱位，如二层舱或底舱舱口下方、其他货物上面，尽量后装先卸。

⑥ 包装液体货，包装坚固的大桶，应配装在底部打底；当数量较少时，宜装于舱的后部，以减少破损后对其他货物的污染。

⑦ 裸装钢材类货物，重货等一般配装于底舱作打底货。长度较大的金属线材、型材、管材和板材应配于舱口大、舱形规则的中部舱壁，以便于装卸和堆码作业。

⑧ 舱位选择时应综合考虑各种因素，有时会为了满足整体配载而违背某一局部的原则也是有可能的。一般来说当货物轻重不同时，上轻下重；货物污染程度不同时，上清下污；货物包装强度不同时，上弱下强；货物包装形式不同时，大、硬居中，小、软首尾，小件货、软包装（如袋装）货宜配于首、尾舱，而体积较大的硬包装（如大木桶、铁桶）货则宜配于中部货舱。

（3）第三步，核算各舱载重量和舱容。

货物分舱后，同样要满足各舱货物重量和体积与各舱载重量和货舱容积相符合。

（4）第四步，绘制货物的配载图。

3. 杂货船配载图的识读

为了能清楚地表示出各票货物的配装位置，正确地绘制货物的配载图，我们首先要懂得识读货物配载图。

（1）识图的几个基本常识。

① 各票货物之间用虚线隔开，如果一个舱内没有虚线隔开，表示装的货物是一票货物，不需要区别。

② 一般来说船舶底舱部位以侧视图标示，舱高不大的二层舱部位则以俯视图标示。

底舱在船舱的底层，只能通过侧视图来看，侧视图可以直观地看到前后、上下，看不到左右，所以左右用斜线表示，前后用竖虚线表示，上下用横虚线表示。

二层舱我们通过俯视图来看，俯视图可以直观地区分前后和左右，但是只能看到上面一层，看不到下面一层，区分不了上下，所以上下用斜线表示，前后用竖虚线表示，左右用横虚线表示。

在配载图中，看不到的就用斜线表示。在底舱的侧视图中，左右分不清，就用斜线来表示；在二层舱中的俯视图中，上下分不清也用斜线表示，说明如果在配载图中底舱两票货物是用斜线隔开的，则表明装载时两票货物是左右分装的，如果在二层舱中两票货物是用斜线隔开的，表明装载时两票货物是上下分装的。

③ 在平面图中，正对的右边表示船舶的船首，左边表示船尾。

（2）杂货船配载图（图4-35）的识读。

二层舱：如图4-35（a），A货在二层舱前部的左舷，B货在二层舱前部的右舷，C货在二层舱的中部，D货在二层舱后部的上层，E货在二层舱后部的下层。

底舱：如图4-35（b）、（c）、（d）和（e），图4-35（b）中A货在底舱的下层，B货在底舱上层的前半舱，C货在底舱上层的后半舱；图4-35（c）中A货在底舱的下层，B货在底舱上层的左舷，C货在底舱上层的右舷；图4-35（d）中A货在底舱下层，B货在底舱上层的中部，C货在底舱上层的两舷；图4-35（e）中A货在底舱下层，B货在底舱上层的舱口位，C货在底舱上层的舱口位四周。

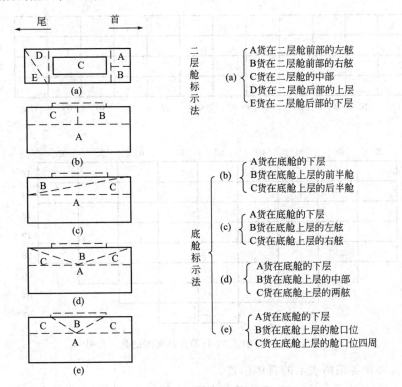

图 4-35　杂货船配载图

【技能2　集装箱船舶配载】

一、获取任务

任务2：中远集团的中日航线班轮集装箱"红山号"停泊在广州，广州南沙海港集装箱码头有限公司负责装运V21航次的出口集装箱货物。该船本航次第31行结构如图4-32所示。现有A、B、C、D、E、F共6个重箱需要装在第31行，且应装位置如下：A箱310482；B箱310204；C箱310208；D箱310584；E箱310586；F箱310688。

请你识读箱位图（图4-32），将6个集装箱装上对应的位置。

二、体验探究

学生以个人或团队合作的方式，在教师的引导下利用"拓展升华"里的学习资料，能够识读集装箱船舶的"配载图"，找到集装箱在船上的位置，完成这些职业任务的体验探究。

1. 体验

第一步，理解集装箱在船上箱号位的含义：箱位 310482，是用 6 位数字表示的箱位号。其中，第 1、2 位"31"表示行号，第 3、4 位"04"表示列号，第 5、6 位"82"表示层号。

第二步，标出任务中船图（图 4-36）的列号、层号。

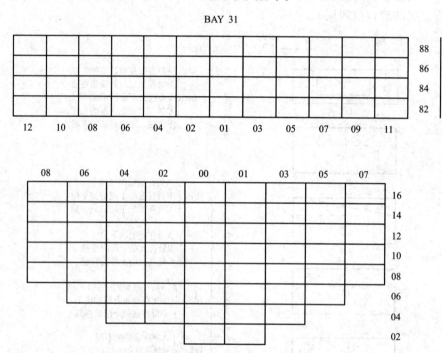

图 4-36　船舶第 31 行箱位结构图的列、层号

第三步，写出各箱所表示的具体位置。

A 箱 310482：表示一个 20ft 集装箱装在第 31 行，中间算起，靠近左舷第 2 列，甲板第 1 层。

B 箱 310204：表示一个 20ft 集装箱装在第 31 行，中间算起，靠近左舷第 1 列，舱内第 2 层。

C 箱 310208：表示一个 20ft 集装箱装在第 31 行，中间算起，靠近左舷第 1 列，舱内第 4 层。

D 箱 310584：表示一个 20ft 集装箱装在第 31 行，中间算起，靠近右舷第 3 列，甲板第 2 层。

E 箱 310586：表示一个 20ft 集装箱装在第 31 行，中间算起，靠近右舷第 3 列，甲板第 3 层。

F 箱 310688：表示一个 20ft 集装箱装在第 31 行，中间算起，靠近左舷第 3 列，甲板第 4 层。

第四步，在船图（图 4-37）中标出集装箱 A、B、C、D、E、F 在船上的积载位置。

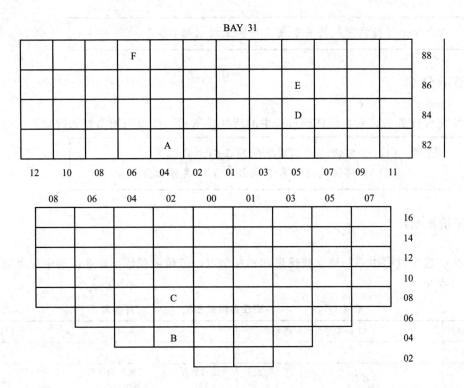

图 4-37　集装箱在船上的位置图

2. 探究

探究任务：某公司国外航线班轮集装箱"火山号"停泊在广州，广州南沙海港集装箱码头有限公司负责装运 V21 航次的出口集装箱货物。该船本航次第 12 行结构如图 4-38 所示。现有 A、B、C、D、E、F 共 6 个重箱需要装在第 12 行，且应装位置如下：A 箱 120282；B 箱 120202；C 箱 120408；D 箱 120584；E 箱 120586；F 箱 120488。

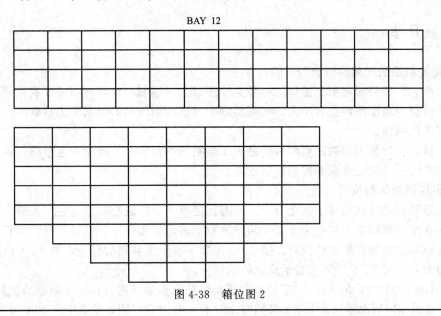

图 4-38　箱位图 2

请你识读箱位图，将 6 个集装箱装上对应的位置。

三、展示分享

学生完成任务后，对自己体验过程中的所获、所感、所思与同学们和教师进行分享。

思考：（1）如何快速地识别集装箱在船上的位置？
（2）如何快速地将集装箱放在某一具体位置？

四、评价感悟

学生在这个过程中不断地自我反思和相互学习，渐悟或顿悟出职业活动中解决问题的最佳方式（表 4-39）。

表 4-39 （　　　）班任务训练技能（　　　）评价表

被考评组别		被考评组别成员名单				
考评内容						
考评标准	项目	分值/分	小组自我评价（30%）	其他组别评价（平均）(40%)	教师评价（30%）	合计（100%）
	是否能够理解行的含义	15				
	是否能够理解列的含义	15				
	是否能够理解层的含义	15				
	6 个位置是否放对	30				
	识别的速度是否快	25				
	合计	100				

五、拓展升华

1. 集装箱船舶配载的概念与目的

（1）概念。船公司根据订舱单进行分类整理以后，编制一个预配图或配载计划。码头上实际装箱情况与预配图将会有出入，根据实际装箱情况而编制的船图称为积载图，又称最终积载图或主积载图。

（2）目的。集装箱船舶配载的目的是为了船舶的航行安全；减少中途港的倒箱；缩短船舶在港停泊时间；保证班期和提高经济效益。

2. 集装箱船的箱位号

集装箱船载箱量从几百个到上万个，准确标记每一个集装箱在船上的位置极为重要。每个集装箱在全集装箱船上都有一个 6 个阿拉伯数字表示的箱位号。它以"行""列""层"三维空间坐标来表示箱在船上的位置。第 1、2 位数字表示集装箱的行号，第 3、4 位数字表示集装箱的列号，第 5、6 位数字表示集装箱的层号。

（1）行号（BAY）的表示方法。"行"指集装箱在船舶纵向（首尾方向）的排列次序号，规定由船首向船尾顺次排列。由于集装箱有 20ft 和 40ft 之分，因此箱格也分 20ft 和 40ft 两种。

根据箱格结构的不同，有的箱格导柱是固定的，20ft 的箱格只能装 20ft 的箱，40ft 的箱格只能装 40ft 的箱。但有的箱格，其导柱是可以拆装的，把 20ft 的箱格导柱拆掉就能装 40ft 的箱。为了区分 20ft 和 40ft 箱的行位，规定单数行位表示 20ft 箱，双数行位表示 40ft 箱，如图 4-39 所示，01、03、05、07……均为 20ft 箱，而 02、06、08……均为 40ft 箱。例如，行号 07 表示的是第 07 行 20ft 的集装箱，行号 08 表示的是第 08 行 40ft 的集装箱。

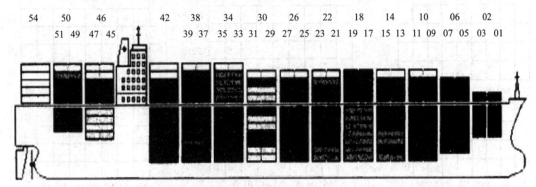

图 4-39　集装箱在船舶上的行位号示意图

（2）列号的表示方法。"列"是指集装箱在船舶横向（左右方向）的排列次序号。有两种表示方法：

① 从右舷算起向左舷顺次编号，01、02、03、04、……。这种方法一般少用。

② 从中间列起算，向左舷为双数编号，向右舷为单数编号（左偶右奇），中间列为"00"，如列数为双数，则"00"号空（图 4-40）。目前比较常用的是这种方法，本书主要介绍这种方法。

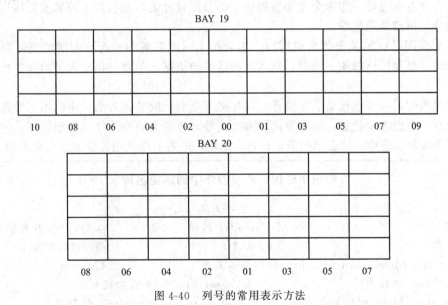

图 4-40　列号的常用表示方法

③ 列号 03 表示的是中间往右舷第二列，列号 04 表示的是中间往左舷第二列。

（3）层号的表示方法。"层"是指集装箱在船舶由下向上方向（竖向）的排列次序号。目前有三种编号方法。

① 从舱内底层算起，一直往上推到甲板顶层（图 4-41），如舱底第 1 层为 01，往上为 02，03，……。

② 舱内和甲板分开编号（图 4-42）。舱内以 H 开头，由下往上 H1、H2、H3……HATCH。

③ 甲板以 D 开头，由下往上 D1、D2、D3……DECK。舱内和甲板分开编号，但全以偶数表示舱内以 02、04、06……编号；甲板以 82、84、86……编号（图 4-43）。

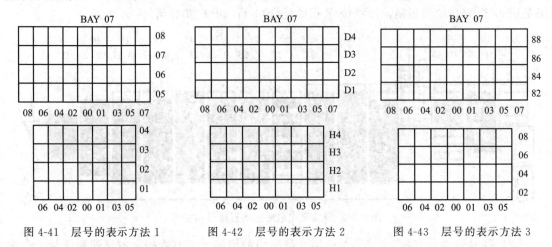

图 4-41 层号的表示方法 1   图 4-42 层号的表示方法 2   图 4-43 层号的表示方法 3

3. 集装箱船舶配载图的识读

预配积载图、计划积载图和实配积载图的区别和联系。

预配积载图由船舶大副依据"航次订舱单"编制而成，是码头装卸公司编制计划配积载图的基础。

计划配积载图由码头装卸公司根据船方预配积载图和码头堆场箱位情况进行小范围修改，经船方审查通过后，作为全船集装箱箱位的总配置计划，是装卸工班装船的根据，也是船方和理货人员监装的依据。

实际配载图是由船舶理货员根据船上集装箱实际所装载的情况绘制成的实际箱位配置图，是船舶计算和校核船舶平稳性、吃水差和强度的依据，是海事执法人员检查、核对的关键图。

配积载图中，一般包括集装箱位置；用英文字母表示的装卸货港，中间用×号连接，左边为卸货港，右边为装货港；集装箱使用人的代号；包括集装箱尺寸和类型代码；包括状态和重量。集装箱状态中，E 表示空箱，F 表示重箱，R 表示冷藏箱，D 表示危险品箱。

知识小栏目：外贸操作中的常见名词

EDI（Electronic Data Interchange）电子数据交换

BAPLIE 船图	MANIFEST 舱单	MOVINS 装船预配图
COV 改船	COD 改港	RESTOW 翻倒
GM（Gravity Metacentric Height）船舶稳心高度		Custom 海关
Lashing Force 绑扎力	Vessel Visibility 船舶视线	
BM（Bending Moment）船舶弯矩	TM（Torsion Moment）船舶扭矩	
Wind Stacks 风的叠加力	Draft Forward/Middle/After 前/中/后吃水	
Trim 首尾吃水差	Heeling Angle（Heel starboard）横倾角度	
Shear Force 剪力	Seawater Density 海水密度	
Ballast Water 压舱水	Stack weight 堆叠重量（限重）	

【任务巩固】

一、填空题（将正确答案填在下面的括号里）

1. 杂货船配载图指（   ），是以（   ）形式表明（   ）的计划装舱位置的货物计划图。一般是为满足货物装卸的需要，标明每票货物在舱内的具体位置，包括货名、装货单号、卸货港、重量、件数及包装形式等。

2. 一般来说船舶底舱部位以（   ）标示，舱高不大的二层舱部位则以（   ）标示。

3. （   ）指集装箱在船舶纵向（   ）的排列次序号，规定由船首向船尾顺次排列。

4. （   ）是指集装箱在船舶横向（   ）的排列次序号。

5. 集装箱船舶配积载图分为（   ）、（   ）和（   ）三种。

二、判断题（下面说法对的打√，错的打×）

（   ）1. 制作杂货船配载图时要根据货物清单计算货物总重量和总体积，并与航次净载重量和货舱总容积的情况进行对比，如果货物总重量和总体积远远大于航次净载重量和货舱总容积则要拒绝进行这次船配载。

（   ）2. 如果是异港卸货，按后卸先装，先卸后装的原则进行，即按到达港口的相反顺序配装。

（   ）3. 底舱和二层舱的装配顺序应先配二层舱，后配底舱。

（   ）4. 易碎货物应配装在基础平稳、不受挤压、易于装卸的舱位，如二层舱或底舱舱口下方、其他货物上面，尽量后装先卸。

（   ）5. 集装箱配积载图中，第一行编号为集装箱位置；第二行英文字母左边为卸货港，右边为装货港，中间用×号连接。

三、简答题

1. 简要阐述杂货船配载图的制作步骤。

2. 说明集装箱船舶配载的目的。

3. 简要阐述集装箱船的箱位号是如何编制的。

四、实务题

1. 识别下图杂货船配载图（图 4-44）中各项内容。

No.4	No.3	No.2		No.1
鹿S/O1小麦	鹿S/O2瓷器200T，562 M3	鹿S/O2	鹿S/O3	鹿S/O2瓷器
650T 1152 M3	鹿S/O4葵花籽 300T 900 M3	400T 1128 M3	亚硝酸钠 400T 480 M3	320T 902 M3
鹿S/O1小麦 1000T 1772 M3	鹿S/O4葵花籽 700T，2100 M3	汉S/O6新闻纸 810T 1897 M3		鹿S/O2瓷器 180T 508 M3
	汉S/O8肠衣 500T 900 M3			汉S/O9钢板 500T 255 M3
汉S/O7铝 1500T 1200 M3	汉S/O9钢板 1000T 500 M3	汉S/O7铝 1500T 1200 M3		

图 4-44 杂货船配载图

2. 说明 A、B、C、D、E、F 在集装箱船上的具体位置（图 4-45）。

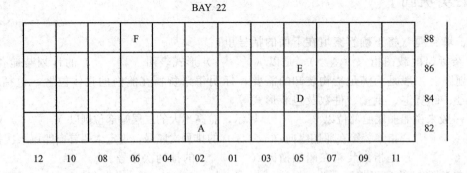

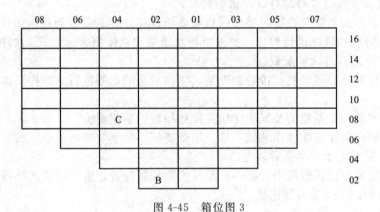

图 4-45　箱位图 3

技能训练任务 6　在途跟踪

【任务目标】

不同类型货物的水路运输流程是不一样的，可以通过了解其不同的运输流程，采用不同的方式、方法，查询在不同的作业环节中货物运输的动态。通过本任务的学习和训练，同学们能够达成以下目标。

(1) 了解关于集装箱和散货水路运输流程。

(2) 掌握集装箱海运在途跟踪的方式、方法。

(3) 掌握散货拼箱海运在途跟踪的方式、方法。

(4) 了解相关术语。

【任务准备】

1. 教师课前准备

(1) 教具：课件一个、带网络电脑或手机、投影、水笔若干支、板钉一批、书写卡片。

(2) 根据学生情况进行分组，也可要求学生独立完成。

2. 学生课前任务

（1）预习：认知集装箱与散货；水路运输作业流程；学习相关术语。

（2）登录各码头网站，找到公共信息服务查询版块。

任务书

    正海供应链货代公司经过业务谈判后受理了以下业务，客户需要掌握以下业务的在途跟踪情况，请你为客户提供在途跟踪服务。

    任务1：集装箱在途跟踪——集装箱从中国惠州经盐田港运至美国洛杉矶某仓库。

    任务2：散货在途跟踪——12箱游戏手柄（带包装：40件/箱；箱子尺寸：64cm×36cm×42cm；重量：14.2kg/箱）从中国深圳宝安A仓经盐田港运至美国俄亥俄州亚马逊仓的在途跟踪。

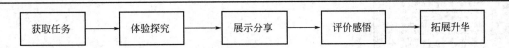

获取任务 → 体验探究 → 展示分享 → 评价感悟 → 拓展升华

📁【任务过程】

【技能1　集装箱货物的跟踪】

一、获取任务

> 任务1：集装箱在途跟踪——从中国惠州经盐田港运至美国洛杉矶某仓库。

二、体验探究

    学生以个人或团队合作的方式，在教师的引导下利用"拓展升华"里的学习资料，查询集装箱在途情况，完成这些职业任务的体验探究。

1. 体验

（1）掌握集装箱运输流程：拖车陆运—集港—报关—装船—卸船—清关—拖车运至指定目的地。

（2）在途跟踪。

① 拖车陆运在途跟踪。通过以下两种方式查询拖车陆运动态：第一种是通过拖车行查询；第二种是直接致电拖车司机确认位置。

② 码头集港动态跟踪。首先登录盐田港国际物流信息服务平台（图4-46为运抵状态查询）或通过正海供应链货代公司微信公众号（图4-47为正海公众号）链接盐田港码头公共信息服务平台，再根据装提单号或集装箱号查询集装箱抵港情况。

③ 通关状态查询。登录中华人民共和国海关总署网站，点击"通关流转状态"（图4-48为通关流转状态查询），输入报关单号即可查询了解这批货物的通关情况。

图 4-46　运抵状态查询

图 4-47　正海公众号

图 4-48　通关流转状态查询

④ 船舶动态。搜索并登录"船讯网",输入船名、航次查询船舶的实时动态(图 4-49 为船舶动态查询)。掌握装船、在航以及预到达时间。正海根据预到达时间安排清关以及拖车等工作。

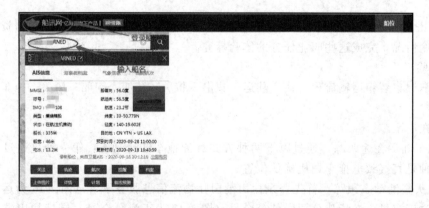

图 4-49　船舶动态查询

⑤ 末端运输在途跟踪。货物清关后卸船,集装箱进入 CY(集装箱堆场)或直接由拖车运至指定的交货地点。如需了解货物的陆运情况,直接致电拖车司机。

2. 探究

> 探究任务1：登录盐田港国际资讯有限公司网站，点击公共信息服务板块，请问有哪些公共信息可以通过该网站查询。
>
> 探究任务2：船期查询需要掌握哪些信息？

三、展示分享

学生完成任务后，对自己体验过程中的所获、所感、所思与同学们和教师进行分享。

> 思考：（1）集装箱在途跟踪关键点是什么？
>
> （2）通过前面的体验，你能否独立完成探究任务，并说明理由。

四、评价感悟

学生在这个过程中不断地自我反思和相互学习，渐悟或顿悟出职业活动中解决问题的最佳方式（表4-40）。

表4-40　（　　　）班任务训练技能（　　　）评价表

被考评组别		被考评组别成员名单				
考评内容						
考评标准	项目	分值/分	小组自我评价（30%）	其他组别评价(平均)（40%）	教师评价（30%）	合计（100%）
	是否掌握集装箱运输流程	35				
	是否掌握集装箱在途跟踪方式、方法	50				
	综合沟通和学习能力	15				
	合计	100				

五、拓展升华

1. 关于集装箱

集装箱（Container）是能装载包装或无包装货进行运输，并便于用机械设备进行装卸搬运的一种成组工具。在我国台湾和香港地区称为"货柜"或"货箱"。

集装箱运输是指以集装箱作为集合包装和运输单位，适合"门到门"交货的现代化成组运输方式，是成组运输中的一种高级运输形式，也是国际贸易货物运输高度发展的必然产物，现已成为国际上普遍采用的一种重要的运输方式。

标准集装箱箱号由11位编码组成，包括三个部分。

第一部分由4位英文字母组成。前三位代码（Owner Code）主要说明箱主、经营人，第四位代码说明集装箱的类型。如CBHU开头的标准集装箱是表明箱主和经营人为中远集运。

第二部分由6位数字组成。是箱体注册码（Registration Code），是一个集装箱箱体持有的唯一标识。

第三部分为校验码（Check Digit），即第 11 位数字。由前 4 位字母和 6 位数字经过校验规则运算得到，用于识别在校验时是否发生错误。

知识小栏目

截关：也叫截放行条时间，是指截止报关放行的时间。货物必须要在此时间之前做好报关放行的工作，递交海关放行条给船公司。在此时间之后再递交海关放行条，船公司将视该货物未能清关放行，不允许上船。一般是船开日前 1~2 天（散货是提前 5~7 天），而且一般是在截港时间后半个工作日。

截港：也叫截重时间，是指该时间之前，装好货的货柜可以入码头或入仓库，过了之后就不可以再进入码头，一般是船开日前 1~2 天（散货是提前 5~7 天）。

截单：是指船公司最后更改提单格式。在此之前，提单格式和资料可以多次修改，在此之后，提单修改将会产生改单费用。这个时间没有标准，各个船公司不一样，有的是开船日，有的是开船后一周之内。

顺序一般是截关、截港、截单。

---

2. 关于集装箱进出口海运作业流程（图 4-50）

3. 相关术语

① 订舱（BOOKING）是货方向船方洽订载运货物的舱位。

② S/O（Shipping Order），付货通知单又叫装货单（俗称落货纸或入仓纸），在实际贸易操作中，一般是船公司传出正式的 S/O 后，贸易商验完货把 S/O 给拖车行（在 S/O 面前注明拖柜时间、地点、时间、联系电话等前往拖柜），以用来制作相关运输单据。

③ 无船承运人（NVOCC）是集装箱运输中，经营集装箱货运的揽货、装箱、拆箱以及内陆运输，经营中转站或内陆站业务，但并不经营船舶的承运人。他们与船舶公司的关系，属于货方与船方的关系。实际上是中间承运商，具有双重身份。对真正的货主而言，他是承运人，但对船方而言，他又是托运人。

④ 集装箱堆场（Container Yard，CY）是办理集装箱重箱或空箱装卸、转运、保管、交接的场所。它是集装箱运输关系方的重要组成，在集装箱运输中起到重要作用。

⑤ 集装箱货运站（Container Freight Station，CFS）是指处理拼箱货的场所，办理拼箱货的交接、配载、积载后，将箱子送往集装箱堆场，并接受集装箱堆场交来的进口货箱，进行拆箱、理货、保管，最后分给各收货人。同时，集装箱货运站也可按承运人的委托进行铅封和签发场站收据等业务。

4. 相关信息平台

① 中华人民共和国海关总署是国家进出境监督管理机关，具有出入境监管、通关监管、海关稽查等职责。中华人民共和国海关总署网站可以查询通关流转状态、舱单信息、舱单通关状态等。

② 易港讯（盐田港国际物流信息服务平台）为所有物流企业提供一站式盐田港区港务服务，包括飞子查询、空柜查询、司机报柜、进港申报、集装箱跟踪、船期跟踪、查验查询、快检查询、运抵查询、消息推送等功能。

③ 船讯网是一个实时查询船舶动态的公众服务网站，能够为船东、货主、船舶代理、货运代理、船员及其家属，提供船舶实时动态，能给船舶安全航行管理、港口调度计划、物流、船代、货代带来极大的方便。

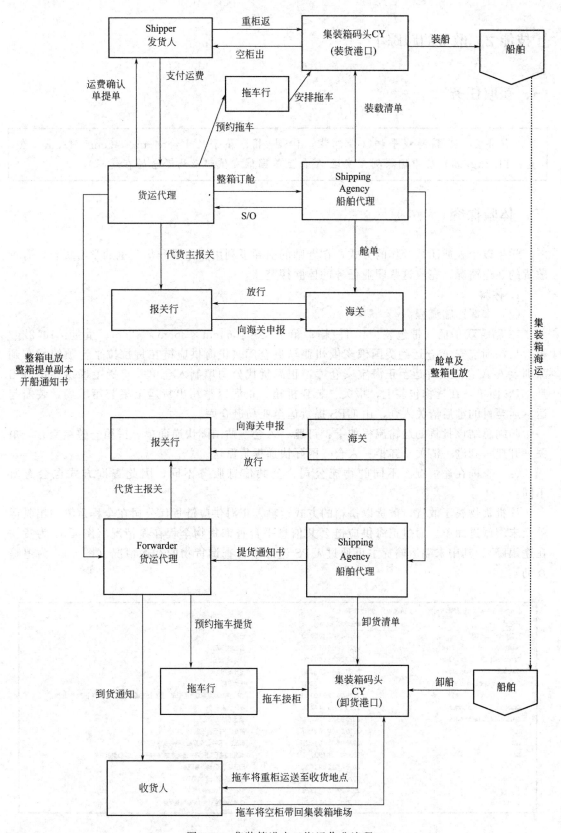

图 4-50 集装箱进出口海运作业流程

【技能 2　散货的跟踪】

一、获取任务

> 任务 2：12 箱游戏手柄（带包装：40 件/箱；箱子尺寸：64cm×36cm×42cm；重量：14.2kg/箱）从中国深圳宝安运 A 仓至美国俄亥俄州亚马逊仓的在途跟踪。

二、体验探究

学生以个人或团队合作的方式，在老师的引导下利用"拓展升华"里的学习资料，查询散货的在途情况，完成这些职业任务的体验探究。

1. 体验

（1）掌握运输流程。

12 箱游戏手柄（带包装：40 件/箱；箱子尺寸：64cm×36cm×42cm；重量：14.2kg/箱）从深圳宝安 A 仓运到美国俄亥俄州亚马逊仓库。正海供应链在货拉拉平台预约货车到深圳宝安 A 仓提货并运至正海宝安仓库，正海货代公司填制入仓单并与货主确认。正海出具 UPS 面单贴在货物包装上，报关、装载拼箱。正海以整箱出货运至集装箱堆场，装船起运，运至目的港后清关入仓，由 UPS 提货运至亚马逊仓库。

归纳总结该批货的运输流程如下：订舱—入仓—贴国际快递面单—拼箱—整箱交仓—报关—开船—到港—清关—卸柜—入仓—国际快递提货派送。

（2）查询在途情况。不同的物流公司，公共信息服务不同，因此查询方式也会有所不同。

该批货物属于散货，散货以拼箱的方式运输。正海供应链货代公司在全程运输中出具运单及末端派送面单。通过正海供应链公共信息平台查询货物全程在途情况（图 4-51 为货物在途跟踪）。其中末端运输货主可通过 UPS 追踪平台查询货物的在途情况（图 4-52 为追踪查询）。

所在地	轨迹时间	说明
MONROE, OH, US	2020-08-17 10:02:00	已递送
Sharonville, OH, United States	2020-08-15 05:38:00	目的地扫描
Sharonville, OH, United States	2020-08-15 00:14:00	抵达设施
Columbus, OH, United States	2020-08-14 22:30:00	离开设施
Columbus, OH, United States	2020-08-14 18:23:00	抵达设施
	2020-08-13 22:00:00	UPS 拖车晚点导致发生延误，我们正在调整计划，以尽快递送您的包裹。
Ontario, CA, United States	2020-08-09 14:12:00	离开设施
Ontario, CA, United States	2020-08-09 11:44:00	起运地扫描
US	2020-08-04 10:01:07	美国8.4号已经提柜
US	2020-08-03 10:40:28	美国8.3下午才卸取到船，待核实提柜时间
US	2020-08-03 10:27:12	美国8.3号已经到港并清关完成 等与码头预约的可提柜时间
CHINA	2020-07-22 09:18:32	已开船，预计8.3号到港
CHINA	2020-07-18 17:50:31	已出仓，预计7.22号开船
	2020-07-15 18:13:53	Shipment check in
United States	2020-07-15 06:12:00	订单处理：为 UPS 准备就绪

图 4-51　货物在途跟踪

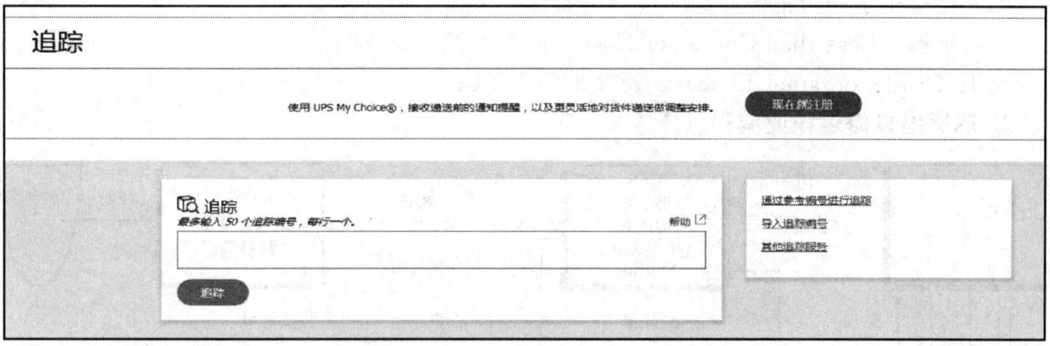

图 4-52　追踪查询

2. 探究

> 探究任务：登录 UPS 国际快递查询平台追踪 IZV752V30337800899 这票货的在途情况。

三、展示分享

学生完成任务后，对自己体验过程中的所获、所感、所思与同学们和教师进行分享。

> 思考：散货在途跟踪关键点是什么？

四、评价感悟

学生在这个过程中不断地自我反思和相互学习，渐悟或顿悟出职业活动中解决问题的最佳方式（表 4-41）。

表 4-41　（　　）班任务训练技能（　　）评价表

被考评组别		被考评组别成员名单				
考评内容						
考评标准	项目	分值/分	小组自我评价（30%）	其他组别评价（平均）（40%）	教师评价（30%）	合计（100%）
	是否掌握散货运输流程	35				
	是否掌握散货在途跟踪的方式、方法	50				
	综合沟通和学习能力	15				
合计		100				

五、拓展升华

1. 关于散货

散货，分为大宗散货和集装箱散货两种，这里所说的散货是集装箱散货。散货需要拼箱，因此比整柜多一个把各厂商的货物拼放在一个箱子的过程。

散货拼箱（Less than Container Load）的英文缩写是 LCL。

整柜（Full Container Load）的英文缩写是 FCL。

2. 散货出口海运作业流程（图 4-53）

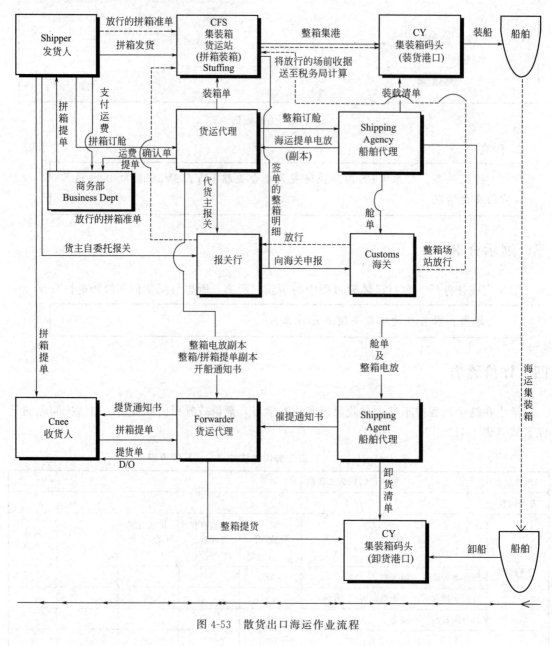

图 4-53　散货出口海运作业流程

💬【任务巩固】

一、填空题（将正确答案填在下面的括号里）

1.（　　　）是能装载包装或无包装货进行运输，并便于用机械设备进行装卸搬运的一种成组工具。在我国台湾和香港地区称为（　　　）或（　　　）。

2. 标准集装箱箱号由 11 位编码组成，包括三个部分：第一部分由（　　　　）组成，第二部分由（　　　　）组成，第三部分为（　　　　　）。

3.（　　　　）是办理集装箱重箱或空箱装卸、转运、保管、交接的场所，是集装箱运输关系方的重要组成，在集装箱运输中起到重要作用。

4. 船讯网是一个实时查询（　　　　　）动态的公众服务网站。

二、判断题（下面说法对的打√，错的打×）

（　　）1. 截关是必须在此日期之前报关。

（　　）2. 截港是必须在此之后让箱子回场站。

（　　）3. 截单是必须在此之前确认好提单，否则会产生改单费。

（　　）4. CY 是指处理拼箱货的场所。

（　　）5. 海关总署网站可以查询通关流转状态。

三、拓展题

登录运点点一站式综合物流智能服务平台学习，与老师、同学分享你的收获。

模块 5

铁路运输作业实务

【案例导入】

中国铁路"走出去"成为"一带一路"建设和国际产能合作的一张靓丽名片

通过本模块的学习，了解铁路运输的基本理论。在工作过程中能够受理铁路运输业务、计算各种铁路运输方式的运费、根据货物的运输信息制作铁路运输单证、能够安排和监管铁路运输现场的货物装卸搬运、根据货物种类为货主选择合理的铁路运输车辆。

技能训练任务 1　认知铁运

【任务目标】

通过本任务学习，同学们能够达成以下目标。

(1) 了解我国铁路发展史。

(2) 认识铁路运输基本设备和铁路货物运输的种类。

(3) 了解我国主要的铁路运输路线。

(4) 了解中国铁路在"一带一路"建设中发挥的作用，培养学生的国际视野。

【任务准备】

1. 教师课前准备

(1) 多媒体教学系统（课件）。

（2）张贴板一块、板钉一批、水笔若干、书写卡片（不同形状）若干。

（3）根据各班情况，学生自主组织小组获取任务。每组 3～5 人。

2. 学生课前任务

通过网络了解铁路运输知识。

任务书

2019 年 3 月 16 日，快运物流公司业务部门的王小明来到武昌火车站托运几批货物。

货物 1：重量为 35t 的条钢，500 件，每件 70kg 左右，每件长度约 7m，从湖北武汉运至广东广州。

货物 2：重量为 100t 的 5500K 无烟煤，从湖北武汉至上海。

货物 3：50 箱塑料玩具，包装为五号纸箱，从湖北武汉运至江西南昌。

货物 4：一个满载 20ft 集装箱（货物为生活用品）。

铁路局的小钟接待了王小明。如果你是小钟，请根据情况完成任务。

任务 1：判断货物合理的运输车辆及运输方式。

任务 2：根据我国主要铁路干线情况，为王小明的货物安排合理路线。

各小组根据提示完成任务，并制作任务成果 PPT 进行展示。

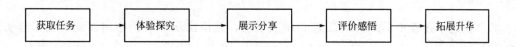

📁 **【任务过程】**

【技能 1　铁路运输基础】

一、获取任务

任务 1：判断任务中 4 批货物的合理运输车辆及运输方式。

二、体验探究

学生在教师的引导下利用"拓展升华"中的学习资料，了解铁路发展史、铁路货物运输种类的相关理论知识。

1. 体验

（1）确定货物适合的运输铁路货物车辆种类：通用车辆包括敞车、棚车、平车、罐车、冷藏车，专用车辆包括专用敞车、专用平车和漏斗车。

（2）确定货物适合的铁路货物运输方式包括整车运输、零担运输和集装箱运输。

2. 探究

> 探究任务 1：钢材、煤炭、玩具分别适用哪种铁路运输车辆。
>
> 探究任务 2：根据任务中各类货物条件，判断适用哪种铁路运输方式。

三、展示分享

学生完成任务后，将自己体验过程中的成果与同学们和教师进行分享。

> **总结**
> (1) 铁路运输车辆有哪些种类？
> (2) 这批货物分别适用哪种铁路运输车辆？
> (3) 这批货物分别适用哪种铁路运输方式？

四、评价感悟

学生在这个过程中不断自我反思和相互学习，感悟出职业活动中解决问题的最佳方式（表 5-1）。

表 5-1 （ ）班任务训练技能（ ）评价表

被考评组别		被考评组成员				
考评内容	认识铁路货运基础					
	内容	分值/分	小组评分（30%）	其他组别评分（平均）（40%）	教师评分（30%）	合计（100%）
考评标准	铁路运输车辆种类是否掌握	40				
	铁路运输种类是否掌握	40				
	是否展示亮点及合理程度如何	20				
合计		100				

五、拓展升华

自瓦特于 1765 年发明了改进的蒸汽机后，蒸汽机被广泛地应用于各种场合。最早的蒸汽机往往机身过大、推力较小，爬陡坡时需要几台机车推动。到 19 世纪末，蒸汽机的发展到了顶峰。1825 年 9 月 27 日，世界第一条铁路在英国斯托克顿（Stockton）和达灵顿（Darlington）之间开通，全长 27km 左右，由英国人乔治·斯蒂芬森（George Stephenson）设计修建。列车由 12 节货车和 22 节客车组成，可搭乘旅客 450 人，最初速度为 4.5km/h，后达到 24km/h。

1. 我国铁路货物运输发展现状

1876年吴淞到上海长约14.5km的淞沪铁路为我国第一条运营铁路。1881年，建成自唐山起至胥各庄（今河北丰南）止，全长9.7km的唐胥铁路，为我国自办的第一条铁路。1909年9月24日，由詹天佑设计并主持施工的京张铁路建成通车，由北京丰台至河北张家口，全长约200km，为中国人主持设计建设的第一条铁路。

1911年，清政府宣布将实施铁路国有化政策，由此爆发"保路运动"。1922年，"中华民国"政府公布铁路建筑各项标准及规范书。1932年，民国政府公布铁路法。

截至1949年，全国可通车铁路仅21989km。

1952年7月1日，由成都到重庆，全长530km的成渝铁路全线通车，此为中华人民共和国成立后新建的第一条铁路。1961年8月15日，宝成铁路宝鸡至凤州段电气化铁路交付运营。1975年7月1日，由宝鸡至成都全长676km的宝成电气化铁路全线建成通车。此为我国第一条电气化铁路。

至2010年，我国铁路营业里程达9.1万公里，居世界第二，亚洲第一；高速铁路运营里程达逾3000km，居世界第一；武广客运专线平均时速达341km，居世界第一。2018年末，我国铁路营业总里程是13.2万千米，这个数字比1949年增长了5倍，高铁从无到有，现在通车里程达到了2.9万千米，居世界第一。

2. 铁路货物运输车辆

铁路货物运输车辆按其用途不同可分为通用货车和专用货车两大类。

（1）通用货车。

① 敞车（图5-1）。敞车是指具有端壁、侧壁、地板而无车顶，向上敞开的铁路货车，主要用于运送煤炭、矿石、矿建物资、木材、钢材等大宗货物，也可用来运送重量不大的机械设备。若在所装运的货物上蒙盖防水帆布或其他遮篷物后，可代替棚车承运怕雨淋的货物。因此敞车具有很大的通用性，在货车组成中数量最多，目前全路共有敞车约30万辆，约占货车总数的50%以上。敞车按卸货方式不同可分为两类：一类是适用于人工或机械装卸作业的通用敞车；另一类是适用于大型工矿企业、站场、码头之间成列固定编组运输，用翻车机卸货的敞车。

图5-1　敞车

② 棚车（图5-2）。铁路货运中的通用车辆，它有侧墙、端墙、地板和车顶，是在侧墙上开有滑门和通风窗的铁路货车，用以装运贵重和怕日晒雨淋的货物。有的在车内安装火炉、烟囱、床板等，必要时可以运送人员和牲畜。

③ 平车（图5-3）。平车主要用于运送钢材、木材、汽车、机械设备等体积或重量较大

的货物，也可借助集装箱运送其他货物。平车还能适应国防需要，装载各种军用装备。装有活动墙板的平车也可用来装运矿石、沙土、石渣等散粒货物。中国自行设计和制造了多种平车，从结构上来分，主要有平板式和带活动墙板式两种，车型主要有 N12、N60、N16 和 N17 等多种，载重量为 60t。

图 5-2　棚车

图 5-3　平车

④ 冷藏车（图 5-4）。铁路冷藏车一般具有较大的运输能力，适于长距离的冷藏运输。铁路冷藏车应具有良好的保温性能，通常采用焊接的金属骨架，两侧铺以薄钢板，中间填有热绝缘材料，厢壁厚度约为 200mm，车顶厚度为 220~250mm，地板为 200mm，传热系数小于 $0.4W/(m^2 \cdot K)$。

⑤ 罐车（图 5-5）。铁路罐车，在铁路物流中应用的主要铁道车辆之一，是铁道上用于装运气、液、粉等货物的主要专用车型，主要是横卧圆筒形，也有立置筒形、槽形、漏斗形。分为装载轻油用罐车、黏油用罐车、酸类罐车、水泥罐车、压缩气体罐车多种。

图 5-4　冷藏车

图 5-5　罐车

（2）专用货车。

① 专用敞车（图 5-6）。供具有翻车机的企业使用，主要用于装运块、颗粒状货物且采用机械化方式装卸，基本型号为 C。

② 专用平车（图 5-7）。运送小汽车于集装箱的平车。运送小汽车的平车车体一般分为 2~3 层，并设有跳板，以便汽车上下。

③ 漏斗车（图 5-8）。用于装运块、颗粒状散装货物，主要运送煤炭、矿石、粮食等，基本型号为 K。

图 5-6　专用敞车

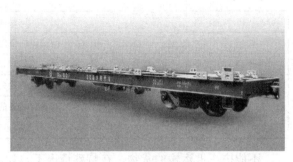

图 5-7　专用平车

图 5-8　漏斗车

3. 铁路货物运输种类

（1）按运输条件的不同分为两种。

① 普通货物运输：除按特殊运输条件办理的货物外的其他各种货物运输。

② 特殊货物运输有以下几种。

阔大货物运输：包括超长货物、集重货物和超限货物，是一些长度长、重量重、体积大的货物。

危险货物运输：指在铁路运输中，凡具有爆炸、易燃、毒蚀、放射性等特性，在运输、装卸和储存保管过程中，容易造成人身伤亡和财产毁损而需要特殊防护的货物。

鲜活货物运输：指在铁路运输过程中需要采取制冷、加温、保温、通风、上水等特殊措施，以防止腐烂变质或死亡的货物，以及其他托运人认为须按鲜活货物运输条件办理的货物。鲜活货物分为易腐货物和活动物两大类。易腐货物主要包括肉、鱼、蛋、奶、鲜水果、鲜蔬菜、鲜活植物等；活动物主要包括禽、畜、蜜蜂、活鱼、鱼苗等。

灌装货物运输：是指用铁路罐车运输的货物。

（2）按一批货物的重量、体积、性质、形状划分。"一批"是铁路运输货物的计数单位，铁路承运货物和计算运输费用等均以批为单位。按一批托运的货物，其托运人、收货人、发站、到站和装卸地点必须相同。由于货物性质、运输的方式和要求不同，表 5-2 所列货物不能作为同一批进行运输。

表 5-2 不能作为同一批进行运输的货物

序号	货物
1	易腐货物和非易腐货物
2	危险货物和非危险货物
3	根据货物的性质不能混装的货物
4	投保运输险的货物和未投保运输险的货物
5	按保价运输的货物和不按保价运输的货物
6	运输条件不同的货物

不能按一批运输的货物，在特殊情况下，如不致影响货物安全、运输组织和赔偿责任的确定，经铁路有关部门承认也可按一批运输。

① 整车运输。整车运输是指一批货物至少需要一辆货车的运输。具体地说，凡一批货物的重量、体积或形状需要以一辆或一辆以上货车装运的，均应按整车托运。整车运输的条件如下。

货物的重量与体积：我国现有的货车以棚车、敞车、平车和罐车为主。标记载重量（简称为标重）大多在 50t 和 60t，棚车体积在 $100m^3$ 以上，达到这个重量或体积条件的货物，即应按整车运输。

货物的性质与形状：有些货物，虽然其重量、体积不够一车，但按性质与形状需要单独使用一辆货车时，应按整车运输。

整车运输装载量大，运输费用较低，运输速度快，能承担的运量也较大，是铁路的主要运输形式。

② 零担运输。凡不够整车运输条件的货物，即重量、体积和形状都不需要单独使用一辆货车运输的一批货物，除可使用集装箱运输外，应按零担货物托运。零担货物一件体积最小不得小于 $0.02m^3$（一件重量在 10kg 以上的除外）。每批件数不得超过 300 件。

③ 集装箱运输。按铁路集装箱形式进行的货物运输，是铁路货物运输的种类之一，列车为集装箱列车。中国铁路集装箱运输重点是解决铁路零担货物运输，主要采用 1t 和 5t 通用集装箱。随着铁路集装箱运输和拖车式集装箱运输的发展，铁路集装箱运输组织工作也获得新的发展，开了集装箱定期直达列车、集装箱专用列车和双层集装箱列车。

【技能 2 中国的主要铁路干线】

一、获取任务

> 任务 2：根据我国主要铁路干线情况，为王小明的货物安排合理路线。

二、体验探究

学生在教师的引导下利用"拓展升华"中的学习资料，了解我国铁路主要干线的相关理论知识。

1. 体验

（1）查全国铁路货运线路图。

（2）确认发站和到站所处线路。

2. 探究

> 探究任务：查武汉—上海、武汉—南昌和武汉—广州分别经过哪些铁路货运线路。

三、展示分享

学生完成任务后，将自己体验过程中的成果与同学们和教师进行分享。

> **思考总结**
>
> （1）各批货物最适合的铁路线路有哪些？
>
> （2）在多条线路都能满足运输的条件下，铁路运输路线安排应该考虑其他哪些因素？

四、评价感悟

学生在这个过程中不断自我反思和相互学习，感悟出职业活动中解决问题的最佳方式（表5-3）。

表5-3 （   ）班任务训练技能（   ）评价表

被考评组别		被考评组成员				
考评内容		中国铁路主要干线				
考评标准	内容	分值/分	小组评分（30%）	其他组别评分（平均）(40%)	教师评分（30%）	合计（100%）
	对主要干线的了解程度	30				
	对各干线交通枢纽的了解程度	20				
	是否合理安排铁路线路	30				
	是否展示亮点及合理程度如何	20				
	合计	100				

五、拓展升华

1. 我国铁路五纵（表5-4）

表5-4 我国铁路五纵

干线名称	跨越的省市区	经过的城市	经过的地形区	重要意义	与长江交汇的城市	与陇海线交汇的城市
京沪线	京、津、冀、鲁、苏、皖、沪	北京、天津、德州、济南、徐州、蚌埠、南京、镇江、常州、无锡、苏州、上海	华北平原、江淮平原、长江三角洲	沟通的华北与华东，是东部沿海的交通大动脉	南京	徐州

干线名称	跨越的省市区	经过的城市	经过的地形区	重要意义	与长江交汇的城市	与陇海线交汇的城市
京九线	京、津、冀、鲁、豫、皖、鄂、赣、粤、港	北京、天津、霸州、衡水、菏泽、商丘、阜阳、麻城、九江、南昌、赣州、深圳、九龙	华北平原、江淮平原、鄱阳湖平原、江南丘陵、珠江三角洲	缓解南北铁路（京广线、京沪线）的运输压力，加速革命老区的脱贫致富，维持港澳地区的稳定与发展	九江、武汉	商丘
京广线	京、冀、豫、鄂、湘、粤	北京、石家庄、邯郸、新乡、郑州、武汉、长沙、株洲、衡阳、韶关、广州	华北平原、洞庭湖平原、江南丘陵、南岭、珠江三角洲	沟通了华北、华中与华南，是我国铁路网的中轴线且是运量最大的南北大动脉	武汉	郑州
焦柳线	豫、鄂、湘、桂	焦作、洛阳、襄樊、枝城、怀化、柳州	豫西山地、江汉平原、湘西山地、两广丘陵	改善铁路布局，提高晋煤南运能力，分担京广线运量	枝城	洛阳
宝成—成昆线	陕、甘、川、滇	宝鸡、成都、攀枝花、昆明	秦巴山地、成都平原、云贵高原	促进西南地区经济建设，加强民族团结	攀枝花	宝鸡

2. 我国铁路三横（表 5-5）

表 5-5　我国铁路三横

干线名称	跨越的省市区	经过的城市	经过的地形区	重要意义
京包—包兰线	京、冀、晋、蒙、宁、甘	北京、大同、集宁、呼和浩特、包头、银川、中卫、兰州	冀北山地、内蒙古高原、河套平原、宁夏平原	促进华北与西北联系，分担陇海线运量，建设民族地区，巩固边防
陇海—兰新线	苏、皖、豫、陕、甘、新	连云港、徐州、商丘、开封、郑州、洛阳、西安、宝鸡、兰州、乌鲁木齐、阿拉山口	黄淮平原、黄土高原、河西走廊、吐鲁番盆地、准噶尔盆地	沟通东部和西北，促进西北发展，巩固边防，横贯亚欧的第二条大陆桥，加速沿线工业的发展
沪杭浙赣湘黔贵昆线	沪、浙、赣、湘、黔、滇	上海、杭州、鹰潭、萍乡、株洲、怀化、贵阳、六盘水、昆明	长江三角洲、江南丘陵、云贵高原	横贯江南的东西干线，加强华东、东南、西南、中南的联系，与长江航线相辅相成

3. 通往边境口岸的铁路线（表 5-6）

表 5-6　通往边境口岸的铁路线

铁路线	边境口岸	相邻国家	铁路线	边境口岸	相邻国家
沈丹线	丹东	朝鲜	集二线	二连浩特	蒙古
集四线	集安	朝鲜	北疆线	阿拉山口	哈萨克斯坦
长图线	图们	朝鲜	南疆线	喀什	哈萨克斯坦
滨绥线	绥芬河	俄罗斯	昆河线	河口	越南
滨洲线	满洲里	俄罗斯	湘桂线	凭祥	越南

4. 与沿海港口连接的铁路线（表 5-7）

表 5-7　与沿海港口连接的铁路线

铁路线	海港	铁路线	海港	铁路线	海港
沈大线	大连	焦兖日线	日照	鹰厦线	厦门
大秦线	秦皇岛	陇海线	连云港	龙汕线	汕头
神黄线	黄骅港	京沪—沪杭线	上海	京广三线	广州
蓝烟线	烟台	萧甬线	宁波	黎湛线	湛江
胶济线	青岛	来福线	福州	南防线	防城港
京哈线	天津	新长线的支线	南通	广深—京九线	深圳

5. 正在计划和建设的新干线

宁西线：南京—合肥—信阳—南阳—西安。

包粤线：包头—神府—延安—西安—安康—重庆—遵义—贵阳—柳州—黎塘—湛江，可称为"第六纵"。

沿海铁路线：大连轮渡到烟台—蓝村—临沂—新沂—长兴—杭州—宁波—温州—福州—厦门—汕头—深圳—广州—湛江—海口—三亚。

沿江铁路线：上海—南京—芜湖—九江—武汉—重庆。

青藏铁路：西宁—格尔木—拉萨，已于 2006 年 7 月 1 日建成通车。

【任务巩固】

1. 山西大同煤矿有 500t 煤炭要运送到福建国电火力发电厂福州分厂，可以采用哪种铁路货运方式，为什么？

2. 内蒙古自治区呼和浩特市某经销部收购了 1580kg 葵花籽，要发送至芜湖市，可以采用哪种运输方式，为什么？

3. 刘菲今年在西安交通大学毕业，准备到上海一家公司工作，她有许多书籍和一些生活用品需要托运。她向铁路部门申请用一吨集装箱运输他的这些物品，铁路部门会批准吗？

4. 郑州—广州都经过哪些铁路干线，请举例说明。

技能训练任务 2　业务受理

【任务目标】

通过本任务学习，同学们能够达成以下目标。

（1）掌握基本铁路货运术语。

（2）掌握运到期限计算。

（3）根据需要实施境内铁路运输和国际铁路运输的业务受理。

【任务准备】

1. 教师课前准备

（1）多媒体教学系统。

（2）张贴板一块，板钉一批、水笔若干、书写卡片（不同形状）若干。

（3）根据各班情况，学生自主组织小组获取任务。每组 3～5 人。

2. 学生课前任务

通过网络了解铁路运输业务受理的基本内容。

任务书

2019 年 6 月 25 日，郑州铁路局业务员孙聪接到客户广州天祥贸易有限责任公司的电话，该公司需要将从郑州某贸易公司采购的一批电动玩具运至广州。这批玩具总共 1200 箱，毛重 48000kg。需要在 2019 年 6 月 29 日上午 9 时前在郑州铁路东站货运口岸装货上车，并于 2019 年 7 月 3 日中午 12 前在广州市石围塘车站卸货。

同日，孙聪还接到郑州某进出口贸易公司的电话，需要将一批电动摩托车玩具发往莫斯科（快车）。货物单件毛重 25kg，共 500 件。需要在 7 月 13 日前装货完毕，8 月 4 日前于莫斯科卸货。该公司另有海鲜产品 15t，需要在 7 月 13 日装货完毕，并于 7 月 29 日前运抵莫斯科（期间需要加冰 3 次）。

郑州至莫斯科运价里程为 6800km。请根据以上情况完成以下任务。

任务 1. 如果你是孙聪，根据各批货物发站、中转站和到站信息确认运价里程。

任务 2. 如果你是孙聪，请判断这三批货物能否在各自的运到期限内运抵。

任务 3. 请根据情况规划各批货物的业务受理流程。

各小组根据提示完成任务，并制作任务成果 PPT 进行展示。

获取任务 → 体验探究 → 展示分享 → 评价感悟 → 拓展升华

📁【任务过程】

【技能 1　铁路货运术语】

一、获取任务

> 任务 1：如果你是孙聪，根据各批货物发站、中转站和到站信息确认运价里程。

二、体验探究

学生在教师的引导下利用"拓展升华"中的学习资料，了解铁路货运术语的相关理论知识，并通过网络搜索资源，确认各发站和到站信息，学习运价里程、运价号、运价率等数据查询。

1. 体验

（1）通过铁路查询网站输入发站、到站信息确认货物能否直达。

（2）查询郑州—广州的最短距离和运价里程。

2. 探究

> 探究任务1：查询郑州到广州是否需要中转？
>
> 探究任务2：查询郑州到广州实际距离多少千米，运价里程为多少千米？

三、展示分享

学生完成任务后，将自己体验过程中的成果与同学们和教师进行分享。

> 总结：（1）运价里程与实际公里数的区别。
>
> （2）运价号和运价率之间有无关系。

四、评价感悟

学生在这个过程中不断自我反思和相互学习，感悟出职业活动中解决问题的最佳方式（表5-8）。

表5-8　（　　）班任务训练技能（　　）评价表

被考评组别		被考评组成员				
考评内容		铁路货物运输术语				
考评标准	内容	分值/分	小组评分（30%）	其他组别评分（平均）（40%）	教师评分（30%）	合计（100%）
	铁路货运术语是否掌握	30				
	是否认知品名检查表	20				
	是否认知品名分类与代码表	20				
	是否展示亮点及合理程度如何	30				
	合计	100				

五、拓展升华

1. 铁路货运术语

（1）发站：是托运人办理托运业务的车站，也称始发站。

（2）到站：是托运人在货物运单中"到站"栏项下填写的到站，是收货人所在地或离收货人最近的车站。

（3）中转站：是指托运人托运的货物所经过的线路不能直达目的地车站，必须经过途中的某一站进行中转，进行中转的车站就叫中转站。

（4）货物运单：货物运单是承运人与托运人之间，为运输货物而签订的一种运输合同。

（5）计费里程：根据《铁路货物运价里程表》规定的发站至到站的运价里程。计算货物运费的起码里程为 100km。

（6）运价号：运价号就是货物运价的编号，根据货物运单上填写的货物名称，查找《铁路运输品名分类与代码表》和《铁路货物运输品名检查表》，确定适用的运价号。

（7）运价率：是单位运输产品的价格，是计算运价的基本单位。运输部门为了计算运费的方便，把每吨货物运送全程应收的运费叫运价率，即每吨货物运价率，并按里程区段编制成运价率表。

（8）净重：指商品本身的重量，即除去包装物后的商品实际重量。净重是国际贸易中最常见的计重办法之一。

（9）毛重：商品本身的重量加包装物的重量。这种计重办法一般适用于低值商品。

（10）计费重量：铁路计费重量是指铁路计算货物运费的重量。整车以吨为计费单位，一般按货车标记载重计算。超过标记载重时，按货物实际重量计算。零担按货物实际重量计算，以 10kg 为计费单位，不足 10kg 的按 10kg 计算。集装箱以箱为计算单位，按箱型别标记重量计算。

2. 我国铁路货物运输《铁路运输品名分类与代码表》和《铁路货物运输品名检查表》
通过网络查询了解基本内容。

【技能 2　计算运到期限】

一、获取任务

> 任务 2：如果你是孙聪，请判断这三批货物能否在各自的运到期限内运抵。

二、体验探究

学生在教师的引导下利用"拓展升华"中的学习资料，了解运到期限的定义及计算方法。根据相应情况判断运到期限。

1. 体验

（1）确定货物发运期间：货物发送期间通常为 1 日。

（2）确定货物运输期间。

（3）确定特殊作业时间。

（4）将以上数据代入公式：货物运到期限＝货物发运期间＋货物运输期间＋特殊作业时间。

2. 探究

> 探究任务 1：电动玩具从郑州运至广州的运到期限为几天？
> 探究任务 2：摩托车玩具从郑州运至莫斯科的运到期限为几天？
> 探究任务 3：海鲜产品从郑州运至莫斯科的运到期限为几天？

三、展示分享

学生完成任务后，将自己体验过程中的成果与同学们和教师进行分享。

> **总结：**（1）运到期限的计算应该考虑哪些因素。
>
> （2）案例中哪些情况属于特殊作业时间，需要计算到运到期限里。

四、评价感悟

学生在这个过程中不断自我反思和相互学习，感悟出职业活动中解决问题的最佳方式（表5-9）。

表5-9 （　　）班任务训练技能（　　）评价表

被考评组别		被考评组成员				
考评内容		铁路运输运到期限				
考评标准	内容	分值/分	小组评分（30%）	其他组别评分（平均）(40%)	教师评分（30%）	合计（100%）
	是否掌握运到期限定义	20				
	是否掌握运到期限计算方式	30				
	工作中运到期限的判断是否准确	30				
	是否展示亮点及合理程度如何	20				
合计		100				

五、拓展升华

1. 运到期限定义

按《中华人民共和国铁路法》有关规定，铁路应按照与托运人签订的运输合同约定的期限或铁道部规定的期限，将货物运送到站，逾期运到的，铁路运输企业应当支付违约金。因此，托运货物，应该计算铁路规定的期限，如该期限无法满足托运人需要，如超过托运人与收货人约定的交货期限，则要改变托运方式，如改为铁路包裹、快运或航空，以免给托运人造成不必要的损失。货物运到期限是指从发站承运货物的次日起，至到站卸车完毕时止或货车调到卸车地点、货车交接地点时止的时间。

2. 运到期限规则

货物运到期限有货物发运期间、货物运输期间和特殊作业时间三部分组成。

计算公式为：货物运到期限＝货物发运期间＋货物运输期间＋特殊作业时间。

（1）货物发运期间：货物发运期间为1日。指车站完成货物发送作业的时间，包括发站从货物承运到发出的时间。

（2）货物运输期间：每250运价千米或未满为1日；按快运办理的整车货物每500运价千米或其未满为1日。

（3）特殊作业时间：

① 需要中途加冰的货物，每加冰一次，另加 1 日。

② 运价里程超过 250 运价公里的零担货物和 1t、5t 型集装箱货物，另加 2 日；超过 1000 运价公里加 3 日。

③ 单件货物重量超过 2t、体积超过 $3m^3$ 或长度超过 9m 的零担货物及零担危险货物另加 2 日。

④ 整车分卸货物每增加一个分卸站，另加 1 日。

⑤ 准、米轨间直通运输的整车货物，另加 1 日。

3. 运到期限的计算

货物实际运到时间的计算：起算时间从承运人承运货物的次日指定装车日期的，为指定装车日的次日起算。终止时间，到站由承运人组织卸车的货物，到货物卸完时为止；由收货人组织卸车的货物，到货车调到卸车地点或货车交接地点时止。货物运到期限，起码天数为 3 日。

但由于种种原因，货物在运输途中造成滞留时间，应从实际运到天数中扣除，原因大致如下。

（1）因不可抗力的原因：如地震、水灾等引起的。

（2）由于托运人的责任致使货物在途中发生换装、整理所产生的。

（3）因托运人或收货人要求运输变更所产生的。

（4）运输鲜活动物，由于途中上水所产生的。

（5）其他非承运人责任发生的。

【技能 3　国内铁路运输业务受理流程】

一、获取任务

> 任务 3：根据情况规划对广州天祥贸易有限责任公司货物的国内业务受理流程。

二、体验探究

学生在教师的引导下利用"拓展升华"中的学习资料，了解国内铁路运输业务受理通用流程，并根据实际情况制订公司业务受理流程。

1. 体验

（1）确定国内业务内容。国内铁路货物运输受理业务的主要环节包括：托运人发送作业请求、提出货物运输服务订单、填写货物运单、办理托运交货及装车、交付运输费用、将领货凭证递交收货人、途中作业、到达作业、办理取货手续等。

（2）制订业务流程。根据客户需求定制业务受理流程（图 5-9）。

2. 探究

> 探究任务：定制对广州天祥贸易有限责任公司的国内铁路运输业务受理流程。

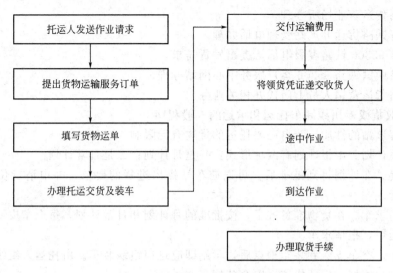

图 5-9　国内货运业务受理流程

三、展示分享

学生完成任务后，将自己体验过程中的成果与同学们和教师进行分享。

> **总结：** 制订业务流程时，应该考虑哪些因素。

四、评价感悟

学生在这个过程中不断自我反思和相互学习，感悟出职业活动中解决问题的最佳方式（表 5-10）。

表 5-10　（　　）班任务训练技能（　　）评价表

被考评组别					
考评内容	国内铁路运输业务受理流程				
考评标准	内容	分值/分	小组评分（30%）	其他组别评分（平均）(40%)	教师评分（30%）	合计（100%）
	是否掌握国内业务受理内容	40				
	是否了解国内业务受理流程组织	40				
	是否展示亮点及合理程度如何	20				
合计		100				

五、拓展升华

1. 五种货运业务受理方式

目前铁路货运采取敞开受理，为了方便货主办理业务，铁路部门采取五种货运业务受理方式。

（1）铁路货运营业场所办理。

（2）拨打铁路货运办理站受理电话办理。

（3）拨打 95306 铁路客服电话，提出发货需求。

（4）登录中国铁路 95306 客户服务中心网站办理。

（5）铁路货运营销人员上门代办相关业务。

2. 货场取货或专用线卸车托运和承运的一般程序

（1）了解该站的性质，看自己要托运的货物有无限制。

（2）申报计划。申报计划有两种形式：一是月计划；二是日常计划。

（3）进货。在计划得到批准后，可以向车站提出进货的要求，并申请货位，得到允许后，即可进货。

（4）报请求车。在货物准备齐了，按批准的月计划和日常计划，每个车皮要提交一份填写好的货物运单，报请求车。

（5）装车。空车皮送到装车地点后，车站即应迅速组织装车。由托运人组织装车的，托运人也应及时组织好，保证快速、安全装好车。

（6）运送。车辆装好以后，铁路运输部门及时联系挂车，使货物尽快运抵到站。

【技能 4　国际铁路运输业务受理流程】

一、获取任务

> 任务 4：根据情况规划对广州天祥贸易有限责任公司货物（郑州—莫斯科）的国际业务受理流程。

二、体验探究

学生在教师的引导下利用"拓展升华"中的学习资料，了解国内铁路运输业务受理通用流程，并根据实际情况制订公司业务受理流程。

1. 体验

（1）确定国际业务受理内容。国际铁路货物运输受理业务的主要环节包括：托运人书面申请、承运人审核申请内容、托运人将货物搬入指定货位、承运人接受承运、运送、货物交接、报关报检等。

（2）根据情况制订业务受理流程。

2. 探究

> 探究任务：定制对广州天祥贸易有限责任公司的国际铁路运输业务受理流程。

三、展示分享

学生完成任务后，将自己体验过程中的成果与同学们和教师进行分享。

> **总结：** 制订业务流程时，应该考虑哪些因素。

四、评价感悟

学生在这个过程中不断自我反思和相互学习，感悟出职业活动中解决问题的最佳方式（表5-11）。

表5-11　（　　　）班任务训练技能（　　　）评价表

被考评组别		被考评组成员			
考评内容		国际铁路运输业务受理流程			
考评标准	内容	分值/分	小组评分(30%)	其他组别评分(平均)(40%)	教师评分(30%)	合计(100%)
	是否掌握国际业务受理内容	40				
	是否了解国际业务受理流程组织	40				
	是否展示亮点及合理程度如何	20				
合计		100				

五、拓展升华

1. 国际铁路运输业务受理流程

（1）发货人在托运货物时，应向车站填写货物运单和运单副本，以此作为货物托运的书面申请。

（2）车站接到运单后，应进行认真审核，对整车货物应检查是否有批准的月度、旬度货物运输计划和日要车计划，检查货物运单各项内容是否正确，如确认可以承运，车站即在运单签证时在运单上写明货物应进入车站的日期和装车日期，即表示接受托运。

（3）发货人按签证指定的日期将货物搬入车站或指定的货位，并经铁路根据货物运单的记载查对实货，认为符合国际货协和有关规章制度的规定，车站方可予以承认，整车货物一般在装车完毕，发站在货物运单上加盖承运日期戳，即为承运。

（4）发运零担货物，发货人在托运时，不需要编制月度、旬度要车计划，即可凭运单向车站申请托运，车站受理托运后，发货人应按签证指定的日期将货物搬进货场，送到指定的货位上，经查验过磅后，交由铁路保管。

（5）从车站将发货人托运的货物，连同货物运单一同接受完毕，在货物运单上加盖承运日期戳时，即表示货物业已承运。铁路对承运后的货物负保管、装车发运责任。

总之，承运是铁路负责运送货物的开始，表示铁路开始对发货人托运的货物承担运送义务，并负运送上的一切责任。

2. 出口货物交接的一般程序

（1）联运出口货物实际交接是在接收路国境站进行。口岸外运公司接铁路交接所传递的运送票据后，依据联运运单审核其附带的各种单证份数是否齐全，内容是否正确，遇有矛盾不符等缺陷，则根据有关单证或函电通知订正、补充。

（2）报关报验：运送单证经审核无误后，将出口货物明显单截留三份（易腐货物截留两份），然后将有关运送单证送各联检单位审核放行。

（3）货物的交接：单证手续齐备的列车出境后，交付站在邻国国境站的工作人员会同接收站工作人员共同进行票据和货物交接，依据交接单进行对照检查。交接分为一般货物铁路方交接和易腐货物贸易双方交接。

😶【任务巩固】

1. 齐齐哈尔装运到昆河线（米轨）徐家渡，热水塘两站分卸钢梁一车共四件，每件重5.2t，长11m，宽1.5m，高0.82m。计算运到期限，其中运价里程4549km。

2. 北京广安门车站到石家庄站运输里程为274km，现有零担货物一件，重2300kg。计算其运到期限。

3. 某托运人欲从甲站托运易腐货物到乙站，运价里程为1293km，途中加冰一次，托运人声明运输期限不得超过5日，这种要求车站能受理吗？

技能训练任务3　计算运费

💡【任务目标】

通过本任务学习，同学们能够达成以下目标。
掌握铁路零担运输、整车运输和集装箱的运费计算。

🖊【任务准备】

1. 教师课前准备
（1）多媒体教学系统。
（2）张贴板一块，板钉一批，水笔若干，书写卡片（不同形状）若干。
（3）根据各班情况，学生自主组织小组获取任务，每组3～5人。
2. 学生课前任务
通过网络了解铁路运输运费计算知识。

任务书

2019年9月25日，郑州铁路局业务员李明接到客户广州天祥贸易有限责任公司的电话，该公司需要将把郑州某贸易公司采购的一批钢材运至广州。这批玩具总重48t，需要在2019年6月29日上午9时前在郑州铁路东站货运口岸装货上车，并于2019年7月3日中午12时前在广州市石围塘车站卸货。同日，广州日丽公司有一批冻肉，重28t，使用B7型加冰冷藏车装运。

同日，孙聪还接到郑州丰硕进出口贸易公司的电话，需要将几批货物发运。

（1）郑州—上海西，石料4箱，化妆品2件，总重358kg，总体积0.94cm^3。

（2）郑州—太原，教学仪器，使用2个6t集装箱装运。

（3）广州—郑州，6个5t集装箱，到站后广州站送回郑州站。

请根据以上情况分析如下。

任务1：计算广州天祥贸易有限责任公司玩具的运输费用。

任务2：计算广州日丽公司冻肉的运输费用。

任务3：计算郑州丰硕进出口贸易公司石料和化妆品的运输费用。

任务4：计算郑州丰硕进出口贸易公司教学仪器的运输费用。

任务5：计算郑州丰硕进出口贸易公司空箱回运费用。

各小组根据提示完成任务，并制作任务成果PPT进行展示。

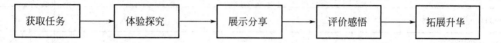

📁【任务过程】

【技能1 整车货物运费计算】

一、获取任务

任务1：计算广州天祥贸易有限责任公司玩具的运输费用。

任务2：计算广州日丽公司冻肉的运输费用。

二、体验探究

学生在教师的引导下利用"拓展升华"中的学习资料，了解铁路整车运输概念及费用计算方法，并通过网络搜索资源，确认运输费用。

1. 体验

(1) 确定运价里程。铁路里程表可以通过12306查询，就跟买车票一样，有始发地和目的地就会显示里程数。通过查询可得，郑州—广州运价里程为2180km。

(2) 确定运价号。整车农用化肥发到基价4.20元/t，运行基价0.0192元/(t·km)。

(3) 确定基价。从表5-12铁路货物运价率中确定发到基价和运行基价。

表5-12 铁路货物运价率表1

办理类别	运价号	发到基价标准/(元/t)	运行基价标准/[元/(t·km)]	办理类别	运价号	发到基价标准/(元/t)	运行基价标准/[元/(t·km)]
整车	1	4.60	0.0212	整车	7	9.60	0.0437
	2	5.40	0.0243		8	10.70	0.0490
	3	6.20	0.0284		9	—	0.1500
	4	7.00	0.0319		冰保	8.30	0.0455
	5	7.90	0.0360		机保	9.80	0.0675
	6	8.50	0.0390				

（4）确定重量。通过表 5-13 和表 5-14 确认重量。

表 5-13　整车货物规定计费重量表

项目	计费重量/t
使用标重不足 30t 的家畜车	30
使用矿石车、平车、砂石车，经局批准装运 01（煤）、0310（焦炭）、04（金属矿石）、06（非金属矿石）、081（土、砂、石灰）、14（盐）类货物	40
标重低于 50t，车辆换长小于 1.5 的自备罐车	50
SQ1（小汽车专用平车）	85
QD3（凹底平车）	70
GY95S、GY95（GY40、GH40、GY95/22、GH95/22）（石油液化气罐车）	65
GY100S、GY100（石油液化气罐车）	70

表 5-14　冷藏车规定计费重量表

车种	车型	计费重量/t	附注
机械冷藏车	B18	32	8 辆装货
	B19	38	4 辆装货
	B20	42	8 辆装货
	B21	42	4 辆装货
	B10、B10A	48	—
	B22、B23	48	4 辆装货
冷板冷藏车	BSY	40	—
加冰冷藏车	B6、B6N、B6A、B7	38	不加冰运输按标重 45t 计算
自备冷藏车		60	—

钢材 48t 可以使用 60t 敞车装运，冻肉可以用 B7 加冰冷藏车装运。

（5）计算整车运输费用。将数据代入整车货物计费公式：

$$运费＝（发到基价＋运价基价×运价里程）×计费重量$$

2. 探究

> 探究任务 1：计算广州天祥贸易有限责任公司玩具的运输费用。
>
> 探究任务 2：计算广州日丽公司冻肉的运输费用。

三、展示分享

学生完成任务后，将自己体验过程中的成果与同学们和教师进行分享。

> **总结：**（1）各类整车运输运价及运价里程如何确定。
>
> （2）不同车型的计费重量如何确定。

四、评价感悟

学生在这个过程中不断自我反思和相互学习，感悟出职业活动中解决问题的最佳方式（表 5-15）。

表 5-15　（　　）班任务训练技能（　　）评价表

被考评组别		被考评组成员				
考评内容		铁路整车运输费用计算				
考评标准	内容	分值/分	小组评分（30%）	其他组别评分（平均）(40%)	教师评分（30%）	合计（100%）
	整车运输公式是否掌握	30				
	运价及运价里程查询是否准确	20				
	运费计算是否准确	20				
	是否展示亮点及合理程度如何	30				
合计		100				

五、拓展升华

1. 铁路整车货物运输

铁路整车货物运输是指一批货物的重量、体积、形状或性质需要一辆最低标记载重量及其以上货车运输的货物运输。铁路货物运输的主要种类之一，在铁路总货运量中整车货运量所占比重最大。按整车托运的一批货物，除整车分卸外，必须托运人、收货人、发站、到站和装卸地点相同，并规定以下 7 类货物必须按整车托运。

（1）需要冷藏、保温或加温运输的货物。

（2）不易计算件数的货物。

（3）蜜蜂。

（4）某些危险货物。

（5）易于污染其他货物的污秽品。

（6）未装容器的活动物。

（7）一件重量超过 2t、体积超过 $3m^3$ 或长度超过 9m 的货物。

上述除（1）、（2）、（3）项的货物外，其数量不够一车，如托运人要求将同一径路上 2 个或 3 个到站在站内卸车的货物装在同一车内，作一批运输时，可按整车分卸托运。标准轨与米轨铁路之间只办理整车货物的直通运输，其一批货物的重量或体积应符合下列要求：重质货物重量为 30t、50t、60t；轻浮货物体积为 $60m^3$、$95m^3$、$115m^3$；并规定不承运鲜活货物及需要冷藏、保温或加温运输的货物；罐车运输的货物；单件重量超过 5t、长度超过 16m 或体积超过米轨装载界限的货物。

2. 铁路整车货物运输运费计算方法

$$铁路运费 = [发到基价 + (运行基价 \times 运价里程)] \times 计费重量$$

（1）计费重量整车运输货物的计费重量以吨为单位，吨以下四舍五入。

如：$1.2t \approx 1t$　$1.7t \approx 2t$

（2）按照货车标记的重量作为计费重量，货物重量超过标重时，按货物重量计费（四舍五入），不足标准重量时，按标准重量计费。

如：标重为 50t 的车装 40t 的货物，计费重量按 50t 计算；标重为 50t 的车装 51t 货物时，货物计费重量为 51t。

例 1 上海东站发衡阳站焦炭一车重 42t，用 50t 货车一辆装运，计算其运费。查《货物运价里程表》上海东站—衡阳站运价历程为 1267km。

解： 查《铁路货物运输品名检查表》知焦炭的运价号为 5 号，再查运价率表，运价号为 5 号，发到基价为 10.20 元/t，运行基价为 0.0491 元/(t·km)。

$$运费＝[10.20＋(0.0491×1267)]×50＝3620.49(元)$$

故，运费为 3620.5 元。

3. 铁路整车运输运费计算

例 2 兰州西站发银川站铁矿石一台重 24t，用 50t 货车一辆装运，计算其运费。查《货物运价里程表》兰州西站—银川站运价里程为 479km。

解： 确定计费重量为：50t。

查《铁路货物运输品名检查表》知铁矿石的运价号为 3 号，再查运价率表，运价为 3 号，发到基价为 7.4 元/t，运行基价为 0.0385 元/(t·km)。

$$运费＝[发到基价＋(运行基价×运价里程)]×计费重量$$
$$＝[7.4＋(0.0385×479)]×50＝1292.075≈1292.1(元)$$

故，运费为 1292.1 元。

【技能 2　零担货物运费计算】

一、获取任务

> 任务 3：计算郑州丰硕进出口贸易公司零担运输费用。

二、体验探究

学生在教师的引导下利用"拓展升华"中的学习资料，了解铁路零担运输概念及费用计算方法，并通过网络搜索资源，确认运输费用。

1. 体验

(1) 确定运价里程。铁路里程表可以通过 12306 查询，就跟买车票一样，有始发地和目的地就会显示里程数。通过查询可得，郑州—广州运价里程为 2180km；郑州—上海运价里程为 1000km；郑州—太原运价里程为 480km。

(2) 确定运价号。

(3) 确定基价。从表 5-16 铁路货物运价率表中确定发到基价和运行基价。

表 5-16　铁路货物运价率表 2

办理类别	运价号	发到基价标准 /(元/10kg)	运行基价标准 /[元/(10kg·km)]	办理类别	运价号	发到基价标准 /(元/10kg)	运行基价标准 /[元/(10kg·km)]
零担	21	0.087	0.000365	零担	23	0.125	0.000526
	22	0.104	0.000438		24	0.150	0.000631

（4）确定重量。该批货物体积折合重量为 $300 \times 0.94 = 282$（kg），小于实际重量 358kg，因此计费重量按 358kg 计算，折合 360kg。

（5）计算整车运输费用。将数据代入零担货物计费公式：

$$运费 = （发到基价 + 运价基价 \times 运价里程） \times 计费重量 \div 10$$

2. 探究

> 探究任务：计算郑州丰硕进出口贸易公司石料和化妆品的运输费用。

三、展示分享

学生完成任务后，将自己体验过程中的成果与同学们和教师进行分享。

> **总结：**（1）零担运输运价及运价里程如何确定？
> （2）零担运输计费重量如何确定？

四、评价感悟

学生在这个过程中不断自我反思和相互学习，感悟出职业活动中解决问题的最佳方式（表 5-17）。

表 5-17 （　　）班任务训练技能（　　）评价表

被考评组别		被考评组成员				
考评内容		铁路零担运输费用结算				
考评标准	内容	分值/分	小组评分（30%）	其他组别评分（平均）(40%)	教师评分（30%）	合计（100%）
	零担运费公式是否掌握	30				
	货物计费重量计算是否准确	20				
	发到基价查询是否准确	20				
	是否展示亮点及合理程度如何	30				
	合计	100				

五、拓展升华

1. 铁路零担运输

一批托运的货物，其重量或体积不需单独一辆货车装载的运输。世界各国对零担货物的起码重量、体积、件数等都有限制性的规定。中国铁路规定：按零担托运的货物，一件的体积不得小于 $0.02m^3$（一件重量在 10kg 以上的除外），每批不得超过 300 件。铁路合作组织在《国际铁路货物联运协定》中规定一批货物重量小于 5000kg，按其体积又不需要单独一辆货车运送的货物，即为零担货物。

零担货物一般批量小、到站分散、品类繁多、性质复杂、包装情况不同，必须将几批甚至几十批的货物装在同一货车内运送，作业环节多，运输成本高。根据这些特点和运输组织方法，装运零担货物的车辆（简称零担车）可以分为三种。

（1）直达整装零担车：始发站将到达一个到站或同一径路两个到站的货物，不经中转作业直接运至到站或第一个到站的零担车。它又可分为装至一个到站的一站直达整装零担车和装至同一径路两个到站的两站直达整装零担车。

（2）中转整装零担车：始发站或中转站，把不同到站而同一中转范围的货物，装于同一货车运送的零担车。它又可分为装至一个中转站的一站中转整装零担车和装至同一径路两个中转站的两站中转整装零担车。

（3）沿途零担车：装运规定区段内各车站（没有条件组织整装零担车）零担货物的零担车。

2. 铁路零担运输运费计算方法

铁路运费＝［发到基价＋（运行基价×运价里程)]×计费重量÷10

（1）计费重量：零担货物的计费重量以 10kg 为单位，不足 10kg 进为 10kg。

（2）折合重量＝(300×体积)千克，运行基价是每吨货物每运一公里的价格。

（3）货物长宽高的计算单位为米，小数点后取两位小数（以下四舍五入），体积计算单位为立方米，保留两位小数第三位四舍五入。

例3 广安门发包头车站灯管 4 件，重 46kg，货物每件长 1m、宽 0.35m、高 0.16m，经查得，广安门至包头运价里程为 798km，灯管货号为 22 号，试计算运费。

解：（1）查运价率表，运价号为 22 号的发到基价为 0.165 元/10kg，运行基价为：0.0007 元/10kg。

（2）体积：4×1×0.35×0.16＝0.22 （m^3）。

折合重量为：300×0.22＝66 （kg）。

所以计费重量为：70kg。

（3）发到运费＝发到基价×计费重量÷10＝0.165×70÷10＝1.155 （元）。

低于起码运费，因此发到运费为 1.6 元。

（4）运行运费＝0.0007×798×70÷10＝3.91≈3.9 （元）。

（5）所以运费为：1.6＋3.9＝5.5 （元）。

【技能 3 集装箱货物运费计算】

一、获取任务

> 任务 4：计算郑州丰硕进出口贸易公司教学仪器的运输费用。
> 任务 5：计算郑州丰硕进出口贸易公司空箱回运费用。

二、体验探究

学生在教师的引导下利用"拓展升华"中的学习资料，了解铁路集装箱货物运输概念及费用计算方法，并通过网络搜索资源，确认运输费用。

1. 体验

（1）确定运价里程。铁路里程表可以通过 12306 查询，就跟买车票一样，有始发地和目的地就会显示里程数。通过查询可得郑州—广州运价里程为 2180km；郑州—太原运价里程为 480km。

（2）确定运价号。

（3）确定基价。从表 5-18 铁路货物运价率表中确定发到基价和运行基价。

表 5-18　铁路货物运价率表 3

办理类别	运价号	发到基价标准/(元/箱)	运行基价标准/[元/(箱·公里)]	办理类别	运价号	发到基价标准/(元/箱)	运行基价标准/[元/(箱·公里)]
集装箱	1t 箱	7.40	0.0329	集装箱	20ft 箱	161.00	0.7128
	5t、6t 箱	57.00	0.2525		40ft 箱	314.70	1.3935
	10t 箱	86.20	0.3818				

（4）确定箱数。郑州—太原，教学仪器，使用 2 个 6t 集装箱装运；广州—郑州 6 个 5t 集装箱，到站后广州站送回郑州站，此为自备集装箱回空。

（5）计算集装箱货物运输费用。将数据代入集装箱货物计费公式：

$$运费＝（发到基价＋运价基价×运价里程）×箱数$$

2. 探究

探究任务 1：计算郑州丰硕进出口贸易公司教学仪器的运输费用。
探究任务 2：计算郑州丰硕进出口贸易公司空箱回运费用。

三、展示分享

学生完成任务后，将自己体验过程中的成果与同学们和教师进行分享。

总结：（1）集装箱运输费用计算方法。
（2）空箱回运时费用计算方法。

四、评价感悟

学生在这个过程中不断自我反思和相互学习，感悟出职业活动中解决问题的最佳方式（表 5-19）。

表 5-19　（　　）班任务训练技能（　　）评价表

被考评组别		被考评组成员				
考评内容		铁路零担运输费用结算				
考评标准	内容	分值/分	小组评分（30%）	其他组别评分（平均）(40%)	教师评分（30%）	合计（100%）
	集装箱运费计算方法是否准确	30				
	集装箱运价查询是否准确	20				
	空箱回运运费计算是否准确	20				
	是否展示亮点及合理程度如何	30				
	合计	100				

五、拓展升华

铁路集装箱货物运输费用的计算有两种方法：一种是常规计算法，由运费、杂费、装卸作业费和铁道部规定的其他费用组成；另一种是为适应集装箱需要而制订的集装箱一口价计算方法。

1. 常规计算法

（1）集装箱运费计算以箱为单位，由发到基价和运行基价两部分组成，其计算公式为：

$$集装箱每箱运价＝发到基价＋运行基价×运价里程$$

计算步骤为集装箱分箱型按《铁路货物运价率表》确定适用的发到基价和运行基价率，按《货物运价里程表》确定发站至到站的运价里程，根据上述公式计算出每箱运价。

（2）铁路集装箱货物装卸作业费用。根据铁道部规定，铁路集装箱货物的装卸作业，实行综合作业费率计费的办法。

（3）集装箱货物运杂费。铁路集装箱运输收取的杂费主要包括以下项目：过秤费、取送车费、铁路集装箱使用费和延期使用费、自备集装箱管理费、地方铁路集装箱使用费、铁路集装箱清扫费、货物暂存费、集装箱拼箱费、变更手续费、运杂费迟交金、铁路电气化附加费、新路新价均摊运费、铁路建设基金等。

（4）其他费用。根据货物运输的具体情况，铁路还可能向托运人或收货人征收其他费用，如铁路电气化附加费、铁路建设基金等。

2. 集装箱运输一口价

集装箱运输一口价（即铁路集装箱货物运费）是指集装箱自进发站货场至出到站货场铁路运输全过程中各项价格的总和，是铁道部为增加铁路运输价格透明度，规范收费行为，满足货主需要，开拓铁路集装箱运输市场而制定的一种新的运输费用征收办法，并出台了相应的《集装箱运输一口价实施办法》。

3. 计收注意事项

（1）集装箱货物的运费按照使用的箱数和"铁路货物运价率表"中规定的集装箱运价率计算，但危险货物集装箱、罐式集装箱、其他铁路专用集装箱的运价率，按"铁路货物运价率表"的规定分别加30％、30％和20％计算。自备集装箱空箱运价率按其适用重箱其他货物运价率的50％计算。承运人利用自备集装箱回空捎运货物，在货物运单铁路记载事项栏内注明，免收回空运费。

（2）使用铁路集装箱装运货物，向托运人核收集装箱使用费。使用铁路危险品专用集装箱装运货物时，集装箱使用费加20％核收。使用铁路集装箱超过规定期限，核收集装箱延期使用费。托运人使用自备集装箱在铁路上运输时，向承运人缴纳自备箱管理费。

（3）集装箱货物超过集装箱标记总重量，对其超过部分，1t箱/10kg；5t、6t箱/50kg。10t箱、20ft箱、40ft箱每100kg按该箱所装货物运价率的5％核收违约金。

··· 【任务巩固】

1. 上海东站发衡阳站焦炭一车重42t，用50t货车一辆装运，计算其运费。查《货物运价里程表》上海东站—衡阳站运价里程为1267km，试计算运费。

2. 兰州西站发银川站铁矿石一台重24t，用50t货车一辆装运，计算其运费。查《货物运价里程表》兰州西站—银川站运价里程为479km，试计算运费。

3. 从郑州北站发广州东站块煤一车，重 52.6t，用一辆 50t 的车装运，计算其运费。已知从郑州北站到广州东站的运费里程为 1638km，试计算运费。

4. 广安门发包头车站灯管 4 件，重 46kg，货物每件长 1m、宽 0.35m、高 0.16m，经查得：广安门至包头运价里程为 798km，灯管货号为 22 号，试计算运费。

技能训练任务 4　单证处理

【任务目标】

通过本任务学习，同学们能够达成以下目标。

认识铁路货物运单，掌握铁路货物运单的填写规范。

【任务准备】

1. 教师课前准备

（1）多媒体教学系统。

（2）有网络提供，便于查找资料。

（3）根据各班情况，学生自主组织小组获取任务，每组 3～5 人。

2. 学生课前任务

通过网络了解铁路运输单证处理知识。

任务书

2019 年 3 月 18 日，青岛铁路货运营业部接收到客户一份发运计划，要求将一批服装运至广州。

1. 托运人信息

公司名称：青岛海宇服装有限公司，地址：青岛南京北路 387 号，电话：0532-87695238，联系人：王国仁。

2. 收货人信息

公司名称：广州君兰经贸有限公司，地址：广州海昌南路 17 号，电话：020-31386007，联系人：张静。

3. 托运货物

托运货物信息如表 5-20 所示。

表 5-20　托运货物信息

货物名称	包装	规格(长×宽×高)/cm	数量/箱	重量/kg	金额/元
服装	纸箱	90×70×80	50	8400	18000
注意事项：防止雨淋，注意防潮。					

货物预计于 3 月 20 日进入青岛铁路货运营业部 3 号仓库，放入 A035627 货位。根据标准，服装运价号为 7，发到基价为 30 元/t，运行基价为 0.125 元/(t·km)，装卸按记重收费，为 40 元/t。

青岛火车站到广州火车站的运营距离为 2100km，青岛站始发，整车运输，预计运输时间为 2 天，3 月 23 日到达广州站，棚车标重 70t，棚车号 P13916，由青岛货车货运营业部负责装车，青岛海宇施封，封号为 03125。

3 月 20 日，货物运至青岛铁路货运营业部指定货位，青岛铁路货运营业部工作人员编制运输单号为 QD025317、货票号码为 QD057683 的运单。

运输的海宇服装不是轻泡货，请根据以上情况分析如下。

任务 1：了解铁路货物运单填写规范。

任务 2：请以青岛海宇服装有限公司工作人员张宏发的身份填写运单。

任务 3：请以青岛铁路货运营业部工作人员李大同身份填制运单。

各小组根据提示完成任务，并制作任务成果 PPT 进行展示。

【任务过程】

【技能 1　认识铁路货物运单】

一、获取任务

任务 1：了解铁路货物运单填写规范。

二、体验探究

学生在教师的引导下利用"拓展升华"中的学习资料，了解铁路运单填写规范。

1. 体验

（1）确认货物托运单样式。

（2）确认托运单填写要求。

2. 探究

探究任务：掌握铁路货物运单填写规范。

三、展示分享

学生完成任务后，将自己体验过程中的成果与同学们和教师进行分享。

> 总结：（1）各类整车运输运价及运价里程如何确定。
> （2）不同车型的计费重量如何确定。

四、评价感悟

学生在这个过程中不断自我反思和相互学习，感悟出职业活动中解决问题的最佳方式（表 5-21）。

表 5-21　（　　）班任务训练技能（　　）评价表

被考评组别			被考评组成员			
考评内容			认识铁路运单			
考评标准	内容	分值/分	小组评分（30%）	其他组别评分（平均）(40%)	教师评分（30%）	合计（100%）
	样式识别是否准确	40				
	规范掌握是否准确	40				
	是否展示亮点及合理程度如何	20				
合计		100				

五、拓展升华

1991 年 3 月 18 日发布的《货物运单和货票填制办法》总则如下：

（1）货物运单是承运人与托运人之间，为运输货物而签订的一种运输合同。托运人对其在货物运单和物品清单内所填记事项的真实性，应负完全责任。

（2）托运人托运货物时，应向承运人按批提出《铁路货物运输规程》规定格式的货物运单一张。使用机械冷藏列车运输的货物，同一到站、同一收货人可以数批合提一份货物运单；整车分卸的货物，对每一分卸站应增加两份货物运单（到站、收货人各一份）。

（3）货物运单由承运人印制，在办理货运业务的车站按规定的价格出售。运量较大的托运人经发站同意，可以按照承运人规定的格式，自行印制运单。

（4）货物运单粗线以左各栏和领货凭证由托运人用钢笔、毛笔、圆珠笔或用加盖戳记的方法填写。货物运单和货票都必须按规定填写正确、齐全，字迹要清楚，使用简化字要符合国家规定，不得使用自造字。

（5）货物运单内填写各栏有更改时，在更改处，属于托运人填记事项，应由托运人盖章证明；属于承运人记载事项，应由车站加盖站名戳记。承运人对托运人填记事项除《货物运单和货票填制方法》第 15 条规定者外不得更改。

铁路运单一律以目的地收货人为记名抬头，一式两份。正本随货物同行，到目的地交收货人作为提货通知；副本交托运人作为收到托运货物的收据。在货物尚未到达目的地之前，托运人可凭运单副本指示承运人停运，或将货物运给另一个收货人。

铁路货物运单（表 5-22）只是运输合约和货物收据，不是物权凭证，但在托收或者信用证支付方式下，托运人可凭运单副本办理托收或议付。

表 5-22 铁路货物运单样本

货物指定于			搬入		＊ ＊ 铁路 货 物 运 单		承运人/托运人装车		领货凭证	

货物指定于 搬入 ＊ ＊ 铁路 货 物 运 单 承运人/托运人装车 | 承运人/托运人施封

货 位：
计划号码或运输号码：
运到期限： 日 托运人 发站 → 到站 → 收货人

车种及车号
货票第 号
运到期限 日

托运人填写				承运人填写					发站	
发站		到站（局）		车种车号		货车标重			到站	
到站所属省（市）自治区				施封号码					托运人	
托运人	名称		电话	经由		铁路货车棚车号码			收货人	
	住址								货物名称	件数	重量
收货人	名称		电话	运价里程		集装箱号码					
	住址										
货物名称	件数	包装	货物价格	托运人确定重量（公斤）	承运人确定重量（公斤）	计费重量	运价号	运价率	运费		
合计									托运人盖章或签字		
托运人记载事项				承运人记载事项					发站承运日期戳		

注：本单不作为收款凭证。托运人签约须知见背面。 托运人（签章） 到站交付日期戳 发站承运日期戳

注：收货人领货须知见背面。

【技能 2 运单托运人填写铁路货物运单】

一、获取任务

任务 2：以托运人青岛海宇服装有限公司工作人员张宏发的身份填写运单。

二、体验探究

学生在教师的引导下利用"拓展升华"中的学习资料，了解铁路运单填写规范，并以托运人身份填写运单。

1. 体验

（1）确认发站、到站栏。

（2）确认托运人、收货人名称和联系方式。

（3）确认货物信息。

（4）确认托运人记载事项栏。

（5）确认托运人盖章签名。

（6）确认领货凭证各栏。

2. 探究

探究任务：托运人青岛海宇服装有限公司工作人员张宏发的身份填写运单。

三、展示分享

学生完成任务后，将自己体验过程中的成果与同学们和教师进行分享。

> **总结：** 托运人需要填写哪些信息，哪些信息不能填写。

四、评价感悟

学生在这个过程中不断自我反思和相互学习，感悟出职业活动中解决问题的最佳方式（表 5-23）。

表 5-23　（　　）班任务训练技能（　　）评价表

被考评组别		被考评组成员				
考评内容		托运人填制铁路运单				
考评标准	内容	分值/分	小组评分（30%）	其他组别评分（平均）(40%)	教师评分（30%）	合计（100%）
	单证填写是否规范	40				
	单证填写是否准确	40				
	是否展示亮点及合理程度如何	20				
合计		100				

五、拓展升华

托运人运单填写准则如下。

（1）"发站"栏和"到站（局）"栏，应分别按《铁路货物运价里程表》规定的站名完整填记，不得使用简称。到达（局）名，填写到达站主管铁路局名的第一个字，例如："哈""上""广"等，但到达北京铁路局的，则填写"京"字。"到站所属省（市）、自治区"栏，填写到站所在地的省（市）、自治区名称。托运人填写的到站、到达局和到站所属省（市）、自治区名称，三者必须相符。

（2）"托运人名称"和"收货人名称"栏应填写托运单位和收货单位的完整名称，如托运人或收货人为个人时，则应填记托运人或收货人姓名。

（3）"托运人地址"和"收货人地址"栏，应详细填写托运人和收货人所在省（自治区）、市城镇街道和门牌号码或乡、村名称。托运人或收货人装有电话时，应记明电话号码。如托运人要求货物到站后，承运人要用电话通知收货人时，托运人必须将收货人电话号码填写清楚。

（4）"货物名称"栏应按《铁路货物运价规则》附表二"货物运价分类表"或国家产品目录，危险货物则按《危险货物运输规则》附件一"危险货物品名索引表"所列的货物名称完全、正确填写。托运危险货物应在品名之后用括号注明危险货物编号。"货物运价分类表"或"危险货物品名索引表"内未经列载的货物，应填写生产或贸易上通用的具体名称。但须用《铁路货物运价规则》附件一相应类项的品名加括号注明。

按一批托运的货物，不能逐一将品名在运单内填记时，须另填物品清单一式三份，一份由发站存查，一份随同运输票据递交到站，一份退还托运人。

需要说明货物规格、用途、性质的，在品名之后用括号加以注明。

对危险货物、鲜活货物或使用集装箱运输的货物，除填记货物的完整名称外，应按货物性质，在运单右上角用红色墨水书写或用加盖红色戳记的方法，注明"爆炸品""氧化剂""毒害品""腐蚀物品""易腐货物""×吨集装箱"等字样。

（5）"件数"栏，应按货物名称及包装种类，分别记明件数，"合计件数"栏填写该批货物的总件数。承运人只按重量承运的货物，则在本栏填记"堆""散""罐"字样。

（6）"包装"栏记明包装种类，如"木箱""纸箱""麻袋""条筐""铁桶""绳捆"等。按件承运的货物无包装时，填记"无"字。使用集装箱运输的货物或只按重量承运的货物，本栏可以省略不填。

（7）"货物价格"栏应填写该项货物的实际价格，全批货物的实际价格为确定货物保价运输保价金额或货物保险运输保险金额的依据。

（8）"托运人确定重量"栏，应按货物名称及包装种类分别将货物实际重量（包括包装重量）用公斤记明，"合计重量"栏，填记该批货物的总重量。

（9）"托运人记载事项"栏填记需要由托运人声明的事项，例如：

① 货物状态有缺陷，但不致影响货物安全运输，应将其缺陷具体注明。

② 需要凭证明文件运输的货物，应将证明文件名称、号码及填发日期注明。

③ 托运人派押运的货物，注明押运人姓名和证件名称。

④ 托运易腐货物或"短寿命"放射性货物时，应记明容许运输期限；需要加冰运输的易腐货物，途中不需要加冰时，应记明"途中不需要加冰"。

⑤ 整车货物应注明要求使用的车种、吨位、是否需要苫盖篷布。整车货物在专用线卸车的，应记明"在××专用线卸车"。

⑥ 委托承运人代封的货车或集装箱，应标明"委托承运人代封"。

⑦ 使用自备货车或租用铁路货车在营业线上运输货物时，应记明"××单位自备车"或"××单位租用车"。使用托运人或收货人自备篷布时，应记明"自备篷布×块"。

⑧ 笨重货件或规格相同的零担货物，应注明货件的长、宽、高度，规格不同的零担货物应注明全批货物的体积。

⑨ 其他按规定需要由托运人在运单内记明的事项。

（10）"托运人盖章或签字"栏，托运人于运单填记完毕，并确认无误后，在此栏盖章或签字。

（11）领货凭证各栏，托运人填写时（包括印章加盖与签字）应与运单相应各栏记载内容保持一致。

（12）货物在承运后，变更到站或收货人时，由处理站根据托运人或收货人提出的"货物变更要求书"，代为分别更正"到站（局）""收货人""收货人地址"栏填记的内容，并加盖站名戳记。

【技能 3 运单承运人填写铁路货物运单】

一、获取任务

> 任务 3：请以青岛铁路货运营业部工作人员李大同身份填制运单。

二、体验探究

学生在教师的引导下利用"拓展升华"中的学习资料，了解铁路运单填写规范，并以承运人身份填写运单。

1. 体验

（1）确认托运人填写是否正确。

（2）确认货物运单号和搬入日期。

（3）确认经由站点。

（4）确认运价里程、计费重量。

（5）确认运价号、运价率。

（6）确认承运人记载事项栏。

2. 探究

> 探究任务：以承运人青岛铁路货运营业部工作人员李大同身份填制运单。

三、展示分享

学生完成任务后，将自己体验过程中的成果与同学们和教师进行分享。

> 总结：（1）承运人填写之前要审核哪些信息？
>
> （2）承运人需要填写哪些信息，哪些信息不能填写。

四、评价感悟

学生在这个过程中不断自我反思和相互学习，感悟出职业活动中解决问题的最佳方式（表5-24）。

表5-24 （ ）班任务训练技能（ ）评价表

被考评组别		被考评组成员			
考评内容		承运人填制铁路运单			
考评标准	内容	分值/分	小组评分（30%）	其他组别评分（平均）（40%）	教师评分（30%）	合计（100%）
	单证填写是否规范	40				
	单证填写是否准确	40				
	是否展示亮点及合理程度如何	20				
	合计	100				

五、拓展升华

承运人运单填写准则如下。

（1）发站对托运人提出的运单经检查填写正确、齐全，到站营业办理范围符合规定后，应在"货物指定×月×日搬入"栏内，填写指定搬入日期，对于零担货物应填记运输号码，由经办人签字或盖章，交还托运人凭此将货物搬入车站，办理托运手续。

（2）"运到期限××日"栏，填写按规定计算的货物运到期限日数。"货票第××号"栏，根据该批货物所填发的货票号码填写。

（3）运单和领货凭证的"车种、车号"和"货车标重"栏，按整车办理的货物必须填写。运输过程中，货物发生换装时，换装站应将货物运单和货票丁联原记的车种、车号划线抹消（使它仍可辨认），并将换装后的车种、车号填记清楚，并在改正处加盖车站戳记，换装后的货车标记载重量有变动时，应更正货车标重。

（4）"铁路货车篷布号码"栏，填写该批货物所苫盖的铁路货车篷布号码。使用托运人自备篷布时，应将本栏划一○×号。"集装箱号码"栏，填写装运该批货物集装箱的箱号。

（5）"施封号码"栏，填写施封环或封饼上的施封号码，封饼不带施封号码时，则填写封饼个数。

（6）"承运人/托运人装车"栏，规定由承运人组织装车的，将"托运人"三字划消；规定由托运人组织装车的，将"承运人"三字划消。

（7）"经由"栏，货物运价里程按最短径路计算时，本栏可不填；按绕路经由计算运费时，应填记绕路经由的接算站名或线名。

（8）"运价里程"栏，填写发站至到站间最短径路的里程，但绕路运输时，应填写绕路经由的里程。

（9）"承运人确定重量"栏，货物重量由承运人确定的，应将检斤后的货物重量，按货物名称及包装种类分别用公斤填记。"合计重量"栏填记该批货物总重量。

（10）"计费重量"栏，整车货物填记货车标记载重量或规定的计费重量；零担货物和集装箱货物，填记按规定处理尾数后的重量或起码重量。

（11）"运价号"栏按"货物运价分类表"规定的各该货物运价号填写。

（12）"运价率"栏，按该批货物确定的运价号和运价里程，从"货物运价率表"中找出该批（项）货物适用的运价率填写。运价率规定有加成或减成时，应记明加成或减成的百分比。

（13）实行核算、制票合并作业的车站，对运单内"经由""运价里程""计费重量""运价号""运价率""运费"栏，可不填写，而将有关内容直接填记于货票各该栏内。

（14）"承运人记载事项"栏，填记需要由承运人记明的事项，例如：

① 货车代用，记明批准的代用命令。

② 轻重配装，记明有关计费事项。

③ 货物运输变更，记明有关变更事项。

④ 途中装卸的货物，记明计算运费的起、讫站名。

⑤ 需要限速运行的货物和自有动力行驶的机车，记明铁路分局承认命令。

⑥ 需要由承运人记明的其他事项。

⑦ 装卸按计重收费。

（15）"发站承运日期"和"到站交付日期"栏，分别由发站和到站加盖承运或交付当日的车站日期戳。

（16）货票各联根据货物运单记载的内容填写，金额不得涂改，填写错误时按作废处理。

（17）运单上所附的领货凭证，由发站加盖承运日期戳后，连同货票丙联一并交给托运人。

（18）货票丁联"收货人盖章或签字"栏，由收货人在领取货物时，盖章或签字。

（19）货票丁联"卸货时间"由到站按卸车完毕的日期填写："到货通知时间"，按发出到货催领通知的时间填写。

💬【任务巩固】

1. 承运人在填写单据之前需要对哪些信息进行审核？

2. 托运人在填写单据时使用了红色墨水笔签名，请问应该怎么处理？

3. 托运人在填写铁路货物运单时，在到站栏中填写成都铁路局时使用了简称"成"，这样填写是否合规？

技能训练任务5 配装货物

💡【任务目标】

装卸是物流中必不可少的一个环节，没有装卸，整个物流过程就无法实现。装卸作业的质量和组织水平直接影响着运输企业的货运质量、运输效率及仓储、流通加工和配送过程的工作质量和效率。货物的装卸作业，是货物运输的起始和终结所进行的装车、卸车作业，也是流通加工和配送等物流过程的重要工作。通过本任务的学习，学生们能够达成以下目标。

（1）了解铁路货物运输装车作业的操作程序、操作要点。

（2）掌握货物装车作业、卸车作业的操作和检查要求。

（3）认识施封设备，能进行施封作业操作。

✏️【任务准备】

1. 教师课前准备

（1）教具：PPT课件一个、卡纸若干、装卸机械若干、各种待装货物若干件、模拟的货运场（有条件的学校建议在当地货运场进行）施封锁、施封环等。

（2）根据学生实际情况分成若干小组，每组5人，分别为装卸作业人员4人，货运员1人。

2. 学生课前任务

（1）回顾相关知识点。

（2）网上查阅相关资料。

任务书

托运人小李于2020年6月18日在武昌站托运一批钢材到深圳站，共有40t，这批钢材大约有600件，每件70kg左右，每件长度约7m，铁路局配给小李一辆敞车。请你对此批货物进行装车。钢材在6月20日到达深圳站，如果你是货运员，火车在到达车站后，你应该怎么做？

任务1：根据装车技术作业表，确定作业名称。

任务2：铁路组织装车时，车站及工作人员应做到哪几个步骤？

任务3：根据卸车技术作业表，确定作业名称。

任务4：铁路组织卸车时，车站及工作人员应做到哪几个步骤？

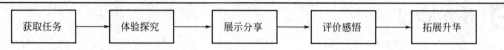

【任务过程】

【技能1　货物装车作业】

一、获取任务

任务1：根据装车技术作业表，确定作业名称。

任务2：铁路组织装车时，车站及工作人员应做到哪几个步骤？

二、体验探究

学生以小组合作方式，在教师引导下，利用装车技术作业表及"拓展升华"里的学习资料，通过查阅并整理资料，完成任务的体验探究。

1. 体验

（1）确定作业名称：根据表5-25装车技术作业表，可确定本次作业名称是装车作业。

表5-25　装车技术作业表

顺序	作业名称	执行人	时间/min
1	编制装车计划	站长或货运主任	
2	准备装车人力、机械及工具	派班员、装卸工组	
3	调送车辆	调车员	
4	技术检查	检车员	
5	商务检查	货运员	
6	向装卸工组传达任务及注意事项	货运员	
7	装车作业	货运员、装卸工组	
8	封车	货运员	
9	填写装载清单、装卸作业票	货运员	
10	将运单及装载清单交货运室	传票员	
11	制票及将运输票据移交行车室	货运员、传票员	

（2）确定装车作业包含哪几个步骤：根据"拓展升华"内容得知，装车作业包含有装车前作业、装车作业和装车后作业三大步骤。

2. 探究

探究任务 1：查询钢材装载所需加固的材料和装车的基本流程。

探究任务 2：钢材装车前作业、装车作业和装车后作业的要求有哪些？

三、展示分享

学生完成任务后，把自己的所感、所获、所思与同学们和教师分享。

思考：（1）对不同货物的装车有什么不同的要求？

（2）在装车过程中，如果发现错误，应该怎么办？

四、评价感悟

学生在这个过程中不断自我反思和相互学习，感悟出职业活动中解决问题的最佳方式（表 5-26）。

表 5-26 （   ）班任务训练技能（   ）评价表

被考评组别		被考评组成员			
考评内容		铁路货运装车作业			
考评标准	内容	分值/分	小组评分（30%）	其他组别评分（平均）(40%)	教师评分（30%）	合计（100%）
	装车前货物检查是否仔细、认真	15				
	装车过程是否符合要求	15				
	能否区分不同货物装车的要求	30				
	装车后检查是否仔细、认真	20				
	施封是否正确	20				
合计		100				

五、拓展升华

1. 装车作业的基本要求

（1）货物重量应均匀地分布在车地板上，不得超载、偏载或集重偏重。

（2）装车时应做到轻拿轻放、大件或重的物品在下，小件或轻的物品在上，堆码时要求稳妥、紧密、捆绑牢固，在运输过程中避免移动、滚动、倒塌或坠落等情况发生。

（3）危险、鲜活、易腐等货物，应使用特种车辆装载且必须严格按照相关规定和要求作业。货物装载的宽度、高度（除超限货物外）不得超过铁路机车车辆限界和特定区段的装载限制。货物重量不得超过货车规定的载重重量。

2. 铁路组织装车时，车站及工作人员应做到以下几点

（1）装车前作业。为确保装车工作的质量，使装车工作顺利进行，装车前应做好以下工作。

① 清理货运场，即检查安全设备，清理闲杂人员，限制各种车辆进入货场仓库、站台和货棚。

② 检查运单，即检查运单所填写的内容是否符合运输要求，有无错填、漏填。

③ 检查待装货物，即根据运单所填写的内容对待装货物的品名、数量、包装、相关标签和货物状态进行核对，集装箱需检查箱体、箱号等内容是否符合要求。

④ 检查车辆，即检查准备发车的车辆状态是否良好，确认待使用的车种、车型、车数是否符合批示电报和装车要求，检查车辆卫生状况，车内是否干净，有无被污染，有无异味等。加固材料和加固装置的规格、数量及质量是否符合装载加固方案规定。

（2）装车作业。

① 核对工作，即核对运单、货票和实际货物，做到"三统一"。

② 监装工作，即向装车工作组详细说明货物的品名、性质，布置装车作业安全事项和相关工作，装车作业时要做到轻拿轻放，堆码整齐牢固，防止坍塌。对货物装载质量和数量进行核对和检查，督促完成装车作业。

③ 作业中发现问题应及时处理。

④ 掌握作业进度，向调度人员报告实际装完时间。

⑤ 按方案装车对照装载加固、施封或苫盖货车篷布，插放货车标示牌。

（3）装车后作业。为了确保正确运送货物和行车安全，装车后应做好以下工作：

① 检查车辆装载，即主要检查有无超重、超限现象，装载是否稳妥，捆绑是否牢固，施封是否符合要求，检查车辆门、窗、阀关闭状态，检查篷布苫盖、捆绑情况。

② 检查运单，即检查运单有无漏填错填，车种、车号和运单所记录是否相符合。

③ 检查货位，即检查货位有无误装或漏装的情况，检查原货位与相邻货物情况有无异常。

④ 按规定进行装载质量签认，提示装卸工组按规定撤除防护信号。

（4）剩余货物处理。

① 整理和清点货位剩余货物。

② 通知托运人按规定处理剩余货物。

3. 货物装载和加固要求

（1）货物装载与加固的基本要求。保证能够经受正常的调车作业以及列车运行中所产生的各种力的作用，以便保证货物在运输的全程中不至于发生移动、滚动、侧翻、倒塌或坠落等情况。

（2）货物装载的宽度和高度。除另有规定外，货物装载的宽度与高度不得超过机车车辆限界，或特定区域装载限制，装载货物的重量除另有规定外，不得超过货车标记载重量，货物的重量应合理分布在车底板上，不得偏重。

（3）装载成件包装货物时应排列紧密、整齐。当货物的高度或宽度超出侧板时，应层层压缝，将四周货物倾向中间，并予以加固，两侧超出侧板的宽度应该一致。装载袋装货物，捆扎袋口应朝向内侧。装载轻浮货物时，除用绳索交叉捆绑外，对超出侧板的货垛四周或四角的货件，应用绳索串联在一起捆绑牢固或在货车两端用挡板、支柱加固。

4. 施封

施封锁是铁路货物运输中对车门施封采用的钢质施封锁，主要分为集装箱锁 FSJ04 型和棚车锁 FSP04、FSG04 罐车施封锁及其他。

（1）FSP04 棚车锁（图 5-10）：铁路棚车锁专用施封锁，方形镀锌金属锁体，插入闭合方式，固定角度弯折镀锌金属锁杆，中国铁路标准棚车用施封锁，锁体可加工编码和标志。

图 5-10   FSP04 棚车锁

（2）FSJ04-2 集装箱锁（图 5-11）：铁路集装箱专用施封锁，锁头与锁体均采用铁件，防断裂、防晒、防腐蚀、易安装。拉力强度在 250kg 以上，锁式插入，锁后需用破断钳移除。此封条为一次性，一旦封上无法开启，安全性极佳，使用完后不能重复使用，防止偷盗泄密。整套棚车锁由锁杆、锁套和垫片组成。

图 5-11   FSJ04-2 集装箱锁

（3）FSG04 罐车锁（图 5-12）：铁路罐车专用施封锁，方形包塑锁体，金属锁芯，抽紧闭合方式，航空镀锌钢丝绳，颜色和钢丝长度可根据用户需要定制，锁体可印刷编码和标志。它主要用于铁路、公路、航空、海运的各种液体或固体货物的施封。

图 5-12   FSG04 罐车锁

（4）防脱器（图 5-13）：镀锌金属体，防脱杆可根据需要定制，可加工编码和标志。它主要用于铁路运输棚车车门紧固，防止运输过程中车门脱开导致货物损失。因其简单易用，效果好，成本低而被广泛采用。

图 5-13　防脱器

（5）加固器（图 5-14）：六角镀锌金属锁体，插入闭合方式，镀锌金属加固锁杆，长度可根据需要定制，锁体和锁杆端头可加工编码和标志。主要用于铁路、公路、航空、海运的集装箱加固。

图 5-14　加固器

【技能 2　货物卸车作业】

一、获取任务

> 任务 3：根据卸车技术作业表，确定作业名称。
>
> 任务 4：铁路组织卸车时，车站及工作人员应做到哪几个步骤？

二、体验探究

学生以小组合作方式，在教师引导下，利用卸车技术作业表及"拓展升华"里的学习资料，通过查阅并整理资料，完成任务的体验探究。

1. 体验

（1）确定作业名称：根据表 5-27 卸车技术作业表，可确定本次作业名称是卸车作业。

（2）确定卸车作业包含哪几个步骤：根据"拓展升华"内容得知，卸车作业包含有卸车前作业、卸车作业和卸车后作业三大步骤。

表 5-27　卸车技术作业表

顺序	作业名称	执行人	时间/min
1	送交货运票据	行车室、传票员	
2	准备人力、机械及工具	派班员、装卸工组	
3	送车	调车组	
4	接受车辆对货位进行商务检查	货运员	
5	拆下施封,检查货物装载状态	货运员	
6	卸车作业	货运员、装卸工组	
7	检查清点货物,在运单内记录货物堆放货位	货运员	
8	清扫车辆,关闭车门、车窗	装卸工组	
9	将货物运单登入账台并移交货运室	货运员、传票员	
10	填写装卸作业票	货运员	

2. 探究

探究任务：铁路卸车作业的基本流程是什么？

三、展示分享

学生完成任务后，把自己的所感、所获、所思与同学们和教师分享。

思考：特殊铁路运输货物（超长、集重和超限货物，危险货物和鲜活货物）的配载要求有哪些？

四、评价感悟

学生在这个过程中不断自我反思和相互学习，感悟出职业活动中解决问题的最佳方式（表 5-28）。

表 5-28　(　　)班任务训练技能 (　　) 评价表

被考评组别		被考评组成员				
考评内容		铁路货运卸车作业				
考评标准	内容	分值/分	小组评分（30%）	其他组别评分（平均)(40%)	教师评分（30%）	合计（100%）
	核对车辆货物信息	20				
	卸车过程是否符合要求	20				
	是否安置好防护信号	20				
	卸车后检查是否仔细、认真	20				
	票据处理与记录是否准确	20				
合计		100				

五、拓展升华

1. 货物卸车：卸车作业的基本要求

（1）货物应卸净，不残留货底，货物装备物品。用于捆绑加固的铺垫物、索具应清理干净，货车内壁、底板上的钉固物应清除干净。卸车后车辆门、窗、端侧板，冷藏车顶盖，仪表盖，罐车的盖、阀、螺栓等都要关闭，拧牢。

（2）装运活动物、剧毒危险品、易腐货物的车辆，应按规定进行洗刷除污、消毒。

（3）在车站公共场所或其他场所内存放货物应堆码稳固、整齐。整车货物定型码垛，集装箱箱号、零担货物货签向外，留有检查通路，装车的货物须距钢轨外侧 2m 以上，卸车货物须距钢轨外侧 1.5m 以上。

2. 铁路组织装车时，车站及工作人员应做到以下几点

（1）卸车前作业。

① 根据货位和货物有关尺寸、包装、重量以及其性质和安全的要求等，选择合理的货物堆码方法，堆码方法应符合相关标准。

② 监卸货运员主持车前会，向装卸工组传达货物品名、性质、数量、重量、堆码方法、卸车时间要求以及注意事项，提示装卸工组按规定安设防护信号，带齐工具备用品。

③ 须手推调车对货位的，组织胜任人员进行。

④ 按票据及套封记载核对卸车的车种、车型、车号、标重，检查货车、货物装载、篷布以及施封状态，核对封印站名号码或篷布号码，发现问题及时通知有关人员会同检查和处理。

⑤ 检查卸车货位是否清扫干净。

⑥ 根据卸货需要，组织工作人员准备防湿篷布、铺垫物品及卸货备用品和工具。

（2）卸车作业。

① 向货调报告货车送达时间及开始卸车时间。

② 拆封或撤除货车篷布及加固材料。

③ 边卸车、边检查和指导作业，多车同时作业时，巡回监卸，按照货物运单清点件数，核对标记，检查货物状态。对重点货物要会同有关人员监卸。

④ 作业中发现问题及时处理（必要时，通知收货人到场）。对事故货物采取抢救和保护措施。

⑤ 掌握作业进度，向货调报告卸完时间。

⑥ 抽查货物。登记"验收登记簿"，发现问题通知内勤补收费用并按规定通知相关人员。

（3）卸车后作业。

① 清扫车辆，检查车辆内和线路中有无残留货物，关闭车门、车窗、盖、阀、端侧板，撤除标识牌。

② 检查货物安全距离，清理线路。

③ 按规定对货车洗刷除污（回送）。

④ 按规定折叠篷布，货车篷布号码与票据记载不符、腰边绳不全或篷布破损时，正确处理，做好记录，交由工作组连同货车篷布送往固定地点。自备篷布及加固材料、装备物品放在货垛旁。

⑤ 监卸货运员签认装卸工作单。

（4）票据处理与记录。

① 监卸货运员逐批登记卸货簿（卡），在货票联登记卸车日期和时间。

② 登记票据移交簿，将票据送内勤办理交接签证。

③ 当发现货损货差时应编制不带号码的货运（普通）记录。记录编制要及时准确，内容完整，实事求是，参加检查货物的有关人员应签名。

④ 记录、票据和应附材料送货运安全室，并在票据移交簿上办理交接。

【任务巩固】

一、单选题（将正确答案填在下面的括号里）

1. 以下对装卸、搬运作业的特点描述不正确的是（   ）。

A. 对象复杂 B. 作业量小 C. 作业不均衡 D. 安全性要求高

2. 下列不属于铁路装车前准备工作的是（   ）。

A. 清理货场 B. 核对货物 C. 准备加固材料 D. 检查车辆施封情况

二、判断题（下面说法对的打√，错的打×）

（   ）1. 卸车过程中，必须由运输单位驾驶员、押运员和本公司卸车人员共同在场，严守工作岗位，严格执行本公司《卸车操作规程》，严格控制进场车辆。

（   ）2. 鲜花可以和海鲜一起运输。

三、简答题

1. 货物装载与加固的要求是什么？

2. 铁路组织装车时，车站及工作人员应做好哪些工作？

3. 简述卸车的操作流程。

技能训练任务6　在途跟踪

【任务目标】

货物在运输途中发生各项货运作业，有必要对货物进行在途跟踪。货运作业主要包括途中货物交接与检查、货物换装整理、运输合同变更等内容。通过本任务的学习，同学们能够达成以下目标。

（1）掌握货物在途中交接与检查的内容。

（2）了解货物换装整理。

（3）掌握运输合同变更的具体要求。

（4）了解整车分卸。

【任务准备】

1. 教师课前准备

（1）教具：PPT课件一个，不同颜色卡纸若干，水笔若干，张贴板若干。

（2）根据学生实际情况，将授课对象分成若干小组。

2. 学生课前任务

（1）回顾相关知识点：货物的装车作业和卸车作业。

（2）网上搜索相关知识内容并阅读相关知识点。

任务书

托运人张某于 2020 年 5 月 1 日与广州南站签订一份货物运输合同。货物为 1200 套台式电脑显示器，总价值 22 万元，每套 8kg，纸箱包装，尺寸为 0.5m×0.4m×0.2m，到站为济南站。收货人为济南太阳电脑公司。货物清点后搬入货位 D515，广州南站立即开出 GZ007 号货票一式四票，运输号为 GZ90885，丙联和领货凭证交给了张某。2020 年 5 月 2 日 18 时，列车从广州出发。列车运行到商丘至徐州东站间，由于车辆技术状态不良及其他特殊原因，托运人要求到站变更到青岛站。

任务 1：列车在行至徐州站停下时，货检员应做好哪些工作？

任务 2：请你在徐州站对货物进行换装整理，为后续到终点站做好准备。

任务 3：列车在重新开出前，需做好变更运输合同的工作，请你完成本次货物变更运输合同。

任务 4：货物到达青岛站后，请你完成货物的整车分卸作业。

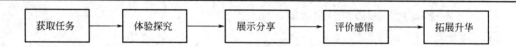

【任务过程】

【技能 1　交接与检查】

一、获取任务

> 任务 1：列车在行至徐州站停下时，货检员应做好哪些工作？

二、体验探究

学生以小组合作方式，在老师引导下，利用"拓展升华"里货物的交接与检查的资料，通过查阅和整理资料，完成任务的体验探究。

1. 体验

根据"拓展升华"里的资料得知，货检员应做的工作有：①到达列车预检。②现场检查。③整理。

2. 探究

> 探究任务：货检员现场检查货车的施封出现问题，应该如何处理？

三、展示分享

学生完成任务后，把自己的所感、所获、所思与同学们和教师分享。

> **思考：** 货运检查发现问题时，车站需拍发和交接电报吗？

四、评价感悟

学生在这个过程中不断自我反思和相互学习，感悟出职业活动中解决问题的最佳方式（表 5-29）。

表 5-29　（　　）班任务训练技能（　　）评价表

被考评组别		被考评组成员			
考评内容		货物在途中交接与检查			
考评标准	内容	分值/分	小组评分（30%）	其他组别评分（平均）(40%)	教师评分（30%）	合计（100%）
	是否按要求进行车辆交接	25				
	是否按要求进行现场检查	25				
	到站后应做工作是否准确合理	30				
	综合沟通与学习能力	20				
合计		100				

五、拓展升华

1. 货物的交接与检查

为保证行车安全和货物安全，对运输中的货物（车）和运输票据进行交接检查是货物运输途中必须进行的作业。

（1）货物检查作业的基本程序。

① 车站调度员应及时将班计划、阶段计划、变更计划以及到（发）车次、时刻、编组辆数等有关信息通知货检值班员。

② 货检值班员根据计划，将工作内容、检查重点、安全事项及要求等传达和布置给货检员。

③ 货检员接收作业任务，应掌握到达（出发）列车车次、时刻、编组内容、施封和重点车情况。

④ 作业时，货检员应携带相关作业工具和备用品。

（2）到达列车预检。在列车到达前 5min，货运检查员应出场立岗。在列车到达、通过时对列车目测预检。运用货检系统的车站，可以通过视频监控、超载和偏载检测设备对到达列车进行预检。

（3）现场检查。

① 两侧货检员从列车的一端同步逐车检查。

② 货检员对检查重点内容进行记录。运用货检系统的车站，通过手机对问题车、押运

人证件等信息进行拍照、记录和反馈。

③ 车列检查、整理应在规定作业时间内完成。

④ 车列检查、整理完毕后，货检员应及时报告。

⑤ 需拍发电报时，货检值班人员应在列车到达后 2h 内拍发电报，并通知上一货检站，抄知发到站，必要时抄知有关单位和部门，需编制记录的，按规定编制。

⑥ 需要甩车整理的，货检值班员应通知调度员（值班员）甩车处理。运用货检系统的车站，货检值班员还应通过货检系统通知整理点的货运员。货运员整理完毕后应通过货检系统登记处理信息并反馈。

⑦ 检查作业在列车整理完毕后，货检值班员及时通知车站调度员（值班员）作业完成情况。未接到货检作业完毕的报告，不准动车。

（4）整理。

① 在列整理。对发生装载加固、篷布苫盖和门、窗、盖、阀等方面问题，不需要甩车处理的，应采取有效防护措施后对车列进行整理。预计整理时间超过技术作业时间时，货检员应及时向车站调度员（值班员）报告。在列整理时，货检员应按有关规定进行作业，确保人身安全。

② 甩车整理。对危及行车安全，不能在列整理的车辆，货检员应报告车站调度员（值班员）甩车整理。甩车整理时，应做好防护工作。不允许在挂有接触网的线路（设有隔离开关的线路除外）整理车辆。

2. 货运检查的主要内容

（1）装载加固。

① 货物是否存在倾斜、位移、窜动、坠落、倒塌和渗漏等问题。

② 货物是否存在超载、偏载问题。

③ 货物部件或装载加固材料（装置）是否在旋转、开发、脱垂等。

④ 装载加固材料（装置）使用是否符合规定，是否完好无损。

⑤ 集装箱门是否关闭良好。

⑥ 使用专用平车或平集两用车装运集装箱时，集装箱是否落槽。

⑦ 超限超重货物按《铁路超限超重货物运输规则》等有关规定进行检查（不检查军用超限货物的超限超重货物运输记录）。

（2）篷布。篷布及篷布绳网苫盖、捆绑状态是否符合有关规定。

（3）施封。按《铁路货物运输管理规则》等有关规定进行检查。

（4）货车门、窗、盖、阀关闭是否良好。

（5）运用视频监控设备的货检站，还应检查货车、货物、集装箱、篷布等顶部有无异物，有无破损等；检查敞车内货物装载、加固状态等。

（6）危险货物押运人，按《铁路危险货物运输管理暂行规定》的有关要求，气体类危险货物罐车（含空罐车和带有押运间的车辆）6 辆以内编为 1 组，每组押运员不得少于 2 人；剧毒品（《铁路危险货物品名表》"特殊规定"栏注有特殊规定 67 号）4 辆（含带押运间车辆）以内编为 1 组，每组 2 人押运，2 组以上押运人数由铁路局确定；硝酸铵 4 辆以内编为 1 组，每组 2 人押运，2 组以上押运人数由铁路局确定；爆炸品（烟花爆竹除外）每车 2 人押运。

（7）其他。

① 无列检作业的车站，还应检查制动机的空重位置，不符合时应进行调整。

② 规定需要检查的其他项目。

3. 甩车整理的主要范围

（1）篷布苫盖不整或缺少腰绳、篷布绳网。

（2）货物发生严重倾斜、偏载、移位、窜动、坠落、倒塌和渗漏。

（3）超限货物按普通货物办理。

（4）加固支柱折断或加固材料（装置）超限。

（5）棚车车门脱槽，罐车上盖张开。

（6）罐车发生泄漏或溢出。

（7）危险货物运输押运或施封等问题需甩车处理的。

（8）货车、货物、集装箱、篷布等顶部或车体上有异物且无法在列处理。

（9）火灾。

（10）货物明显被盗丢失。

（11）其他危及行车安全情况不能在列整理时。

4. 途中交接检查的其他注意事项

（1）罐车和集装箱的封印、苫盖货物的篷布顶部、集装箱顶部、敞车装载的不超出端侧板货物的装载状态，在途中不交接检查，如接方发现异常由发现站拍发电报。发现重罐车上盖开启，车站负责关好，并由交方编制普通记录证明。在发站和途中站发现空罐车上盖张开，要及时关闭。

（2）货物列车无改编作业时，货检站对货车的施封状态，仅凭列车编组顺序表的有关记载检查施封是否有效，不核对站名、号码。货物列车有改编作业时，货检站对货车的施封状态，交接时只核对站名，不核对号码。

5. 运输票据的检查交接

运输票据由编组列车的车站封固并与机车乘务组实行封票签字交接。列车在车站更换机车时，由更换地所在车站检查封固状态，并负责传递。机车乘务人员负责将票据完整地传递至列车终到站、甩挂作业站，并与车站办理票据签字交接，没有车站签字不得退勤。发生票据丢失，追查当事人责任。途中临时甩车挂车作业时，由车站编制普通记录后启封处理，并将运输票据连同普通记录重新封固。

车站与机车乘务员应在商定的地点进行地面交接。

【技能 2　换装整理】

一、获取任务

> 任务 2：请你在徐州站对货物进行换装整理，为后续到终点站做好准备。

二、体验探究

学生以小组合作方式，在老师引导下，利用"拓展升华"里的资料，通过查阅和整理资料，完成任务的体验探究。

1. 体验

根据"拓展升华"里的资料得知，换装整理工作的具体规定如下。

（1）进行换装时，应选用与原车类别和标记载重相同的货车。

（2）对照货票检查货物现状，如数量不符或状态异常，应编制货运记录。

（3）对因换装整理卸下的部分货物，应通知托运人或收货人及时处理。

（4）换装均需编制普通记录。

（5）换装整理的时间一般不应超过2天。

（6）2天内未换装整理完毕时，应由换装站以电报通知到站，以便收货人查询。

（7）编组、区段站对扣留的换装整理货车，应进行登记，并按月汇总报铁路局，同时通知有关铁路局。

（8）货物换装整理所需的加固材料，由车站购置，以成本列支并保证满足使用需要。

2. 探究

> 探究任务：货车发生换装整理时，应编制什么记录？

三、展示分享

学生完成任务后，把自己在体验过程中的感想与同学们和教师分享。

> 思考：货物换装整理时应该注意什么？

四、评价感悟

学生在这个过程中不断自我反思和相互学习，感悟出职业活动中解决问题的最佳方式（表5-30）。

表5-30 （   ）班任务训练技能（   ）评价表

被考评组别		被考评组成员				
考评内容		货物换装整理的规定				
考评标准	内容	分值/分	小组评分（30%）	其他组别评分（平均）（40%）	教师评分（30%）	合计（100%）
	是否按要求对照货票检查货物	25				
	对货物进行换装整理是否正确	25				
	编制记录是否正确	25				
	综合沟通与学习能力	25				
	合计	100				

五、拓展升华

1. 换装整理的概念

重车在运输过程中，发现可能危及行车安全或货物完整时，所进行的更换货车或对货物的整理工作。

在运输中发生甩车处理的货车，不能原列安全继运的，以及因车辆技术状态不良，经车辆部门扣留需要换车时，由发现站（或路局指定站）及时换装整理，并在货票（丁联）记事栏记明有关事项。

2. 货物换装整理的具体规定

（1）进行换装时，应选用与原车类别和标记载重相同的货车。

（2）对照货票检查货物现状，如数量不符或状态异常，应编制货运记录。

（3）对因换装整理卸下的部分货物，应通知托运人或收货人及时处理。

（4）换装均需编制普通记录。

（5）换装整理的时间一般不应超过 2 天。

（6）2 天内未换装整理完毕时，应由换装站以电报通知到站，以便收货人查询。

（7）编组、区段站对扣留的换装整理货车，应进行登记，并按月汇总报铁路局，同时通知有关铁路局。

（8）货物换装整理所需的加固材料，由车站购置，以成本列支并保证满足使用需要。

【技能 3 运输合同变更】

一、获取任务

> 任务 3：列车在重新开出前，需做好变更运输合同的工作，请你完成本次货物运输合同变更。

二、体验探究

学生以小组合作方式，在老师引导下，利用"拓展升华"里的资料，通过查阅和整理资料，完成任务的体验探究。

1. 体验

理解变更合同的概念：托运人或收货人由于特殊原因，对承运后的货物运输合同，可按货物所在的途中站或到站提出变更到站，变更收货人（发站无权提出变更、班列不准变更到站）。

2. 探究

> 探究任务：货物运输合同变更的具体要求是什么？

三、展示分享

学生完成任务后，把自己在体验过程中的感想与同学们和教师分享。

> 思考：货物运输变更要求书由谁提出？

四、评价感悟

学生通过任务体验、探究和结果展示的过程，不断自我反思和相互学习，感悟出职业活动中解决问题的最佳方式，通过表 5-31 的评分表格完成学习成果评价。

表 5-31 （   ）班任务训练技能（   ）评价表

被考评组别		被考评组成员				
考评内容		货物运输合同变更				
考评标准	内容	分值/分	小组评分（30%）	其他组别评分（平均）(40%)	教师评分（30%）	合计（100%）
	货物运输变更要求表填写是否全部正确	50				
	承运人记载事项是否缺失	25				
	综合沟通与学习能力	25				
合计		100				

五、拓展升华

托运人或收货人由于特殊原因，对承运后的货物运输合同，可按货物所在的途中站或到站提出变更到站，变更收货人（发站无权提出变更、班列不准变更到站）。

1. 变更的具体要求

（1）货物运输变更由车站受理，但整车货物变更到站，受理站应报主管铁路局同意。

（2）车站在处理变更时应在货票记事栏内记明变更的根据，改正运输票据、标记（货签）等有关记载事项，并加盖车站日期戳或带有站名的印章。

（3）办理货物运输变更时，托运人或收货人应按规定支付手续费。

（4）变更到站时，应通知新到站及其主管铁路局收入检查室和发站。

2. 遇特殊情况需变更到站时必须遵守的规定

（1）必须由托运人或收货人提出货物运输变更要求表（表 5-32）。

表 5-32　货物运输变更要求表

受理变更顺序号	第　号

提出变更单位的名称和地址＿＿＿＿＿＿＿印章＿＿＿＿＿　年　月　日

变更事项						
原票据记载事项	运单号码	发站	到站	托运人	收货人	办理种别
	车种车号		货物名称	件数	重量	承运日期
	记事					
承运人记载事项						经办人

（2）必须和原到站在同一径路上。

（3）因自然灾害影响变更卸车地点时，应及时通知收货人。

（4）局管内变更卸车站，以铁路局调度命令批准。

（5）原则上不办理跨铁路局变更到站，确实需要变更时，以铁路总公司调度命令批准。

3. 铁路不办理变更的情况

（1）违反国家法律、行政法规、物资流向、运输限制和密封的变更。

（2）变更后货物运到期限大于允许运输期限的变更。

（3）变更一批货物中的一部分。

（4）第二次变更到站。

（5）散货快运、批量零散货物快运承运后不办理各项变更（批量零散货物快运在变更前后的装卸车地点相同的条件下可变更收货人）。

【技能 4　整车分卸】

一、获取任务

> 任务 4：货物到达青岛站后，请你完成货物的整车分卸作业。

二、体验探究

学生以小组合作方式，在教师引导下，利用"拓展升华"里的资料，通过查阅和整理资料，完成任务的体验探究。

1. 体验

理解整车分卸的概念：整车分卸是指铁路为了使托运人能经济地运输其数量不足一车，而又不能按零担办理货物的一种特殊运输方式。

2. 探究

> 探究任务：必须达到什么条件才能进行整车分卸货物？

三、展示分享

学生完成任务后，把自己在体验过程中的感想与同学们和老师分享。

> 思考：货物运输变更要求书由谁提出？

四、评价感悟

学生在这个过程中不断自我反思和相互学习，感悟出职业活动中解决问题的最佳方式

（表 5-33）。

表 5-33 （ ）班任务训练技能（ ）评价表

被考评组别		被考评组成员				
考评内容		整车分卸				
考评标准	内容	分值/分	小组评分（30%）	其他组别评分（平均）（40%）	教师评分（30%）	合计（100%）
	是否了解整车分卸的概念	25				
	是否掌握整车分卸条件的程度	50				
	综合沟通与学习能力	25				
合计		100				

五、拓展升华

1. 整车分卸的概念

整车分卸是指铁路为了使托运人能经济地运输其数量不足一车，而又不能按零担办理货物的一种特殊运输方式。

2. 整车分卸的条件

整车分卸由于在运输途中需要办理分卸，中途分卸站既办理到达作业，又办理途中作业，对铁路运输组织工作影响较大，因此，从社会的整体利益考虑，对其规定了必要的限制条件。整车分卸货物必须具备下列条件。

（1）托运的货物必须是规定不得按零担托运的货物（除密封、使用冷藏车装运需要制冷或保温的货物和不易计算件数的货物外）。

（2）到达分卸站的一批货物数量不够一车。

（3）到站必须是同一径路上二个或三个到站。

（4）货物必须在站内卸车。

（5）在发站装车必须装在同一货车内作为一批托运的货物。

按整车分卸办理的货物，除派有押运人者外，托运人须在每件货物上拴挂标记，分卸站卸车后，对车内货物必须整理，以防偏重或倒塌。

【任务巩固】

一、单选题（将正确答案填在下面的括号里）

在铁路货物运输中发现货车超载，不能继续运行，换装整理的时间一般不应超过（ ）。

A. 1 日   B. 2 日   C. 3 日   D. 4 日

二、判断题（下面说法对的打√，错的打×）

（ ）1. 货车换装整理过程中发生（发现）货物损失时，除编制货车换装整理的普通记录外，还应编制货运记录，拍摄换装情况的照片。

（　　　）2. 货物运输变更不允许变更一批货物中的一部分。

（　　　）3. 货物运输变更可以第二次变更到站。

三、简答题

1. 铁路货运检查的内容包括哪些？

2. 铁路不办理货运运输变更的条件有哪些？

参 考 文 献

[1] 李如姣，冼碧霞，刘淑霞. 运输作业实务. 北京：化学工业出版社，2010.

[2] 孙玉直，邵清东. 运输作业实务. 北京：中国劳动社会保障出版社，2013.

[3] 邝雨. 运输作业实务. 北京：科学出版社，2014.

[4] 北京中物联物流采购培训中心. 物流管理. 南京：江苏凤凰教育出版社，2019.

[5] 毛宁莉. 运输作业实务. 北京：机械工业出版社，2013.

[6] 邓永贵，王静梅. 铁路货物运输. 北京：化学工业出版社，2017.

[7] 方芳. 运输作业实务. 北京：中国人民大学出版社，2016.

[8] 隋珅瑞. 物流单证实务. 北京：中国人民大学出版社，2019.

[9] 戴小红. 国际航空货运代理实务. 北京：中国金融出版社，2020.

[10] 肖瑞萍. 国际航空货物运输. 北京：科学出版社，2011.

[11] 李洪奎，孙明贺. 国际货运代理. 北京：高等教育出版社，2010.

[12] IATA. TACT The Air Cargo Tariff Manual. Unite Kingdom：IATA Netherlands Data Publications，2014.

[13] 林忠等. 中华人民共和国国家标准国际货运代理作业规范. 北京：中国标准出版社，2008.

[14] 张艰伟，戴华. 国际货运代理实务. 上海：华东师范大学出版社，2015.

[15] 肖瑞萍. 国际航空货物运输. 北京：科学出版社，2014.

[16] 缪东玲. 国际贸易单证操作与解释. 北京：电子工作出版社，2016.

[17] 臧忠福. 民航常见机型货舱数据手册. 北京：中国民航出版社，2017.

[18] 王玉春，谢辉，李洪福. 国际货物运输与保险. 大连：东北财经大学出版社，2019.

[19] 李晓燕. 国际货代实务. 北京：中国财政经济出版社，2015.

[20] 郑克俊，等. 国际货运代理业务处理. 北京：清华大学出版社，2016.

[21] 王阳军，芦娟. 物流运输业务操作与管理. 北京：化学工业出版社，2018.

[22] 殷明，王学锋. 班轮运输理论与实务. 上海：上海交通大学出版社，2011.